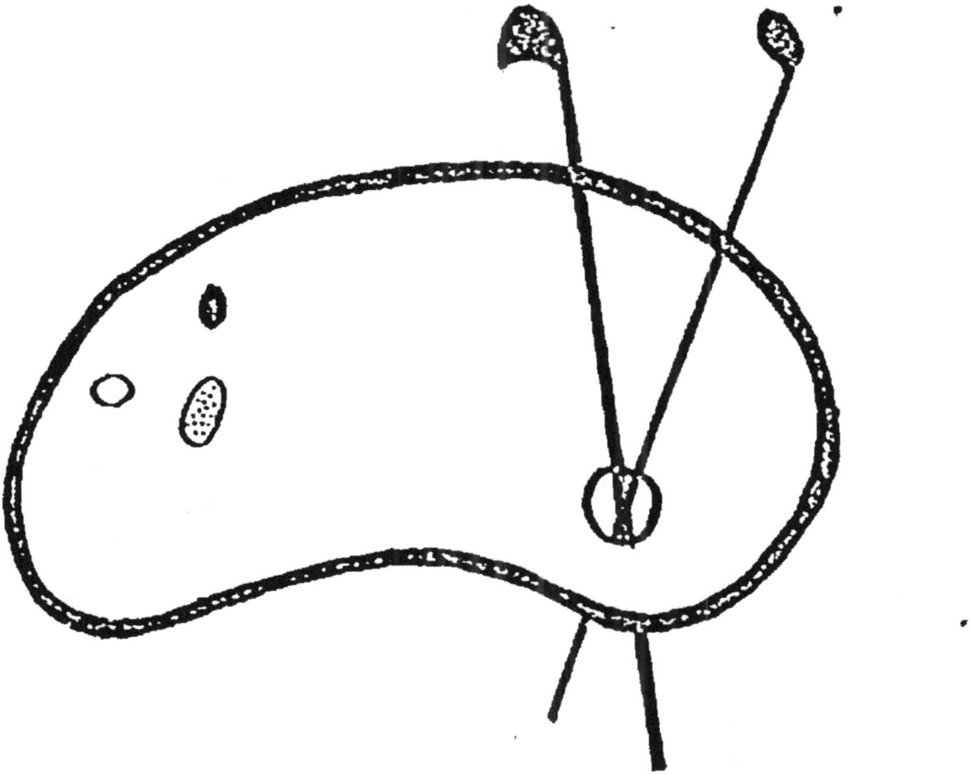

COUVERTURE SUPERIEURE ET INFERIEURE
EN COULEUR

PÉDAGOGIE PRATIQUE

SIMPLES CONSEILS AUX MAITRES

PAR

T. GARSAULT

INSPECTEUR DE L'INSTRUCTION PRIMAIRE
OFFICIER DE L'INSTRUCTION PUBLIQUE

PARIS

LIBRAIRIE CLASSIQUE DE CH. FOURAUT ET FILS
47, RUE SAINT-ANDRÉ-DES-ARTS, 47

PÉDAGOGIE PRATIQUE

SIMPLES CONSEILS AUX MAITRES

AUTRES OUVRAGES DE M. T. GARSAULT

QUI SE TROUVENT A LA MÊME LIBRAIRIE

PETIT LIVRE DE MORALE

A L'USAGE DES ÉCOLES PRIMAIRES

1 volume in-12, cartonné.

LE VRAI LIVRE DU PATRIOTE

DESTINÉ AUX JEUNES GENS DE LA FRANCE

Un volume in-12 (*sous presse*).

LEÇONS ÉLÉMENTAIRES D'HYGIÈNE

A L'USAGE DES ÉCOLES

Un volume in-18 (*sous presse*).

PÉDAGOGIE PRATIQUE

SIMPLES CONSEILS AUX MAITRES

PAR

T. GARSAULT

INSPECTEUR DE L'INSTRUCTION PRIMAIRE
OFFICIER DE L'INSTRUCTION PUBLIQUE

PARIS

LIBRAIRIE CLASSIQUE DE CH. FOURAUT ET FILS

47, RUE SAINT-ANDRÉ-DES-ARTS, 47

1882

L'ALPHABET DU DESSIN

PRINCIPES RATIONNELS DE DESSIN D'APRÈS NATURE

PAR ARMAND CASSAGNE!

Ouvrage divisé en deux parties, comprenant ensemble 32 cahiers.

1re *partie*. — ÉTUDE DES SURFACES :

Le carré, ses transformations et son application, cahiers 1 à 5.
Le cercle, ses transformations et son application, cahiers 6 à 8.
Le cercle, son application pratique, cahiers 9 à 14.

2e *partie*. — ÉTUDE DU RELIEF :

Le cube, ses déformations et son application, cahiers 15 et 16.
Le cylindre et ses composés, cahiers 17 à 24.
Le cube et le cylindre, application pratique, cahiers 25 à 32.

Chaque cahier, du format in-4° (0m,30 sur 0m,23), est composé de 16 pages de papier fort teinté, et renferme 7 modèles avec les textes et la place nécessaires à leur reproduction.

Prix de chaque cahier | *Non franco*.. .... 40 cent.
Franco par la poste.... 45 cent.

Le but de cette méthode est : 1° d'enseigner le dessin à l'enfant comme il apprend à lire et à écrire, par des principes très élémentaires et parfaitement gradués, en créant, en quelque sorte pour lui, un alphabet des formes des objets usuels qui le conduise pas à pas, simplement et clairement, à la lecture et à *l'interprétation de la nature;* 2° de guider dans cet enseignement non seulement les personnes sachant le dessin, mais encore celles qui n'en ont aucune notion. Il s'agit ici, bien entendu, du dessin à main libre, n'empruntant, pour l'interprétation du modèle ou de la nature, que le crayon, la plume ou le pinceau, à l'exclusion du compas, de la règle et de l'équerre.

Cette méthode est basée sur un principe unique, l'application du *carré* et du *rectangle,* divisés méthodiquement par les diagonales et la croix, comme *cadres* de tous les objets à représenter.

GUIDE DE L'ALPHABET DU DESSIN

Ou l'Art d'apprendre et d'enseigner les principes rationnels du dessin d'après nature. Ouvrage divisé en deux parties: 1° Etude des surfaces; 2° Etude du relief, et renfermant 168 modèles dans le texte; par ARMAND CASSAGNE. Un vol. in-8°, broché............ 6 fr.

Tout exemplaire qui ne sera pas revêtu de la signature des éditeurs sera réputé contrefait.

PRÉFACE

Voilà un nouveau livre de pédagogie. Si c'est une témérité de l'avoir publié, qu'on ne m'en accuse pas, mais les maîtres et maîtresses qui, dans nos conférences et à l'occasion de mes visites dans les écoles, m'ont pressé de mettre par écrit les conseils formant l'ensemble de la direction que j'ai essayé de faire prévaloir.

En vain, j'ai objecté que chacun pouvait avoir à sa disposition des ouvrages signés des noms les plus autorisés et que je resterais assurément, en traitant cette question, bien au-dessous des hommes qui l'avaient traitée déjà avec tant de compétence, on m'a répondu ceci :

« Sans doute, nous avons de bons ouvrages, mais la plupart ne sont point entrés suffisamment dans la pratique et c'est surtout ce qu'il nous faudrait. Et quand nous parlons de pratique, nous entendons ce qui concerne l'enseignement aussi bien que ce qui a trait à notre situation elle-même. Cela étant, qui donc pourra descendre dans tous les détails dont la vie d'un instituteur est composée? Qui donc peut donner un avis dont on a besoin chaque jour, et qui nous manque trop? Qui donc pourra faire une leçon simple, enfantine même s'il le faut? Qui donc peut parler au cœur de cet homme chargé d'élever ces petits enfants dont les questions sont si naïves et parfois si profondes? Qui donc saura trouver la voie simple, mais vraie pour le diriger, l'aider et le soutenir? N'est-ce pas celui qui chaque jour est à même d'étudier le maître? Celui qui depuis longtemps fait le lendemain ce qu'il a fait la veille en se perfectionnant par l'expérience, en approfondissant par l'observation?

« C'est l'inspecteur des écoles.

« N'a-t-il pas été lui-même instituteur? Ne s'est-il pas par conséquent trouvé aux prises avec les mêmes difficultés? N'a-t-il pas eu à lutter contre les mêmes obstacles? Il connaît donc parfaitement la situation, il doit pouvoir en parler avec quelque compétence, ce que nous voulons justement, c'est qu'on nous parle de cela et que ce soit là tout le livre qu'on nous fasse. »

Voilà ce qu'on m'a dit, non pas une fois, mais cent, non pas dans une circonscription, mais dans toutes celles où j'ai passé.

J'ai donc cédé pour témoigner de mon bon vouloir et c'est sous les auspices de cet acte de bonne volonté que je place ce livre.

Contiendra-t-il une doctrine nouvelle? Assurément non ; s'il renferme des nouveautés, c'est dans le plan adopté dont je demande la permission de dire deux mots.

J'ai d'abord examiné quelles étaient les qualités indispensables à l'instituteur. Je les ai exposées de mon mieux en démontrant la nécessité pour tout maître de les posséder.

Ensuite j'ai placé l'instituteur en face de l'enfant, je le lui ai fait connaître tel que je l'ai étudié moi-même, et, d'après mes observations, j'ai tiré des conclusions pratiques sur la façon dont il devait être dirigé. C'est le côté psychologique de l'ouvrage.

Après cette étude de l'enfant, j'ai abordé le programme, et, dans chaque branche se trouve une leçon qui servira de guide, car je n'ai pas la prétention de servir de modèle. Enfin en quittant la classe, j'ai suivi l'instituteur dans sa vie privée, j'ai pris là la liberté de lui donner des conseils et des avis dont il appréciera l'opportunité, la valeur et la portée.

Je me suis répété peut-être, mais qu'on songe bien qu'en cédant aux instances qui m'ont été faites, j'ai parlé en ami et non en maître, c'est l'idée qui m'a dominé. Les instituteurs verront si j'ai été assez heureux pour atteindre mon but.

GARSAULT.

Évreux, le 29 décembre 1881.

PÉDAGOGIE PRATIQUE

Un mot d'avant-propos.

Quand on veut embrasser une profession et faire choix d'une carrière, il est aussi raisonnable que naturel de se demander si l'on a les qualités requises pour y réussir ; car ce n'est pas le tout que la profession convienne, il faut s'assurer aussi que l'on convient à la profession.

Mais entre toutes les professions, s'il en est une au seuil de laquelle on doive se poser très sérieusement cette question, c'est assurément celle d'instituteur. La mission de maître de l'enfance impose nécessairement de nombreux devoirs ; puis l'instituteur n'est pas instituteur seulement : des fonctions accessoires, qui sont comme inhérentes à sa situation et dont l'avenir ne le déchargera pas aussi promptement que cela serait désirable, multiplient, on peut dire, l'étendue des obligations des maîtres. Ceux donc qui se destinent à le devenir doivent se demander s'ils sont prêts pour cette grande tâche d'éducateur et s'ils sentent avoir en eux toutes les qualités qu'elle exige et toute l'aptitude qu'elle réclame. Examinons donc quelles doivent être ces qualités.

1.

CHAPITRE PREMIER

DES QUALITÉS INDISPENSABLES A L'INSTITUTEUR

§ 1er

L'instituteur, on le sait, a pour mission d'instruire et d'élever l'enfance ; il devient près de ses élèves le mandataire de la famille qui lui délègue par le fait même une grande part d'autorité, ce qui lui crée immédiatement l'obligation de la remplacer. Et cette obligation n'est pas la seule : il n'y a pas en effet un intérêt de famille qui ne touche de près ou de loin à l'intérêt social, et, quand il s'agit de l'éducation de la jeunesse, cet intérêt est des plus élevés ; par conséquent, dès qu'il représente la famille, l'instituteur devient donc aussi mandataire de la société. — Quelle belle mission ! mais quelle immense responsabilité ! quelles ne devront pas être par suite les qualités professionnelles de l'instituteur !

Toutefois, quelques dispositions qu'on exige du maître, quelques qualités qu'on lui veuille, quelque sérieuses et quelque solides qu'on désire qu'elles soient, une seule, à mon avis, les résume toutes, l'amour des enfants. Un maître qui aime ses élèves a le grand secret pour les bien élever et les instruire, le grand secret pour préparer en eux l'homme et le citoyen ; mais cette qualité, ce don, si l'on préfère, il le faut de toute nécessité à l'instituteur, sous peine de compromettre tous les résultats qu'on attend de l'école.

Qui rendra le maître simple dans son enseignement, naturel près de ses élèves, patient en présence de leurs imperfections ?

Son amour pour eux.

Qui lui donnera la force de surmonter son découragement près des natures plus rebelles et moins privilégiées; qui le portera à être attentif pour elles? qui le fera redoubler de soins pour tous?

Son amour pour les enfants.

Qui lui permettra de se montrer ferme et paternel tout à la fois dans les punitions qu'il aura le déplaisir et le chagrin d'avoir à infliger?

Son amour pour les enfants.

Qui le fera rester calme en présence de l'indifférence des familles et parfois de leur ingratitude?

Son amour pour les enfants.

Avec ce don inestimable, sacrifices de temps, sacrifices d'amour-propre, ferme espoir de réussir, tout lui sera rendu facile.

Mais si un maître débutait sans qu'il aimât les enfants, qu'il serait à plaindre! Sans doute, la voix du devoir parlerait haut dans sa conscience, mais avec la faiblesse inhérente à notre nature, il est bien à craindre qu'il n'arrive un jour à envisager ses fonctions comme un métier : à dater de ce moment, ce n'est plus un instituteur, ce n'est plus un maître, c'est un homme pour lequel son école est un pis-aller et qui n'aspire qu'à une chose, sortir de sa classe dès qu'il y est entré.

L'avenir est gros de mécomptes et de désillusions pour un semblable maître; aussi il ne faut pas hésiter à lui conseiller de renoncer, avant tout essai même, à suivre la noble carrière de l'enseignement, il n'est pas fait pour en comprendre les austérités et les grandeurs, il échouera misérablement pour lui et pour les enfants.

Mais un maître qui se sent attiré vers l'enfance l'aimera; dans ce cas, qu'il aille sans crainte, qu'il se mette à l'œuvre, on peut lui promettre le succès, il a une véritable vocation.

Est-ce à dire que toutes les difficultés sont aplanies, tous les obstacles levés? Non, certes! seulement la voie est grande ouverte, le maître est vraiment sur son terrain, placé dans le milieu qui lui plaît, qu'il aime, qu'il a préféré. C'est beaucoup, mais ce n'est pas tout. Suffirait-il à l'agriculteur d'aimer sa profession et de savoir le parti qu'il peut tirer de son champ? Non, évidemment, il faut qu'il le cultive et qu'après l'avoir cultivé, quand les apparences de la récolte lui sourient, il sache supporter les mécomptes et les épreuves. C'est le fait de l'instituteur. Malgré son amour de l'enfance, il éprouvera des désillusions; mais ce n'est point une raison pour qu'il se décourage; qu'il songe au bien qu'il produit, qu'il réagisse contre l'effet moral qui lui viendrait du découragement, et qu'il soit sûr que tous ses efforts ne sont pas infructueux.

Ce sentiment de confiance indispensable à l'instituteur pour le soutenir et l'encourager ne pourra d'ailleurs qu'augmenter sa réelle affection pour les enfants et l'éclairer dans la pratique constante des vertus de nécessité professionnelle pour lui. Toutes, ainsi que je le disais tout à l'heure, sont contenues dans ce grand et premier don, l'amour de l'enfance; toutes en viennent et en découlent naturellement; néanmoins, je ne crois pas inutile de les énumérer en insistant sur l'importance que l'instituteur doit attacher à chacune d'elles en application. Le maître doit nécessairement être instruit, patient, bon, ferme, actif et laborieux.

§ 2

Nécessité pour le maître d'être instruit.

Le maître doit être instruit, cela est de toute évidence, car plus il saura, plus il offrira de garanties comme éducateur.

Nous sommes heureusement loin de 1850. Le programme de nos écoles normales et du brevet ne comprenait guère alors que l'ensemble des très modestes connaissances exigées aujourd'hui des aspirants au certificat d'études primaires. On ne tenait pas à aller plus loin; mais n'était-ce pas préparer la décadence de la nation? Notre bon sens et notre instinct se sont révoltés contre ce parti pris de faire de la France une médiocratie. L'on a donc réagi, et réagi vigoureusement, dans ces derniers temps surtout; on demande plus actuellement à un aspirant à l'école normale qu'on n'exigeait il y a quinze ans d'un candidat au brevet.

Et combien l'on a raison : veut-on des hommes qui aiment leur profession et qui l'honorent, qu'on ait des instituteurs instruits !

On trouve cependant encore des partisans du passé qui disent : « Mais vous poursuivez un faux idéal, vous n'êtes point pratiques; car si vous jetez des instituteurs distingués dans une petite commune, à la tête d'une pauvre école, qu'espérez-vous? Ces maîtres, ne trouvant aucune satisfaction dans leur classe, la négligeront bientôt; l'ennui et le dégoût viendront; ils se décourageront promptement, et l'homme, étant homme partout, ils penseront qu'ils n'ont point été traités suivant leur mérite, et ils seront portés à vous abandonner. Vous en serez réduits à avoir recours à ceux dont le savoir plus modeste sera moins exigeant, et qui se contenteront de l'humble position qui leur sera offerte. D'ailleurs, pour enseigner aux bambins qui suivent ses leçons, le directeur d'une école de village ne sera-t-il pas toujours à la hauteur d'une semblable tâche ? »

Oui, voilà encore les opinions qu'on entend se produire et défendre jusque dans le sein des commissions d'examen pour le brevet. C'est le passé, nous le répétons, qui s'élève contre le présent et ne recule qu'à contre-cœur.

Ce sont là des erreurs. Il n'est pas exact de dire que pour enseigner les éléments il suffit d'être allé seulement un peu au delà comme études : l'élément étant le résumé exige, pour être bien exposé, un savoir sérieux et sûr; la clarté dans l'exposition est en rapport avec la connaissance approfondie du sujet lui-même. On est donc conduit à affirmer que pour enseigner peu, il faut savoir beaucoup.

Et puis, plus le maître sera instruit, plus il aura de dignité vraie, mieux il comprendra l'importance de son rôle, plus il inspirera de confiance, plus il sera considéré; ce sont des auxiliaires de sa mission dont il serait coupable de ne point s'entourer.

S'il est instruit, il aimera à s'instruire davantage, il travaillera donc et trouvera dans ce travail le meilleur et le plus efficace des remèdes contre l'ennui; ces habitudes studieuses le porteront à se considérer comme faisant le bien, même dans le poste le plus modeste, et les impatiences dont on gratifie si volontiers le maître éclairé ne se produiront pas avec l'intensité qu'on prédit. D'ailleurs le savoir solide offre la garantie qu'on saura le communiquer, c'est un point d'une importance extrême. Il faut être simple avec les enfants et éviter l'emploi de ces phrases longues et ampoulées, de ces grands mots qui ne sont point à leur portée; il faut bannir avec eux toute affectation d'érudition, toute affectation même, quelle qu'elle soit. Le grand art enfin pour un maître, c'est de se faire enfant avec les enfants. Comment arriver à cette simplicité si l'on n'est point vraiment instruit? L'instruction sûre, sérieuse, réelle, est donc bien indispensable à l'instituteur, et il n'y a que ceux qui ne tiennent ni à l'indépendance du maître ni aux résultats de l'école qui prétendent que l'instituteur en sait toujours assez. Mais l'intéressé ne partagera pas ce sentiment blessant, il pensera, avec ceux qui l'aiment, que rien n'importe autant pour lui que de savoir beaucoup et de savoir bien.

§ 3

Patience du maître.

Le maître n'aurait pas l'art de communiquer son savoir s'il n'était doué de beaucoup de patience; cette vertu de la patience doit être la vertu par excellence de l'instituteur.

Les enfants au milieu desquels il est appelé à passer sa vie ont de charmantes qualités : ils sont naïfs, sincères, confiants, pleins d'abandon et promptement attachés à qui les aime; mais ils ne sont pas parfaits : ils sont inconstants par nature, remuants et bruyants par nécessité. Il ne faudrait pas se montrer trop rigoureux pour réprimer cette activité qui en eux est un impérieux besoin. La patience du maître à cet égard consistera à réglementer en quelque sorte ce besoin, et son tact à bien discerner cet attribut naturel de la turbulence qui est le défaut. Un avertissement donné avec opportunité, un conseil fait pour prévenir, un exemple cité comme comparaison vaudront mieux que toutes les punitions près de la généralité des élèves ; en revanche, près des récalcitrants, il faudra sévir. Dans ce cas même, l'effet d'une légère répression impressionnera davantage l'élève puni, si l'on a agi avec douceur et patience.

L'enfant est encore curieux, il questionnera sans cesse, c'est à lui répondre que la patience du maître devient surtout un grand mérite pédagogique. Sous ce rapport d'ailleurs, il s'agit de bien distinguer. Il ne peut être question de répondre à tout, sur tout et à propos de tout ; sous l'empire constant d'une curiosité qui veut se satisfaire, l'enfant lance sans discernement questions sur questions, le plus grand nombre oiseuses ; il faut que celles-là meurent dès qu'elles sont nées ; pour les autres, celles qui peuvent avoir un but sérieux, le maître ne saurait trop se prêter à y répondre et à encourager l'enfant à se mettre sans cesse en rapport avec lui.

Dans nos écoles, on ne semble généralement pas comprendre les choses ainsi : on dirait qu'on réagit contre cette propension de l'enfant à interroger, qu'on paralyse et éteint ce sentiment si naturel de curiosité chez lui. Une première question à un élève ne provoque pas toujours une réponse ; puis les enfants y mettent une lenteur indiquant qu'il y a manque d'habitude, il semblerait qu'on ne leur a jamais appris à traduire la notion acquise par la parole ; ils sont beaucoup plus gauches que timides. La timidité se comprendrait, mais c'est l'embarras qui domine dans leur silence, on voit qu'ils n'ont point été exercés à parler. C'est là une erreur en pédagogie, et elle constitue un grand obstacle à l'efficacité des leçons du maître. Il faut la combattre et être pénétré de cette vérité que l'enfant qui interroge le plus souvent le maître au cours d'une leçon, témoigne ainsi de son attention, de son désir d'apprendre, de son aptitude et de ses qualités studieuses.

Avec les enfants, il faut répéter souvent; mais est-ce que la répétition n'est pas l'âme de l'enseignement? Si, pour un maître, revenir sur une leçon, une explication, une démonstration, paraissait inutile ou semblait une fastidieuse redite, c'est qu'il manquerait de patience. Qu'il prenne garde! que bien vite il surmonte ce sentiment d'impatience qui lui vient, ou il compromettra le fruit de ses premiers efforts; il découragera ses élèves et il tombera peu à peu dans la monotonie, car il sera bientôt seul à parler dans sa classe; la vie ne tardera pas à y manquer complètement et la routine à l'envahir; or, la routine, c'est l'ennemi le plus dangereux de l'école; une fois installé il y règne en maître, et combien il sera difficile de s'en délivrer!

L'instituteur ne doit donc pas se refuser à donner dans une sage mesure les explications qui lui seront demandées; il doit même provoquer les questions si elles se font attendre ou si elles sont rares : c'est ainsi qu'on anime chaque leçon et qu'on fait aimer l'école.

'La patience du maître sera soumise à de véritables épreuves à cause de la légèreté des enfants; c'est là leur nature : on ne peut s'attendre à les trouver réfléchis et constants, ce sont des enfants et non des hommes. Le rôle de l'instituteur consiste, à cet égard, à essayer de modérer cette légèreté et à profiter de cette mobilité pour dispenser son enseignement en le variant, de façon que leur inconstance trouve un aliment dans la diversité même avec laquelle les leçons sont données. On la tempère ainsi en en tirant avantage.

Mais si l'on se proposait de réprimer tout à fait ce qui est de l'essence même de la nature de l'enfant, on ferait fausse route, et les appels réitérés adressés à la discipline, quand il faudrait seulement que le maître se montrât patient, n'aboutiront à aucun résultat ou iront contre le but à atteindre : la sagesse, la véritable science consiste à tirer le meilleur parti des éléments dont on dispose sans rien forcer ni rien violenter, ou l'on court à un échec certain.

La patience de l'instituteur aura aussi à s'exercer près des moins bien doués sous le rapport de l'intelligence : à ceux-là, qu'on n'est que trop porté à négliger, il n'y a pas d'hésitation à se dire qu'on leur doit des soins spéciaux; ils ont, en effet, un plus impérieux besoin d'instruction; les difficultés que le maître rencontrera à leur inculquer les notions indispensables, ne sauraient en aucun cas justifier l'indifférence témoignée. La tâche sera plus pénible, plus ingrate assurément, mais plus méritoire aussi en sera l'accomplissement, plus douces en seront les satisfactions. La patience de l'éducateur empruntera à la vraie fraternité, qui la fortifiera, ce qui lui manquerait dans un moment de découragement, et il ajoutera à ses bonnes œuvres une action doublement méritoire.

Enfin, les instituteurs doivent se montrer patients avec les familles : malgré tous leurs soins et le zèle qu'ils peuvent apporter dans l'accomplissement de leur devoir, il faut qu'ils soient prêts à l'avance à ne point trop s'alarmer des critiques et des reproches que des parents trop faibles croiront avoir à leur adresser. L'amour maternel, si clairvoyant, s'abuse pourtant sur les défauts de l'enfant, il ne le voit pas toujours tel qu'il est avec la somme d'imperfections qu'il a : une punition dont l'écolier vient se plaindre dans la famille, une soi-disant injustice commise à son égard à propos d'une récompense qui va à un camarade, froisseront l'amour-propre des parents; de là une intervention mal fondée de leur part. Ne repoussez jamais *à priori* les réclamations de cette nature ; accueillez les réclamants avec une grande politesse, côté sous lequel se manifeste aussi la patience ; mais répondez avec une fermeté digne. Comme la raison et le bon sens seront de votre côté, vos explications finiront toujours par être acceptées, et bientôt, avec du calme et de la douceur, vous aurez acquis toute la confiance des familles et ces sentiments de respect qui ne manqueront pas de vous soustraire à ces interventions qu'il faut pourtant savoir comprendre quand elles se produisent.

§ 4

Bonté du maître.

Cette vertu de la patience sur laquelle j'ai dû insister est, qu'on ne s'y trompe pas, une grande force pour le maître, mais elle serait imparfaite et ressemblerait à une sorte de contrainte, si elle ne s'appuyait sur le fonds riche et solide de la bonté. L'enfance attire naturellement à elle et provoque des sentiments de tendre et vif intérêt. Nul plus que l'instituteur ne doit ressentir et comprendre cela, et chez lui il importe que cette sympathie et cet intérêt soient bien définis, afin qu'ils se traduisent quotidiennement par des actes qui fassent ressortir tout ce que son cœur de maître renferme d'affection pour l'enfance ; il ne doit y avoir en lui rien de banal ni de commandé à cet égard ; tout, au contraire, doit être spontané et naturel.

Avec les enfants, les mêmes conseils et les mêmes avertissements reviennent souvent, il lui faut apporter dans ces redites une douceur de langage où la bonté domine : l'enfant, la plupart du temps, a oublié, parce qu'il est léger et mobile, mais n'a pas voulu désobéir.

Durant les récréations, le maître a les occasions les plus fréquentes d'exercer une surveillance profitable sur ses élèves. Là, l'enfant se montre à nu avec ses qualités et ses défauts, qui apparaissent sans nulle contrainte. Si l'instituteur a à intervenir à propos d'une contestation de jeu, d'une discussion animée sur un coup douteux, son autorité de maître doit soigneusement se voiler sous les dehors d'une grande bienveillance : la récréation n'est pas la classe. De plus, en suivant l'enfant dans ses jeux, le maître est amené à observer ; de ses observations naitra plus d'un motif pour donner un conseil, faire prévaloir telle direction, adresser même des réprimandes. Mais s'il veut que son intervention soit efficace, elle devra surtout se manifester par le côté qui la fera toujours bien accueillir, le ton de paternelle bonté avec lequel viendront les observations. De la sévérité, à moins qu'elle ne fût tout à fait indispensable, dépasserait le but ; les enfants ne comprendraient pas qu'on agît pour les faits de la récréation, où l'on est libre, où le temps est au jeu et aux distractions, comme pour ceux de la classe où les heures sont au silence, au recueillement et au travail.

Que les maîtres agissent ainsi pour voir les enfants tels qu'ils sont, ce qui importe au plus haut degré dans l'intérêt de leur éducation. La voie opposée donnera des élèves craintifs et contraints ; or la contrainte bannit la sincérité et engendre l'hypocrisie.

Mais la bonté provoque la confiance : le maître qui sera bon avec ses élèves aura bientôt sur eux l'empire que donne un semblable sentiment sur ceux qui en ressentent les effets ; bientôt il les connaitra tous complètement, et il saura tirer de cette connaissance intime de leurs qualités et de leurs imperfections un grand profit pour les diriger. Que l'instituteur ne craigne donc pas de se mêler à ses élèves, qu'il se plaise à surveiller les récréations ; si leur bruit, leur turbulence lui causaient de l'impatience ou quelque mouvement mal dissimulé d'ennui, c'est qu'il n'aimerait pas l'enfance ; si leur recours près de lui, la plainte des lésés, leur douleur si sincère et si grande pour de si petites choses, le laissaient indifférent, ce serait, je ne crains pas de le dire, sécheresse de cœur : il manquerait à ce maître une des premières qualités de l'éducateur, la bonté.

Mais c'est dans le respect que l'instituteur doit avoir pour l'enfance que se manifesteront plus particulièrement ses sentiments d'active et tendre bienveillance pour elle. L'enfant arrive en classe avec la candeur de son âge, toute sa naïveté et toute son innocence ; un des premiers soucis du maître doit être de lui conserver ce gracieux apanage. Je ne viens pas dire à l'éducateur : Veillez sur vous. Il n'a pas besoin d'une semblable recommandation ; mais j'insiste pour l'inviter à veiller sur les rapports des enfants entre eux : un propos équivoque d'un camarade plus âgé peut jeter le trouble dans l'esprit d'un jeune enfant, et avoir de fâcheuses conséquences ; évitez cela. Pour arriver à ce résultat, entourez vos élèves de cette surveillance attentive, de ces soins éclairés et délicats qui ne peuvent venir que de la source précieuse qu'alimente sans cesse une inépuisable bonté.

§ 5

Fermeté du maître.

Une seule vertu ne complète pas l'homme, et encore moins l'instituteur. La bonté, sous peine de dégénérer en faiblesse, doit avoir un attribut indispensable, la fermeté. C'est peut-être la qualité qui réclame de l'éducateur le plus de perfection dans l'application. La fermeté, ce n'est pas de l'impatience, ce n'est pas de l'irritation, ce n'est pas non plus l'habitude de sévir, c'est encore moins le désir de ne jamais passer sur la moindre infraction. La fermeté, c'est le recours à regret à la discipline et au règlement. Comment faut-il être ferme avec des enfants? Comme avec les hommes quant au principe, mais avec beaucoup de douceur quant à l'application : les infractions à la règle, l'insubordination, la paresse, le mensonge, c'est mal partout ; dans l'école, ce sont des fautes qu'il ne faut jamais tolérer, ce serait plus contagieux qu'ailleurs; seulement il importe de bien discerner quand il s'agit de sévir : l'enfant, emporté par l'impétuosité de sa nature et son irréflexion, est heureusement le plus souvent coupable sans préméditation; il a agi avant de penser, il faut tenir grand compte de cela. Le maître doit donc se garder d'obéir à tout ce qui ressemblerait à de la précipitation en punissant; il doit également conserver tout son sang-froid, l'impatience ferait perdre à la répression son effet, sa portée, son caractère; ce serait un manque de respect pour l'enfant et pour soi-même, ce serait démoraliser la punition. Quand donc l'instituteur se trouvera dans la triste nécessité d'avoir à sévir, il agira avec calme et dignité, après avoir bien convaincu le coupable de tous ses torts : quels qu'ils soient, il n'appliquera pas le règlement sans être vivement peiné d'avoir à le faire.

Ai-je besoin d'ajouter ici que les punitions corporelles sont sévèrement interdites? Un système disciplinaire qui ne bannirait pas ce genre de punition des moyens de répression qu'il comprend pécherait par la base, il substituerait le fait brutal, qui humilie et irrite, à la persuasion qui s'adresse à la raison; on pourrait peut-être inspirer ainsi beaucoup de crainte, mais nullement ce sentiment élevé qui porte à éviter le châtiment parce que l'accomplissement du devoir y oblige.

En agissant avec fermeté mais modération, les enfants comprendront le rôle du maître, et comme ils auront saisi que la plus scrupuleuse impartialité est son seul guide, leur confiance en lui s'en augmentera. L'instituteur leur donnera d'ailleurs une idée morale et nécessaire de la discipline; il leur apprendra que la discipline est la mère, la trésorière et la dispensatrice du temps, le nerf de tout règlement, et, quand il le faut, la vengeresse des infractions.

Bien pénétré de cette nécessité de se soumettre à la règle, le maître obtiendra de ses élèves ce silence, cette attention, cette régularité qui constituent l'ordre, base de toute discipline.

§ 6

Activité du maître.

En énumérant les qualités nécessaires à l'instituteur, on ne saurait oublier qu'il doit être actif; activité du corps et activité de l'esprit lui sont en effet indispensables. C'est une tâche fatigante que celle d'enseigner : le corps s'y use vite, nous n'en avons que trop d'exemples; aussi est-on revenu de ces complaisantes faiblesses qui faisaient admettre si facilement à l'école normale ceux qu'une infirmité rendait impropres au travail manuel. La carrière d'instituteur était ainsi menacée de devenir le refuge de tous les déshérités des dons du corps. On est revenu de cette erreur, je le répète, qu'un sentiment de compassion expliquait et excusait; on s'est convaincu qu'il faut être sain et robuste de corps pour porter le lourd fardeau qui attend chaque maître. Il n'y a qu'à constater ce fait; aussi, si j'ai parlé de l'activité du corps, c'est parce qu'elle a presque toujours la plus grande influence sur celle de l'esprit. Il est rare, en effet, qu'un tempérament faible, des infirmités ou contractées ou natives, un corps souffreteux enfin, renferme un esprit actif et persévérant. A ce point de vue encore, on était donc sollicité à couper court avec les errements du passé.

L'activité de l'esprit sera pour l'instituteur un de ses préservatifs pour l'empêcher de tomber sous l'empire exclusif de l'habitude; or, là est le danger, et tout concourrait à y porter le maître s'il n'y veillait attentivement : ses heures de travail sont en effet réglées à l'avance pour chaque jour de l'année; il peut lui sembler que les matières de l'enseignement qu'il a à départir sont assez élémentaires pour qu'il soit dispensé de bien grands efforts d'esprit afin de se tenir constamment à la hauteur de ses leçons; l'imprévu, comme on l'entend généralement, est banni de l'école; l'habitude vient donc vite; si l'on s'y endort, si l'on ne cherche pas à varier, l'ardeur s'émousse, le zèle s'éteint, on est devenu routinier.

C'est par l'activité de son esprit que l'instituteur préviendra ce danger; l'expérience éclairée par une pratique raisonnée le portera à améliorer ses méthodes et ses procédés; mais pour améliorer il faut chercher, faire des tentatives et des essais, se tenir au courant de ce qui se publie sur la matière. Ce sera de la variété dans l'habitude et le seul moyen de combattre la sorte d'immobilité qui viendrait l'envahir; et le champ est si vaste en pédagogie qu'il permet toujours des tentatives de perfectionnement.

Puis, il y a un autre côté qui exige sans cesse la mise en œuvre des facultés intellectuelles de l'instituteur, ce sont les difficultés avec lesquelles il est aux prises. Le maitre est dans la nécessité d'occuper en même temps d'une façon profitable tous ses élèves ; il se trouve dans l'obligation de maintenir la discipline parmi ce petit personnel bruyant et remuant ; il faut qu'il passe avec facilité d'une matière d'enseignement à l'autre, de la grammaire, par exemple, à l'arithmétique ; il est soumis à une tension d'esprit continuelle pour se montrer constamment simple et pratique. Puis il doit répondre à celui-ci, donner un conseil à celui-là, réprimander l'un, exciter l'autre ; bref, sa situation, qui exigerait du calme, certain recueillement, est celle d'un esprit tourmenté, si l'on peut parler ainsi, qui doit s'oublier lui-même pour tout entendre, tout voir, tout diriger, afin d'alimenter en quelque sorte son tourment qui est la vie de l'école.

Telle est bien la situation du maitre en classe. Dans ces conditions, ou son esprit sera perpétuellement en éveil et ses facultés constamment mises en jeu, ou il laissera aller doucement et uniformément les choses ; dans le premier cas, progrès, résultats, bonne école ; dans le second, enseignement arriéré, formes et apparences de l'école, *statu quo* enfin ; en un mot, progrès ou routine. Il dépend du maitre de choisir, en donnant à l'activité de son esprit le but que son propre intérêt lui impose.

§ 7

Nécessité du travail intellectuel pour le maître.

Parler à des instituteurs de la nécessité du travail, leur démontrer qu'ils doivent être laborieux, en vérité est-ce bien utile? Est-ce que le travail n'est pas imposé aux maîtres par la nature même de leur mission? Ils doivent avoir assez d'amour-propre pour vouloir se tenir au courant de l'enseignement et pour vouloir sans cesse perfectionner leurs connaissances. Un instituteur doit donc aimer le travail.

Eh bien, cela ne m'empêchera pas de dire quelques mots sur ce point fort important, et je suis conduit à le faire par ce que j'ai vu.

Dans le cours de mes inspections, j'ai eu trop souvent le regret de constater que les instituteurs ne se préoccupaient pas assez de la préparation de leur classe. Cela tient à ce que nous nous imaginons trop dans l'enseignement primaire probablement que, parce que nous avons obtenu un modeste brevet, il ne nous reste rien à apprendre; que, parce que nous savons nos règles de grammaire, il est superflu que nous préparions nos devoirs de français; que, parce que le calcul nous est familier, il importe peu que nous consultions des ouvrages de mathématiques; nous nous imaginons trop enfin que nous avons à enseigner des choses trop simples, trop faciles, trop rudimentaires pour que nous ne soyons pas toujours prêts. C'est une dangereuse illusion qui a des conséquences fâcheuses sur les résultats de l'enseignement: quelque capable et quelque instruit que l'on soit, il ne faut pas oublier que ne point augmenter la somme de ses connaissances, c'est perdre de son acquis; il n'y a point de milieu à cet égard, ne point aller en avant, c'est reculer. Si donc un maître ne prépare pas ses leçons, sûrement il oubliera, et bientôt il ne sera plus à la hauteur de sa tâche.

Et personne en fait d'enseignement n'a besoin autant que l'instituteur d'une sérieuse préparation pour ses leçons : elles sont diverses et portent sur des matières qu'aucun lien n'attache entre elles; il s'adresse à des enfants dont le degré de culture intellectuelle n'est point avancé; il faut surtout qu'il se montre pratique, que ses démonstrations soient simples afin d'être facilement saisissables.

Puis, il y a des leçons de lecture dans chaque classe; eh bien, il est impossible de les rendre efficaces si elles n'ont point été sérieusement préparées. De plus, le maître peut être pris au dépourvu par une question inopinée d'un élève sur la signification d'un mot, le sens et la portée d'une phrase : qu'il reste court ou qu'il hésite même, les enfants s'en apercevront vite, et certainement par suite son savoir et son autorité en seront compromis, et de cet échec il se relèvera difficilement; qu'il parle quand même, au contraire, aura-t-il vraiment répondu? C'est se mettre à plaisir dans une situation fausse et embarrassante. L'instituteur doit donc travailler dans l'intérêt de son école et de sa considération personnelle près de ses élèves.

Et ce n'est pas la seule raison qui doive porter le maître à être laborieux; l'instituteur, que nous voulons indépendant pour qu'il soit plus digne, ne peut pourtant penser à se livrer à toutes les distractions même permises : il doit s'abstenir de fréquenter les cafés et les autres lieux de réunion où son caractère pourrait recevoir quelque atteinte. A quoi consacrera-t-il ses moments

de loisir, sinon à un travail intellectuel, source de si
saines et si réelles jouissances? Tout convie donc le
maître à perfectionner et à augmenter son savoir. Cette
nécessité du travail s'imposera de plus en plus d'ailleurs
avec des maîtres mieux préparés et plus capables; et
bientôt, en leur disant qu'il faut travailler, on ne prê-
chera plus que des convertis.

J'ai insisté longuement sur les qualités professionnelles du maître et de l'éducateur; mais c'est là un
point capital, dont l'importance ne peut être trop mise
en relief; on me pardonnera les longueurs en faveur du
motif.

CHAPITRE II

LE MAITRE EN CLASSE

ET D'ABORD EN PRÉSENCE DE L'ENFANT

Armé comme nous venons de le montrer, le maître
peut entrer en classe et se placer en présence de l'enfant. Il a à l'égard de ses élèves une double et étroite
obligation, celle de les élever et celle de les instruire;
c'est ce qu'on définit par ces deux mots : *éducation* et
instruction. On ne comprendrait pas que les deux choses
pussent être séparées : cultiver l'esprit sans s'adresser
au cœur serait une œuvre incomplète et certainement
dangereuse ; est-ce qu'on parlerait de devoirs en se tai-
sant sur les droits? Mais n'a-t-on pas des devoirs que parce
qu'on a des droits, et réciproquement? Les conclusions
qui s'imposeraient deviendraient étranges. Éducation et
instruction se complètent l'une par l'autre et forment ce
tout harmonieux que nos efforts réunis doivent tendre à
obtenir.

Mais pour élever et instruire l'enfant, il faut d'abord le connaître. Considérons-le donc sous le côté psychologique ; étudions ses facultés, ses penchants, ses défauts. C'est une étude aussi intéressante qu'indispensable ; elle constituera cet ensemble de notions de philosophie qui doivent être familières à tout éducateur.

§ 1er

De l'enfant. — Étude de ses facultés.

Cette étude nous paraît d'autant plus indispensable que parmi tous les instituteurs français, sortis ou non de nos écoles normales, il en est bien peu, dès le début de leur carrière, qui connaissent ce que c'est qu'un enfant.

Au premier abord, cette assertion étonnera peut-être, mais elle est fondée ; en y réfléchissant, on le verra. Une expérience de plusieurs années permet seule aux maîtres de se rendre compte de ce que c'est que l'enfant, de ce qu'il peut et de ce qu'il ne peut pas, du point où il en est au point où il faut le conduire. C'est pourtant chose curieuse vraiment de voir des ouvriers dans toutes les professions, apprendre pièce à pièce, rouage à rouage, instrument à instrument, tout ce qui constitue l'ensemble de leur profession ; tandis que les instituteurs, en même temps éducateurs, n'ont presque aucune connaissance de ce merveilleux instrument mis entre leurs mains, un petit enfant.

Dans quel pays avez-vous vu un horloger ne pas connaître les rouages d'une horloge ? Dans quelle contrée supposez-vous un mécanicien à qui l'on dise : « Voilà une locomotive à réparer ; il faut la mettre en état de fonctionner », et que ce mécanicien ignore jusqu'au nom

des roues, des pistons et de la vapeur ? Nulle part, répondez-vous ; ou bien les artisans dont vous parlez ne sont
ni des horlogers ni des mécaniciens. Vous avez raison.
Alors nos instituteurs ne sont donc pas des instituteurs
dans toute l'acception du mot ; car ces artisans de la pensée,
ces maitres de morale, ignorent complètement tous les
détails de leur instrument; ils ne savent pas quelles sont
ses facultés, pourquoi il pense, pourquoi il veut, pourquo i
il rit, pourquoi il pleure, pourquoi il aime, pourquoi il
parle, pourquoi il se souvient, pourquoi il imagine, pourquoi il comprend, pourquoi il apprend, pourquoi il agit ;
ils ignorent surtout le comment de toutes ces opérations
intellectuelles. La plupart ne voient dans un enfant que
le dehors matériel, et ils s'adressent surtout à cet extérieur. Il y en a encore qui voudraient, comme moyen
parfait d'éducation, la férule et les verges, toujours ce
qui frappe le corps, au lieu de ce qui frappe l'esprit. Bien
plus, ils s'ignorent le plus souvent eux-mêmes, et le
γνωθι σεαυτον, vénérable précepte de tous les siècles
passés, qui nous domine et nous dirige du haut de toute
l'antiquité, n'est pour eux qu'un axiome incompris.

Mais, m'objectera-t-on, nos instituteurs apprennent
tout ce qu'ils doivent enseigner, et ils ne sont admis à
instruire les autres que s'ils ont satisfait leurs interrogateurs dans un examen qui leur confère leur titre. Sans
doute ils connaissent les matières du programme scolaire,
ils sont instruits, pleins d'ardeur et de zèle pour le bien ;
mais cela ne suffit pas : que penseriez-vous d'un violoniste qui connaitrait admirablement toutes les ressources
de son art, mais qui ne saurait pas quel son rend telle
corde de son violon, affectée de telle manière ? Il en est
de même ici : l'artiste, c'est l'instituteur ; l'instrument,
c'est l'enfant, et quel instrument ! Il y en a aussi qui ignorent comment s'y prendre pour enseigner, et cela est une

conséquence toute naturelle de leur ignorance de l'enfant et d'eux-mêmes.

Nous allons essayer de combler cette lacune et nous allons présenter l'enfant tel qu'il est. Nous ferons de notre mieux pour montrer quelles sont ses facultés, et de là découlera notre méthode d'enseignement. De plus, dans cette étude des enfants, ces petits hommes, ces semblables à nous si intéressants, nous apprendrons à nous connaître nous-même et à connaître les autres nous-mêmes, c'est-à-dire autrui.

Le maître sort de l'école normale. Il ne connait pas les enfants, il manque de cette vieille expérience qui est indispensable. Va-t-il donc s'instruire lui-même, et étudier les enfants avant de les instruire? Il acquerra alors la connaissance de l'enfant aux dépens de ses élèves, et ses études, mal dirigées peut-être, tourneront contre le but qu'il se propose; il perdra un temps précieux, certains préjugés pourront lui venir, et finalement il va, après quelques tâtonnements infructueux, la base manquant, se résigner à enseigner comme on lui a enseigné à lui-même, et juger les enfants d'après les souvenirs de sa propre enfance.

Il vaudrait mieux, à notre avis, qu'il arrivât en classe avec une science préliminaire et qu'il enseignât d'après des théories préalables dont la pratique lui deviendrait facile.

Donc, qu'est-ce qu'un enfant?

Il faut ici l'envisager au point de vue de ce qu'il sera plus tard et ne jamais perdre de vue le but qu'on se propose de lui faire atteindre.

Un enfant est un petit être en tout semblable à nous et qui sera un homme. Chez lui sont déjà en germe toutes les qualités et tous les défauts qu'il aura un jour. Les unes sommeillent comme un feu caché, les autres se laissent clairement voir et se développent de plus en plus. Chacune de ses facultés, qu'on dirait assoupies et dont la flamme semble une pâle veilleuse, s'éveille au contraire par degré et brillera plus tard avec tout son éclat. C'est à l'instituteur qu'il appartient de régler la marche de ce feu qui sera un brasier; c'est le maître qui doit guider la progression de cette lumière vacillante qui sera un flambeau. Ces petits êtres charmants qui entrent à peine dans la vie et dont les jeunes facultés sont encore éblouies par l'étonnement des choses du dehors qui leur apportent à chaque instant tant d'images différentes, sont gais, insouciants, ravis, attachés à toute nouveauté : ce qui brille, ce qui vole, ce qui fait du bruit les attire; et c'est pour eux un grand attrait que de regarder la flamme, que de courir après les papillons, que de considérer de loin les grandes machines à vapeur. Par contre, ils sont, surtout dans le premier âge, peu curieux de l'école, et ils m'ont bien souvent fait l'effet, devant leur ardoise noire, de petits oiseaux en cage.

Les premières impressions que ressentent les enfants sont le point de départ de toutes leurs opérations intellectuelles. En effet, lorsqu'ils nous arrivent en classe, ils connaissent déjà une foule de choses, et nous pouvons admettre en principe que c'est au moyen de ces choses sues qu'il faut leur en faire connaître d'autres. Mais voyons d'abord, que savent-ils? Cela dépend de leur âge et de leur intelligence; mais pour suivre le progrès qu'a parcouru leur jeune raison, nous allons les prendre dans leur plus bas âge, dans leur état le plus inférieur.

Un enfant vient de naître; le premier signe de vie qu'il donne, c'est un mouvement de ses petites mains et un cri. Ce cri est un indice : il marque une souffrance. En effet, l'enfant a un besoin, il éprouve une privation, il désire quelque chose : il a faim. Il est averti qu'il vient au monde par une première douleur; mais pour crier, pour donner un signe de souffrance, il faut qu'il sache qu'il souffre. Il faut donc qu'il y ait chez lui un pouvoir qui l'avertisse de ce qui se passe au dedans. Ce pouvoir n'est qu'à l'état rudimentaire sans doute; mais il existe, il se trahit par des signes extérieurs, bien que des yeux peu clairvoyants ne l'aperçoivent pas. Ce premier témoin et avertisseur de tout ce qui se passe en nous, c'est la Conscience, et chez l'enfant c'est un commencement de conscience [1].

Peu à peu d'autres impressions vont le frapper, tous ses sens vont être mis en émoi : il va voir, il va goûter, il va entendre, il va toucher, il va sentir; et toujours il va être averti de toutes ces sensations par le même autre sens intime : la conscience [2].

Et pendant qu'il recevra ces impressions diverses, il croîtra, ses organes se développeront, il acquerra par l'expérience, il s'instruira lui-même sans s'en rendre compte, mais grâce à ce maître intérieur qui se perfectionnera en lui. Bientôt même, des sensations simples il passera à un ordre d'impressions plus élevé, il aura des sentiments : il aimera les personnes qui l'entourent, surtout sa mère; il marquera de la joie à la voir, de la tristesse à son éloignement. Il aura de l'aversion pour certains objets; il en viendra à admirer ce qui brille ou ce qui a de belles couleurs; à craindre ce qui fait du bruit, à espérer, etc. Mais ces faits, les premiers sans

---

1. Il est à remarquer que c'est la douleur qui est la première sensation de la vie chez l'enfant. Il ne sera capable de plaisir que plus tard; le rire est bien postérieur aux larmes. C'est aussi par la douleur qu'il sortira de la vie.

2. Il ne s'agit nullement ici de la conscience morale : nous verrons plus tard s'il y a une autre conscience entre ces deux sortes.

contredit qui se développent chez l'enfant, correspondent à une faculté. Nous la nommerons la SENSIBILITÉ.

Cette faculté va croître; est-elle la seule? Continuons à observer l'enfant, nous le verrons bientôt donner des preuves qui seront des indices d'une autre faculté naissante. En effet, voici que ses penchants se caractérisent, il est déjà capable de petites passions, la gourmandise, la colère, etc. Et l'on découvre chez lui des instincts, c'est-à-dire des penchants naturels qui lui viennent de l'hérédité. Et en même temps tout se complique dans sa jeune âme : il va vouloir. Sa volonté sera certes bien souvent indécise et flottante, mais à l'âge où les enfants bégayent, à l'âge où ils commencent à marcher, ils font preuve de volonté, ils essayent, ils s'efforcent. Voilà cette autre faculté : la VOLONTÉ.

Presque en même temps nous en découvrons une troisième : l'enfant comprend, il imagine, c'est-à-dire que les images des objets qu'il a vus passent devant son esprit; de là à s'en souvenir il n'y a qu'un pas. Donc, l'enfant est intelligent, et la troisième faculté est l'INTELLIGENCE.

A l'aide des perceptions extérieures, de la mémoire, de l'imagination et de la volonté, l'enfant va faire de grands progrès. Il va se faire à lui-même des leçons de choses; il sera curieux de connaître tout ce qui l'entoure; il tentera de petites expériences; il essayera d'atteindre les objets, il les portera à sa bouche pour goûter; enfin, comme sa sensibilité se sera accrue, il jugera, et, à l'aide de ses expériences, il entrera dans le domaine des perceptions acquises. Mais d'abord qu'est-ce qu'une perception? La perception extérieure, en général, est la connaissance que nous avons du monde extérieur. La perception intime est la connaissance que nous avons de ce qui se passe au dedans de nous : nous savons que cette dernière nous est donnée par la conscience. La connaissance que nous avons du monde extérieur nous est donnée par deux sortes de perceptions, les unes originelles, les autres acquises. Les perceptions originelles sont celles que nous ressentons naturellement, comme les perceptions dues aux cinq sens; les perceptions acquises sont celles que nous devons à l'expérience, qui se sert alors des souvenirs que nous a laissés le concours de plusieurs sens.

L'enfant, disons-nous, entrera dans le domaine des perceptions acquises. En effet, dès qu'il aura été en état d'avoir un désir, il aura voulu le mettre à exécution. C'est ainsi qu'il aura voulu posséder un objet placé près de lui. Mais toutes les choses qui l'environnent étaient peintes sur sa rétine comme si chacune eût été située dans le même plan; aussi a-t-il étendu la main, croyant saisir l'objet convoité, mais vainement il a d'abord essayé, il s'est trompé et il lui a fallu, pour réussir, qu'il avance ou qu'il se penche. Cette expérience répétée plusieurs fois, et pour plusieurs objets placés à des distances différentes, a été pour lui un sujet de comparaison. Il possède maintenant la perception acquise de la distance due à la vue. Pour prendre un autre exemple, lorsque nous entendons un son, nous percevons en même temps la distance à laquelle il se produit. C'est une perception acquise due à l'ouïe, car il nous a fallu comparer les différences de perception des sons par l'ouïe pour arriver à nous rendre compte de la différence des distances auxquelles ces sons se produisaient. De même, c'est grâce aux perceptions dues au toucher que l'enfant s'est rendu compte des différences dans l'état des corps : les liquides, les solides, les gaz, tout était semblable pour lui jusqu'à ce qu'il eût expérimenté qu'au toucher certains corps se laissaient pénétrer, que, d'autres étaient durs et polis, d'autres intangibles. De même pour les différences de température. Voilà des perceptions dont il s'est enrichi peu à peu.

Mais déjà ce petit enfant est savant; il sait de mieux en mieux apprécier tout ce qui l'entoure. Qui donc le lui a appris? Quel maître a pu parler à son intelligence et lui faire comprendre ce que son esprit, qui existe à peine et qui déjà travaille, a saisi? Personne. Sa mère n'a songé qu'aux soins corporels; comment du reste exprimer à son jeune cerveau une seule idée d'une manière intelligible? Il faudrait une science spéciale qui étudiât toute la langue des enfants et qui pût la reproduire. Mais cette langue ne peut guère se nommer ainsi, elle n'a pas de grammaire, elle varie avec l'intelligence et le développement de l'enfant. Pourtant comme elle est attrayante, comme elle dénote bien les efforts intellectuels, comme parfois elle est saisissante, et souvent qu'elle peint bien! S'en rend-on compte? Dans sa manière de parler comme dans tous ses actes, il faut faire une grande part à l'instinct. Cette part est merveilleuse; et le même instinct qui porte l'oiseau à faire son nid, le lapin à creuser son terrier, le castor à bâtir une maison palustre, pousse l'enfant à *imiter*[1]. Sa langue est toute une langue naturelle d'imitation, et il y aurait des rapprochements vraiment bien intéressants pour un polyglotte à comparer la langue des sauvages les plus rapprochés de la nature avec celle des petits enfants. Que d'onomatopées intraduisibles dans notre langue à nous! Or, l'enfant nomme tout par onomatopées, ce qu'il voit et ce qu'il ressent; comme le sentiment qu'il éprouve le plus souvent est l'étonnement, si nous en concluons que la

---

1. Cet instinct, nous l'avons déjà nommé, c'est la conscience. On nous reprochera peut-être cette assertion, mais c'est l'expression de ce que nous croyons être le vrai.

phrase la plus répétée exprime l'étonnement, nous trouvons que *é, é, é, é*, avec plus ou moins d'*é*, selon la force de l'expression, exprime l'étonnement.

Mais il arrive un jour où, par imitation du langage maternel, l'enfant prononce *papa*. Ce jour-là l'enfant n'a plus sa langue à lui. Il va apprendre celle de ses parents, il va devenir Anglais, Français, etc., et avoir une nationalité; sa langue primitive va sans doute se mêler à la nouvelle, mais son instinct d'imitation l'emportera vers la maternelle. Un enfant livré à lui se ferait une langue à lui, dérivée des sons que nous avons indiqués. Le jour où.l'enfant dit *papa, maman*, le jour où il marche, il commence à entrer en possession de toutes ses facultés. Pour nous bien assurer que cela est vrai, nous allons, si vous le voulez bien, passer une heure avec Bébé. Nous allons, par exemple, nous dissimuler de façon qu'il se croie seul; puis nous l'observerons, et nous le verrons mettre toutes ses facultés en jeu pour apprendre les propriétés de ce qu'il a sous les yeux. Nous connaîtrons ainsi la méthode de ce maître qui se nomme l'instinct ou la conscience naturelle; nous pourrons ensuite dresser un tableau de toutes les facultés que nous aurons observées : nous connaîtrons l'enfant.

Bébé se roule sur un tapis. Sa mère vient de le quitter; elle lui a fait de la main de petits gestes. Il a répondu par des gestes semblables, et cet échange l'a amusé. Mais voici que son rire s'éteint vite, presque aussitôt les pleurs lui succèdent; il désire sa mère, il la veut, et s'il sait déjà dire *maman*, il prononce ce nom, mais en vain, car la mère a reçu nos instructions; de plus, il se trouve seul et sa sécurité de tout à l'heure a disparu; il a peur. L'un de nous va faire diversion à sa douleur. De l'endroit où nous sommes cachés, pendant que Bébé tourne la tête, une toupie est lancée et vient tourner avec son bruit musical jusqu'au milieu de l'appartement. Les pleurs se sèchent immédiatement : *é..... é..... é..... é,* fait Bébé. Puis le son de sa voix change : il copie le bruit de la toupie. Il vient de lui donner un nom, et désormais une toupie sera représentée dans son esprit par un son nasillard, et il dira *inmmn..* pour dire une toupie. Mais cette imitation du bruit prouve la mise en jeu d'une de ses facultés : sans s'en rendre compte, il a fait attention au bruit, il a imaginé une manière d'exprimer ce bruit.

La toupie roule, et après quelques dernières convulsions, elle vient se reposer jusque dans l'un des coins de l'appartement. Bébé forme immédiatement le projet d'aller la chercher. — (Ici, il fait preuve de *volonté.*) — Il sait déjà par expérience qu'elle est à une certaine distance (*perceptions acquises*); il n'apprécie pas suffisamment la longueur du chemin à faire, n'importe; à quatre pattes, versant tantôt à droite tantôt à gauche, roulant plutôt que marchant, se heurtant un peu partout, il parvient courageusement vers la toupie. Comme il pense pouvoir l'atteindre (*jugem ent*), il étend la main, mais inutilement. Il pense alors qu'il faut avancer encore (*comparaison et raisonnement*), il étend la main trop loin, trop près; enfin, après quelques marques de colère, il parvient à saisir la toupie. Ici, une suite de sensations : il la touche, l'examine, la goûte, etc. ; mais avant même de la toucher, grâce à l'expérience acquise, il comprenait que c'était un corps résistant.

Il va pousser la toupie devant lui, s'amuser quelque temps à la voir rouler, la poursuivre, imiter le bruit qu'elle fera jusqu'à ce qu'il en soit las. Alors, connaissant à fond cet objet nouveau, ayant acquis, il va chercher à acquérir encore. Il avise dans un coin divers objets. S'il a reçu une mauvaise éducation (comme la plupart des enfants à cet âge), il va crier jusqu'à ce que les objets viennent à lui, c'est-à-dire jusqu'à ce qu'on les lui apporte ; mais, s'il est bien élevé, il va aller les trouver. Parmi les objets les plus en vue est une boîte vide. Bébé va renouveler ses expériences, il va essayer de la faire tourner comme la toupie (*association d'idées*). En la jetant sur le parquet elle s'entr'ouvre. Bébé, très étonné va laisser de côté tout ce qu'il voyait pour ne considérer que cette fente béante qui vient d'apparaître (*abstraction*) ; puis, comme il sait par instinct que tout a une cause, ou plutôt comme il a conscience que tout a une signification, cela revient au même, et que dans ses expériences il n'a rien vu de semblable, il fourre son doigt dans cette fente. Elle s'élargit, le couvercle monte, la boîte s'ouvre. Nouvel étonnement, nouveau sujet d'observation. Il parvient après quelque difficulté à la refermer, puis à la rouvrir, et ainsi de suite. Il n'a bientôt plus rien à apprendre sur les boîtes en général, et sur celle-ci en particulier. Bientôt même il commence à s'ennuyer. Mais voici que de notre coin s'envole une plume d'oiseau. Comme nous soufflons pour la faire voler, Bébé entend *ph*.,. *ph*... *ph*.... Il le répète. Cette plume qui vole, c'est un *ph*... *ph*. Nous laissons envoler un papillon. Comme cela vole, Bébé qui sent le besoin de lui donner un nom et qui ne peut l'atteindre pour juger des différences d'avec la plume de tout à l'heure, répète *ph*... *ph*.

Nous lâchons un oiseau : *ph*... *ph*... *ph*., répète Bébé. Tout ce qui vole s'appellera *ph*... *ph*... *ph*. (*Généralisation*.)

Mais voici que Bébé a faim. Il crie, sa mère accourt, nous nous retirons.

Toutes les facultés de l'enfant ont été mises en jeu ; nous pouvons les récapituler et en dresser le tableau. Mais auparavant, quelques réflexions ne seront pas inutiles. Cet enfant que nous venons d'observer vient d'accomplir sous nos yeux des actes qui ne sont autres que les actes accomplis par nous-mêmes tous les jours et à chaque instant. Mais de même que nous jugeons d'une machine par les résultats qu'elle permet d'obtenir, si nous jugeons l'enfant par ses actes et par les résultats constatés, nous ne pouvons que nous récrier d'admiration. Parmi tous les êtres que nous rencontrons dans la nature, quel est celui dont les facultés, même dans leur complet développement, égalent celles d'un petit enfant? Aucun. Prenons un des plus intelligents que nous sommes à même d'examiner chaque jour, le chien; voyons-nous les chiens étudier les objets qu'ils ont sous les yeux? Non, ils sont surtout préoccupés de satisfaire leurs besoins matériels; ce qui touche à l'esprit les dépasse, ils ne conçoivent point d'idées, à peine ont-ils conscience de ce qu'ils font; et les peines corporelles sont les seuls moyens employés pour les dresser; où a-t-on vu essayer du raisonnement pour les convaincre? De plus, ils ne parlent point, ils ne rient point; ils n'ont pas besoin de langage, puisqu'ils n'ont pas d'idées à exprimer : ils aboient, ce rudiment de langage leur suffit. L'homme leur est donc de beaucoup supérieur. Mais pourquoi cette différence? C'est que les lois qui ont présidé à la composition de ce chef-d'œuvre qui s'appelle l'homme sont loin de ressembler à celles qui font le fondement de l'organisation des autres animaux. En effet, d'après l'examen auquel nous nous sommes livrés concernant l'enfant que nous avons observé, nous pouvons classer les faits qui se sont produits en deux groupes nettement tranchés. Les uns comprendront les appétits matériels qui ont rapport au corps, à sa croissance, à son entretien; les autres comprendront les appétits d'un ordre immatériel qui ont rapport à l'âme. Nous ne retrouvons pas cette seconde catégorie dans les faits observés chez les bêtes.

Ainsi donc, l'enfant, et nous pouvons dire plus généralement l'homme, est un composé de deux éléments, l'âme et le corps. C'est l'âme que nous avons à étudier plus spécialement. Nous avons déjà découvert trois facultés de l'âme, la sensibilité, l'intelligence et la volonté. Chacune de ces facultés comprend plusieurs ordres de faits qui se rattachent chacun à une même cause; voyons quelles sont ces causes différentes et quels noms nous allons leur donner. Reportons-nous à la petite scène de tout à l'heure et aux faits que nous avons observés.

Pour commencer, l'enfant riait, puis il a pleuré; donc, il a éprouvé du plaisir, puis de la douleur. Il aime sa mère, il a marqué sa joie en la voyant, son regret à son départ; puis il a eu peur. Plus tard, nous l'avons vu observer curieusement divers objets, surmonter les difficultés d'une marche hésitante pour aller chercher la toupie, etc.

Ces diverses opérations, où l'âme a eu tant de part, rentrent évidemment dans le domaine de la sensibilité, ce sont des sentiments. Si nous voulons d'ores et déjà définir les sentiments, afin d'en avoir une idée bien nette, nous dirons que les sentiments correspondent aux différents pouvoirs de jouir et de souffrir que possède l'âme. Tous les penchants, toutes les inclinations de l'âme, toutes les passions même sont des sentiments. Citons la colère, le courage, l'affection, la haine, la piété, l'orgueil, la jalousie, le désir, l'espérance, le regret, la crainte, etc.

Mais ce n'est pas seulement à ces seules affections de l'âme que nous devons donner le nom de sentiments; il en est d'autres d'un ordre plus élevé qui ne se développent que plus tard dans le cœur de l'enfant, mais que nous pouvons à chaque instant étudier en nous-mêmes. Je veux parler de cette sensation délicate et intime que nous procurent le beau, le bien, le vrai, ou, pour développer, l'ordre, l'harmonie, le devoir, la vertu, le respect, l'admiration, l'amour.

Tous ces sentiments sont naturels à l'homme. Placé dans les conditions diverses de la vie, il les éprouvera, parce que l'âme en contient le germe dès la naissance; on leur a donné un nom général, ce sont des penchants naturels ou innés. Il en existe d'autres qu'on appelle acquis, parce que l'habitude les fait naître accompagnés de l'influence des autres passions; tel est, par exemple, l'amour de l'or.

Nous avons épuisé ce qui se rapporte à la sensibilité dans les faits que nous avons observés à propos de l'enfant, mais ce ne sont pas les seuls. A côté de ces faits sensibles, il y a les faits intellectuels et les faits volontaires; les uns se rattachent à la deuxième faculté de l'âme, l'intelligence; les autres à la troisième, la volonté.

Voyons quels sont les faits intellectuels que nous avons observés.

L'enfant a fait attention à la toupie; il a imaginé une manière d'exprimer le bruit qu'elle faisait; il a jugé qu'il pouvait l'atteindre, pour cela il a comparé les distances; il a raisonné sur la meilleure manière de parvenir à elle. Il a associé diverses idées en essayant de faire tourner une boîte comme il avait vu tourner une toupie. Il a laissé de côté les autres propriétés de la boîte entr'ouverte pour ne voir que la fente produite par l'écartement du couvercle et du fond; enfin, dans son rudiment de langage, il a, en généralisant, nommé du même nom tout ce qui volait.

Ces diverses opérations se rattachent à l'intelligence, et nous allons les définir, comme nous avons fait tout à l'heure pour ce qui avait trait à la sensibilité. Mais auparavant quelques réflexions sont indispensables.

A quoi pensons-nous? Nous pensons à tout ce que nos facultés nous ont fait connaître. Nos pensées découlent des idées qui nous viennent à l'esprit. L'idée est un fait intellectuel si simple qu'on ne peut qu'en dire : Les idées sont les éléments de nos conceptions. Les idées ne nous viennent pas à l'esprit au hasard, mais elles sont reliées entre elles selon certaines lois dont nous parlerons plus tard. Comme la conscience, ou perception intime, est le pouvoir qui nous avertit de tout ce qui se passe en nous, c'est par la conscience que nous connaissons nos idées. Toutefois nous avons besoin, pour nous bien rendre compte des faits intérieurs dont elle nous instruit, de nous replier en nous-mêmes par un effort de volonté. Cet effort est la réflexion. Parmi nos idées, il en est plusieurs qui sont la source de toutes les autres, ces idées ont été nommées notions premières. Ces notions sont claires, communes à tous les hommes et inhérentes à notre nature, comme, par exemple, la notion de l'espace. Nous savons tous que l'espace contient tous les corps; la notion de durée, nous savons que le temps marche sans cesse. Nous pouvons encore citer les notions de substance, d'identité, d'unité, de bien, de mal, de but, de droit, de mérite, de démérite. Les idées qui traversent l'esprit sont l'aliment continuel de l'intelligence. Et nous sommes ainsi faits que nous ne pouvons avoir une idée sans nous représenter immédiatement l'image de ce qui en fait l'objet. Ainsi, si j'ai l'idée d'une table, je vois immédiatement dans mon esprit la forme du meuble auquel j'ai pensé. Si j'ai l'idée du beau, je songe immédiatement à une fort belle statue, ou à une autre œuvre d'art, ou à un beau paysage, ou à une chose enfin qui m'aura frappé et dont le souvenir sera resté en moi le type du beau. Il est facile de comprendre alors qu'il existe une opération intellectuelle spéciale qui a pour but de nous rappeler la forme des objets auxquels nous pensons. Je veux parler de la *mémoire*. La mémoire est la faculté qui nous rappelle le passé, elle conserve en nous nos idées, nos actes, nos connaissances. C'est elle qui, par le souvenir, les reproduit dans l'esprit lorsque nous en avons besoin.

Nous avons dit que les idées ne se présentaient pas à l'esprit au hasard. En effet, nos idées s'appellent réciproquement, et cette faculté de l'esprit qui lie nos idées entre elles se nomme l'*association des idées*. Nos idées s'associent d'après une foule de rapports ; mais les plus fréquents sont ceux de temps, de lieu, de ressemblance, de contraste, etc. Nous nous rappelons forcément deux faits qui se sont accomplis en même temps ou au même endroit. Les portraits nous rappellent ceux qu'ils dépeignent et ceux qui leur étaient complètement dissemblables ; le livre nous fait souvenir de l'auteur ; le monde, du Créateur.

L'enfant que nous avons observé a essayé de faire tourner la boîte comme il avait vu tourner la toupie, voilà aussi une association d'idées. Il a imaginé une manière d'exprimer le bruit que faisait la toupie ; qu'est-ce donc que l'imagination ? L'*imagination* est la faculté d'inventer ; c'est elle qui, guidée par les règles de l'art, arrive à faire produire des chefs-d'œuvre ; c'est elle aussi qui, abandonnée à elle-même, fait naître les illusions parfois si pernicieuses.

Si nous nous reportons aux faits et gestes de Bébé, nous remarquerons que, outre ces trois importantes opérations intellectuelles, l'enfant a donné des signes qui ne peuvent leur être attribués. Ainsi, il a commencé par regarder curieusement la toupie, mais ce regard était loin d'être indifférent, il marquait un vif intérêt et une tension intérieure de l'esprit; en un mot, il faisait attention à la toupie. Qu'est-ce donc que l'*attention?* L'attention est cet effort de notre intelligence s'appliquant à considérer un objet.

Plus tard, l'enfant, voulant aller chercher la toupie, a dû comparer les distances qui séparaient cet objet de la boîte et qui diminuaient à chaque pas. Qu'est-ce que la comparaison? La *comparaison* est une attention particulière; elle considère les objets au point de vue de leurs différences et de leurs rapprochements.

Quand Bébé tenait entre ses mains la boîte, nous l'avons vu occupé seulement à examiner la fente produite par l'écartement des deux parties. Il négligeait momentanément toutes les autres propriétés de cet objet. Cet acte de l'esprit s'appelle *l'abstraction*. Qu'est-ce alors que l'abstraction? C'est encore une nouvelle sorte d'attention; elle consiste à laisser de côté toutes les qualités d'un objet, sauf une seule, que nous considérons spécialement. Elle est le contraire de la généralisation. Qu'est-ce donc que la *généralisation?* C'est l'attention étendue à l'ensemble des qualités d'un ou de plusieurs objets.

Ces différentes opérations de l'esprit se succèdent et donnent lieu à des jugements. Qu'est-ce qu'un *jugement?* Un jugement est l'acte intellectuel par lequel nous affirmons qu'une chose est ou n'est pas : Le Créateur est puissant, voilà un jugement. Il nous arrive souvent d'établir plusieurs jugements de suite qui se relient et découlent les uns des autres. Nous disons alors que nous raisonnons; un *raisonnement* est donc un enchaînement de jugements.

Tout ce dont nous venons de nous occuper, nous avons pu l'observer chez l'enfant. Si donc quelque doute subsistait dans notre esprit, si quelque notion ne nous était pas présente avec toute la clarté désirable, nous pourrons toujours nous reporter à notre sujet d'examen, l'enfant. Je conseille même comme un excellent exercice d'examiner les actes intellectuels des jeunes enfants, et de les classer dans les opérations que nous avons définies. Ceci, dirions-nous, est une réflexion, voici une comparaison, voici un raisonnement, voici une association d'idées, etc.

Mais ce que nous pouvons surtout examiner avec fruit, tant au point de vue de notre méthode d'enseignement qu'au point de vue philosophique, c'est la manière dont l'enfant apprend à parler, c'est son langage. Qu'est-ce que le *langage*? Le langage est un ensemble de signes à l'aide desquels nous faisons connaître aux autres ce que nous ressentons, ce que nous pensons, ce que nous voulons.

Le premier langage de l'homme, c'est le langage instinctif que la nature même nous enseigne par son exemple : les cris, les pleurs, le rire, etc., etc. Puis de ce langage nous avons passé à l'autre plus compliqué qui consiste dans l'usage des mots qui composent notre langue maternelle. Sans aucun doute, le langage par la parole découle du langage instinctif; mais par la suite des âges, il s'est tellement transformé qu'il est presque impossible de retrouver la chaîne de progression qu'il a suivie; aussi les enfants ont-ils beaucoup de difficulté à apprendre notre langue, et nous pensons qu'une partie de cette difficulté serait éludée si l'on prenait soin d'instruire les enfants dans notre langue au moyen de leur langue à eux. Ainsi, si la mère de l'enfant que nous avons examiné, soucieuse du progrès de son fils, s'était

servie de sons que sa bouche émettait en exprimant le
vol du papillon (*ph... ph... ph...*) pour lui apprendre
des mots qui se rapprochent de cette consonance ; si,
par exemple, en montrant le bois qui brûle, elle
avait prononcé plusieurs fois le mot feu, l'enfant,
par imitation, aurait essayé de dire aussi le feu en
désignant le foyer, et il aurait vite compris que ce
qui brûlait se disait feu ; ensuite, la mère aurait
fait répéter à son fils, en lui montrant toujours les
objets que ces signes oraux désignent, des mots tels
que *femme*, *fille*, *fouet*, en*f*ant, élé*ph*ant, etc., l'enfant eût répété et compris, nul doute que ses progrès
n'eussent été rapides dans l'étude du langage. Malheureusement il n'en est pas ainsi, et l'on apprend généralement les mots aux enfants au hasard et sans suite
comme sans méthode ; pourtant, apprendre à parler est
l'acte le plus important de la vie. Mais nous n'avons pas
à traiter ici ce sujet.

Nous avons observé chez l'enfant un troisième ordre
de faits, les faits volontaires. Bébé a agi. Il a été cause,
il a produit des effets ; mais de ces divers actes, les uns
étaient produits presque sans qu'il s'en doutât par ce
maître intérieur que nous avons nommé l'instinct, qu'on
peut aussi appeler conscience naturelle ; d'autres étaient
produits par l'habitude, qui est une inclination résultant
de la répétition fréquente des mêmes actes ; enfin, d'autres
étaient raisonnés, voulus, ils tendaient à une fin. Ils
étaient produits par la *volonté* proprement dite, c'est-
à-dire par cette faculté qui est en nous et par laquelle
nous pouvons faire ou ne pas faire telle ou telle chose,
dans tel ou tel but.

Voilà tout ce que nous avons appris à propos de l'enfant. Pour résumer, nous allons dresser le tableau des
facultés et des branches qui s'y rattachent.

TABLEAU DES FACULTÉS

SENSIBILITÉ		INTELLIGENCE		VOLONTÉ
SENSATIONS	SENTIMENTS	IDÉES	OPÉRATIONS INTELLECTUELLES	
Toucher. Vue. Ouïe. Odorat. Goût.	Inclinations. Instincts. Appétits. Désirs. Affections. Sentim^s { moraux. religieux. artistiques. } Passions.	Notions premières.	Mémoire. Associations d'idées. Imagination. Attention. Comparaison. Abstraction. Généralisation. Jugement, Raisonnement.	Instincts. Habitudes.
	Naturels ou acquis.	Langage.		
Conscience.				
Naturelle.		Philosophique.		Morale.

§ 2

De l'enfant. Direction de ses facultés.

Nous ne pouvons pas prendre encore le petit enfant que nous avons observé, pour le faire entrer en classe; abandonnons-le momentanément; nous le retrouverons quand son âge va le rendre tributaire de notre enseignement.

Du reste, nous pouvons aisément penser que toutes ses facultés ne resteront ni stationnaires ni inactives. Développées de jour en jour, elles vont s'accroître encore. C'est ainsi, par exemple, que le sentiment du bien et du mal va devenir plus lumineux et bientôt régner en maître. Alors, ce premier précepteur de l'enfant, cette conscience dont nous avons déjà parlé, qui n'était d'abord qu'instinct, puis conscience réelle, va devenir conscience morale. Elle ne va pas seulement instruire les enfants

des faits, soit intimes, soit extérieurs, elle va grandir
jusqu'à blâmer ou approuver, bien mieux, jusqu'à punir
ou récompenser par le remords ou par le plaisir du bien
accompli. Le tout par degré.

Vers six ans, l'enfant nous arrive. Jusqu'à présent, il
s'est passé de nous, il s'est instruit tout seul dans les
choses de la vie. Notre mission est de continuer cet enseignement. Comment allons-nous nous y prendre? Nous
avons un programme scolaire nous indiquant les matières
qu'il doit apprendre; allons-nous faire asseoir notre élève
devant nous, puis lui débiterons-nous nos leçons à des
heures données, tantôt sur ce qui regarde une matière,
tantôt sur ce qui concerne une autre ? Il n'est pas malaisé
de voir que cette manière de faire serait une excellente
façon de ne lui rien apprendre du tout. Se fier à sa mémoire pour les choses qu'il comprend et qui l'intéressent, c'est-à-dire que nous rendons attrayantes, bon.
Mais prétendre qu'il retiendra des chaînes de mots incompris par lui, c'est une erreur. Ajoutons bien vite que
c'est tant mieux; car un enfant qui, par un tour de force,
saurait de mémoire en quittant notre classe toutes les
matières du programme apprises de la sorte, serait aussi
ignorant qu'en entrant et resterait ignorant toute sa vie.
Il existe pourtant encore à l'heure actuelle des maîtres
qui n'ont que cette méthode. La mémoire est tout pour
eux; tous leurs exercices scolaires tendent à faire
« savoir par cœur », et rien ne flatte plus leur amour-
propre et celui des parents qu'une fable récitée d'un ton
de perroquet d'un bout à l'autre, sans reprendre haleine,
sans faute, disent-ils alors; qu'une page de grammaire
débitée d'un petit ton pédant, sans oublier un iota, sans
modifier une syllabe, sans respecter une virgule et sans
entendre un traître mot de ce qu'on dit. Voilà qui est
brillant, affirment-ils.

Quoi ! diront ces maîtres, tout ne consiste pas à faire retenir ce qu'on enseigne ? C'est un grand point assurément ; mais il y a deux manières de savoir, il y en a une bonne et une mauvaise. La bonne est la seule qui compte, c'est la seule qui permette de retenir. Et pourquoi ? Parce que l'on a bien compris ce que l'on veut connaître. Or, une leçon bien comprise, par conséquent bien connue, est, soyez-en bien persuadés, une leçon qu'on retiendra. Autre chose est de savoir de mémoire comme l'enfant de chœur qui récite les prières latines de la messe, ou de savoir comme le jardinier qui plante, émonde, arrose et cultive ses arbres à fruits. Pensez-vous que l'enfant soit plus savant après avoir appris ses psaumes par cœur ? Ne jugez-vous pas au contraire que le jardinier sait véritablement quand il a appris à cultiver ? Nous voudrions que l'enfant apprît comme le jardinier s'instruit, c'est-à-dire par l'expérience ; mais comment arriver à ce résultat ?

C'est bien simple ; nous avons un guide excellent si nous avons profité de nos observations précédentes et si notre étude sur l'enfant nous a servi à quelque chose. Comment l'enfant a-t-il appris tout ce qu'il sait avant de venir en classe ? Par lui-même, nous l'avons pris sur le fait. Ayant sa conscience pour guide, il a considérablement acquis. Pourquoi ne pas continuer, en la perfectionnant s'il se peut, la méthode dont il s'est servi ? Cette manière de faire aura l'avantage de ne pas brusquement changer la façon dont il a envisagé les choses, et dont il a acquis toutes ses connaissances préliminaires. Puisqu'elle lui a suffi jusqu'ici et que les résultats ont été si remarquables, puisqu'elle suit si bien la nature qu'elle est la nature elle-même, nous ne voyons pas pourquoi substituer à une méthode connue une méthode inexpérimentée. De plus, nous n'aurons pas à nous substituer à la conscience de l'enfant, à lui-même, pour ainsi dire ; nous n'aurons qu'à le guider et à employer, pour atteindre notre but, les facultés que nous lui connaissons.

L'enfant est en classe. Il y vient pour apprendre. Jusqu'à présent, il a acquis de lui-même tout ce qu'il sait. Pour cela, il a été du connu à l'inconnu ; servons-nous de ce qu'il sait pour lui faire apprendre autre chose. Et d'abord agissons par degrés, jamais brusquement : il faut entre l'enseignement préscolaire, si nous pouvons parler de la sorte, et l'enseignement scolaire une transition. La meilleure transition, à mon avis, est de lui faire préciser ses connaissances. Comment ? En lui faisant dessiner sur une ardoise, par exemple, des objets qu'il a sous les yeux dans la classe. Il sera forcé de mieux examiner chaque chose pour mieux dépeindre. Inutile de dire que tous les objets devront être représentés par de simples traits. L'enfant dessinera donc une règle, une ardoise, le banc, un pupitre, le tableau noir, une plume, etc.

Mais pourquoi débuter par cette leçon ? dira-t-on. Pour lui faire mieux connaître les objets qui l'entourent, pour provoquer sa réflexion sur ces objets connus et pour lui donner une leçon de choses plus profitable.

Nous lui demanderons ce que c'est qu'un tableau, quelle est sa couleur, à quoi il sert, de quelle matière il est fait, qui l'a fait ; ce que c'est qu'un menuisier, ce que c'est qu'un peintre ; pourquoi le tableau est suspendu ; ce que c'est qu'un clou, qu'un forgeron, et ainsi de suite pour chaque objet.

Le premier résultat obtenu, ce sera, avons-nous dit, de provoquer la réflexion de l'enfant. Jusqu'à présent, il a réfléchi de lui-même, mais un peu au hasard ; il importe qu'il soit guidé avec plus d'ordre et suivant des associations d'idées aussi naturelles et plus méthodiques. Une fois qu'il a appris à être plus attentif et à mieux réfléchir, nous passerons à la lecture. Nous donnons plus loin une leçon modèle de lecture pour les différents groupes de la classe.

Dans tout le cours de son enseignement, l'instituteur qui connait les facultés de l'enfant, par l'étude que nous en avons faite ensemble, doit les conduire et s'attacher à les développer. Cette tâche est délicate. Voyons d'abord comment s'y prendre pour développer la sensibilité.

Nous avons dit que cette faculté était la première qui se manifestait chez l'enfant ; occupons-nous donc d'elle, puisqu'elle a une sorte de droit d'aînesse.

Développer la sensibilité des enfants est, en somme, chose aisée ; tout y concourt, et nous aurons bien plutôt à modérer qu'à exalter. Voyez, en effet, combien le rire et les pleurs se succèdent promptement chez lui : un rien le choque et fait couler ses larmes, un autre rien le fait rire aux éclats. De même, il est également facile de faire diversion à sa douleur et à ses jeux. Ceci nous est un indice de la manière dont les causes extérieures frappent l'enfant ; chacune à son tour l'absorbe tout entier ; à ce qu'il sent et à ce qu'il fait, il oublie le passé et l'avenir pour être tout au présent. Cette disposition d'esprit, cette mobilité de sentiments s'effacera avec l'âge ; ce n'est pas à nous de contribuer à déraciner ce charme attaché à l'enfance et qui disparaîtrait si l'on voulait, comme quelques-uns le pensent, faire des enfants de grands sérieux de dix ans, compassés, qui ne riraient point, qui ne sauraient plus pleurer. Nous devons, bien au contraire, profiter de ces dispositions, qui sont des qualités, à notre sens.

L'esprit des enfants n'a cette singulière élasticité que parce qu'il est malléable et mobile comme ce qui est jeune et tendre encore. Assez tôt il s'endurcira, heureux si, dans cette cire molle devenue airain, sont restées les empreintes désormais ineffaçables de notre enseignement. Qui a l'école a l'avenir, a-t-on dit souvent avec raison ; préparons cet avenir ; et c'est justement dans l'esprit de l'enfant que nous pouvons le préparer. Quand nous sommes parvenus à un certain âge, l'esprit n'est plus malléable comme jadis; il ne cède plus, le gland est devenu chêne, il rompt et ne plie pas. Profitons donc de cette malléabilité, de cette aptitude à recevoir et à conserver : frappons-le par nos leçons, gravons sur l'écorce de ce jeune arbre les chiffres indestructibles de la morale et de l'instruction. Loin de chasser le rire ou les larmes, sachons les faire naître par notre enseignement. Je ne voudrais pas que ce fût la mouche volant qui fît rire l'enfant, puisqu'il a besoin de se dérider un peu, mais que ce fût la parole du maître racontant à propos une historiette divertissante, en même temps que morale.

Ainsi donc de ce côté, nous n'avons pas à réfréner ni à jouer un rôle vraiment actif, le rire et les larmes sont trop naturels pour que nous ayons la prétention de les contenir sans danger. Les enfants n'aiment point la contrainte : si nous pouvons les amener à l'école par l'attrait de nos leçons, nous réussirons beaucoup mieux près de ces petits insouciants.

Les sens des enfants se développent seuls. Notre rôle est ici encore purement passif; mais en ce qui concerne les sensations acquises, notre influence est certes considérable.

Nous devons apporter tous nos efforts au développement du sentiment du beau, du bien et du vrai : c'est une application de tous les instants qu'on doit demander ici des éducateurs. Pour les grands élèves surtout, l'instituteur doit s'élever jusqu'à l'art délicat de démontrer ce qui est beau dans tel ou tel dessin et pourquoi cela est beau; ce qui est beau dans tel morceau littéraire, et pourquoi cela est beau. Toutes les écoles peuvent avoir un recueil de beaux morceaux de littérature bien choisis. Malheureusement toutes ne peuvent avoir un chef-d'œuvre de sculpture. Dans les grandes villes, les musées peuvent suppléer à ce qui manque à l'école sous ce rapport, aussi recommanderons-nous les visites dans les musées. Dans les écoles rurales, on n'a point cette précieuse ressource; que les maîtres aient de beaux dessins, on a aujourd'hui à si bon marché de belles reproductions des œuvres de nos grands maîtres. A défaut, nous pouvons toujours recourir à un chef-d'œuvre unique et perpétuellement à notre portée. Les enfants comme les hommes vivent chaque jour en le possédant sous leurs yeux, peu y prennent garde. A nous de le faire remarquer. Je veux parler de ce livre toujours ouvert, de ce tableau toujours vivant et toujours inimitable qui s'appelle le monde :

« Les cieux racontent la gloire de Dieu. »

En ce qui concerne le vrai, on ne saurait assez tôt inspirer aux enfants l'horreur du mensonge; mais ce n'est pas en leur répétant chaque jour qu'il ne faut pas mentir que l'on arrivera à ce résultat. Il faut frapper leur esprit par des fables bien lues et employer des moyens pratiques tels que le suivant :

Un enfant a menti. Faites-le venir près de vous, puis parlez-lui avec une grande douceur. Dites-lui :

Qu'est-ce que mentir? je vous l'ai dit bien souvent.

L'enfant. — C'est parler sciemment contre ce qui est.

Le maître. — N'avez-vous jamais menti?

L'enfant. — Si, monsieur.

Le maître. — Est-ce mal de mentir?

L'enfant. — Oui, monsieur.

Le maître. — Pourquoi?

L'enfant. — Je ne sais pas.

Le maître. — Ou plutôt vous ne savez plus; eh bien, je vais vous le répéter.

Premièrement, nous ne devons pas mentir, parce que nous courons risque de ne plus être crus lorsque nous disons la vérité. Vous connaissez la fable du petit berger qui criait « Au loup! » pour s'amuser.

Deuxièmement, parce que notre conscience nous dit que c'est mal et qu'elle nous punit par le remords.

Troisièmement, parce que notre dignité d'homme est incompatible avec toutes les fautes, mais surtout avec celle-ci. En parlant contre la vérité, nous nous ravalons au-dessous des bêtes, qui, elles, ne mentent pas.

Quatrièmement, enfin, parce que nous faisons de la peine à nos parents et à nos petits camarades qui regrettent d'être les condisciples d'un menteur, à tous ceux qui nous aiment, surtout à notre bon maître qui voit avec regret tous les efforts qu'il a faits pour nous rendre justes et véridiques être perdus, et qui ne peut plus se confier à nous.

Voilà pourquoi, mon enfant, nous devons toujours dire la vérité. Vous avez menti aujourd'hui, — ne dites pas le contraire, ce serait un second mensonge, — que vais-je faire? Puis-je vous laisser au milieu de vos condisciples qui sont bons, et auxquels vous pourriez apprendre le mensonge? Ne pensez-vous pas qu'on puisse dire : « Pierre est de l'école et il ment; on y apprend donc à parler contre la vérité? » Sachez que lorsqu'on est **Français**, on doit être sincère, Franc en un mot. C'était le nom de nos aïeux; voulez-vous donc être indigne de ce nom et de ce titre?

Pierre, il faut promettre de vous corriger : tout le monde s'éloignerait de vous, vous ne pourriez plus

jouer avec personne, on vous fuirait, chacun dirait :
« N'allez pas avec Pierre, c'est un menteur. »

Pierre, pleurant. — Je promets.

Eh bien, j'espère que vos condisciples vous pardonne-
ront ; vous avez néanmoins failli déshonorer toute la
classe, je le répète ; pour moi, je vous aime trop pour
vous adresser d'autres reproches. Cependant, à cause
de vous, on aurait pu dire de moi : « C'est un mauvais
maître, il apprend à ses élèves à mentir. » Repassez donc
en votre esprit pendant quelques instants toutes les conséquences de votre faute. Vous reprendrez votre place
lorsque vous aurez pris la ferme résolution de ne plus
jamais mentir.

Pour ce qui touche aux sentiments du bien, nous
renvoyons les maîtres à notre leçon modèle de morale,
et au petit livre de morale dont nous sommes l'auteur.

Disons toutefois ici que les penchants et les passions
se développent chez les enfants et y trouvent un terrain
fertile. Nous devons les réprimer à l'aide de moyens tels
que celui que nous avons exposé pour le mensonge,
mais varions nos moyens : si nous nous servions toujours
du même, il perdrait tout son effet ; les élèves sauraient
bientôt par cœur ce que nous leur dirions pour chaque
défaut ; ils s'habitueraient à une réprimande trop fréquemment appliquée, et peu à peu ils en viendraient à
la dédaigner, puis à la tourner en raillerie : « C'est un
radoteur », penserait-on en classe. Au dehors on dirait :
« C'est un pédant. »

C'est en observant le caractère particulier à chaque
enfant qu'il faut se servir d'un langage, d'une pensée,
d'un récit, d'un exemple surtout propre à le frapper
davantage ; en général, parler c'est bien, agir c'est
mieux : la sensibilité veut être frappée, l'intelligence
convaincue, la volonté guidée.

Nous pouvons maintenant laisser de côté la sensibilité et nous occuper de l'intelligence de l'enfant. Les aliments de l'intelligence sont les idées ; comment devons-nous nous y prendre pour faire naître des idées dans l'esprit de l'enfant ? Les idées naissent les unes des autres par association ; nous avons donné les lois de l'association, observons-les toujours dans notre enseignement. Prenons bien garde que les idées s'enchaînent toutes régulièrement, c'est une des conditions du souvenir ; il faut que nos leçons, pour être profitables, forment une chaîne dont chaque anneau, si je puis parler ainsi, appelle les suivants et les précédents dans l'esprit de nos élèves.

En ce qui concerne nos idées ou notions premières, nous en trouvons le germe chez l'enfant. Elles sont innées en lui et elles forment le fondement de notre enseignement et la base de son instruction ; elles se développent chaque jour davantage et deviennent de plus en plus lucides. Bornons-nous à veiller à leur croissance journalière, à exciter les intelligences un peu paresseuses, et formons en même temps la raison qui, comme un flambeau, éclaire les idées.

La mémoire est une faculté des plus précieuses ; nous devons donc nous attacher à la cultiver de bonne heure. Mais comment ?

Il nous est facile de remarquer que nous retenons les choses qui nous sont familières et qui s'accomplissent chaque jour autour de nous ; nous retenons aussi celles qui nous ont frappés, enfin celles auxquelles nous avons apporté une grande attention. Il résulte de là que pour apprendre par mémoire, nous devons répéter souvent, frapper notre esprit par des traits qui se détachent et ressortent parmi les autres, enfin apporter une grande attention à ce que nous voulons apprendre. Par un exercice journalier, la mémoire s'accroît et devient d'une prodigieuse souplesse : l'esprit est plus apte à faire une chose lorsqu'il l'a déjà faite. Il retiendra donc plus facilement s'il a pris en quelque sorte l'habitude de retenir. Plus on apprend, plus il devient facile d'apprendre. Nous devrons exercer la mémoire des enfants en leur faisant apprendre par cœur des morceaux de vers ou de prose, et comme nous avons constaté souvent que l'on ne suivait pas une méthode raisonnée pour apprendre de mémoire, nous donnerons les conseils suivants :

Pour bien retenir un morceau, il faut le lire très attentivement, afin de le bien comprendre. Ensuite, on le divise par parties dont chacune contiendra un fait saillant, propre à frapper l'esprit et autour duquel on groupe tous les autres contenus dans la même partie ; puis on répète la première partie en la relisant attentivement jusqu'à ce qu'elle soit parfaitement possédée. On ferme alors le livre, et l'on se récite à soi-même jusqu'à ce qu'on sache sans faute. On passe après cela à la deuxième partie, et ainsi de suite jusqu'à la fin. Lorsqu'on sait par cœur la dernière, on répète toutes les parties, on relit une dernière fois et l'on doit posséder de mémoire le morceau.

Mais, on le sait, rien ne reste d'une façon ineffaçable : les souvenirs du lendemain obscurcissent ceux de la veille, et à travers la somme de connaissances acquises durant une certaine période, on n'aperçoit plus celles acquises durant la période précédente. Il importe donc de résumer et de récapituler : il faut réapprendre ce qu'on a appris. Quand devront avoir lieu ces récapitulations ? Sera-ce chaque semaine, chaque mois, chaque trimestre ? Notre avis, c'est qu'elles aient lieu lorsque les leçons sur une matière ont été assez nombreuses pour que l'enchainement apparaisse encore à l'esprit des élèves, et point assez multipliées pour que la première ait été tout à fait oubliée. Nous ne dirons donc pas : Récapitulez et résumez chaque semaine et chaque mois, mais revenez sur les leçons quand vous vous apercevez que le lien qui les rattache l'une à l'autre va se rompre dans l'esprit de l'enfant, et ne craignez pas les redites : la répétition — on l'a dit bien des fois — c'est l'âme de l'enseignement. Frappons donc l'esprit de nos élèves par les mêmes causes; intéressons-les pour obtenir leur attention et nous développerons sûrement leur mémoire.

Une tâche plus délicate est de développer l'imagination. On doit laisser l'imagination agir chez les enfants; mais comme elle est très vive, il faut veiller attentivement à ce que la raison tienne en bride ce coursier dangereux. Bien guidée, elle se convertit en une foule de jouissances artistiques inépuisables, et que tous les hommes, dans toutes les conditions, sont à même de goûter. Nous devons donc veiller à entourer nos élèves d'objets qui ne puissent reproduire dans leur esprit aucune image contraire à la nature. Autant que possible, tout doit être en classe beau, bien, vrai. Ainsi que nous l'avons dit, nous pouvons avoir de bons livres de littérature, de bons recueils de morceaux choisis, une collection de beaux dessins. Enfin, partout, nous sommes à même de frapper l'imagination enfantine par les beautés de la nature. Outre que de cette façon, nous développerons chez eux un goût précoce pour la véritable beauté, nous leur donnerons l'envie de ne reproduire, soit dans leurs petits dessins, soit dans leurs petits récits, que des modèles réellement parfaits, que des œuvres réellement admirables. Pour cela, il faut que les maîtres aient eux-mêmes le sentiment des merveilles de la nature; il faut que leur goût soit épuré et qu'ils aiment sérieusement l'art. Malheureusement, il n'est pas toujours à leur portée d'étudier l'art; ils sont loin des centres artistiques. Il ne leur est cependant pas impossible, en travaillant, d'acquérir ces sentiments et ce bon goût. Qu'ils ne lisent que des livres recommandables au point de vue du style, la lecture de nos meilleurs auteurs devrait leur être familière; qu'ils visitent, comme nous l'avons dit plus haut, les œuvres d'art dans les musées à leur portée; qu'ils s'étudient surtout à contempler la nature, ce chef-d'œuvre du Maitre des maitres, et ils arriveront par degrés à faire sentir aux enfants beaucoup de ces beautés, ils parviendront à analyser suffisamment le sentiment du beau pour faire distinguer la limite entre le bon et le mauvais goût. Qu'ils s'appliquent à écarter dans leur conduite, dans leur langage, dans leurs lectures, dans tout leur enseignement toute incorrection, toute expression douteuse, toute phrase blâmable, toute méthode non conforme « au certainement vrai ». Les enfants copient leur maitre, tels maitres, tels élèves; si les enfants ne voient que des choses au moins régulières, de proportions harmonieuses; s'ils ne sont témoins que d'actes louables; s'ils n'entendent qu'un enseignement irréprochable, comment leur imagination leur reproduirait-elle des idées blâmables? Nous savons que cette faculté ne crée rien : elle associe des matériaux pour former des composés. Si les matières premières sont bonnes, la combinaison ne pourra manquer de l'être.

En résumé, à propos de l'imagination, ayons, faute de mieux, cette vertu négative qui consiste à ne rien faire, à ne rien dire, à ne rien penser même qui pèche par quelque côté.

Viennent maintenant les opérations intellectuelles.

L'enfant est tout disposé par la mémoire et l'imagination à être attentif, à comparer, à abstraire et à généraliser.

Pour les comparaisons, nous devrons veiller à ce que ce soit l'élève lui-même qui trouve les termes, les rapports différents, les ressemblances, les contrastes, etc. Ne lui disons jamais : telle chose est comparable à telle autre, sans lui faire trouver ce qui constitue les points de comparaison.

Pour l'abstraction, nous devons prendre garde, chaque fois que nous y recourons, à bien isoler les termes à considérer en dehors des autres, et à nous attacher à ce que l'enfant ne brouille point dans sa mémoire les rapports laissés de côté avec ceux qui sont spécialement examinés. Enfin, pour les généralisations, c'est chose si commune d'étendre d'un homme à l'humanité, par exemple, les qualités appartenant à l'individu, que nous n'avons point de recommandation particulière sinon celle-ci : faire vérifier toujours par l'enfant que telle qualité attribuée à tel individu convient bien à toute l'espèce et qu'on peut, dans ce cas, généraliser sans crainte d'erreurs.

Mais où nous devons apporter tous nos soins, c'est dans les raisonnements que nous faisons faire aux enfants. Ici, il est nécessaire d'entrer dans quelques détails.

Tous les raisonnements doivent aller du connu à l'inconnu. Ils doivent partir d'un point bien déterminé dans l'esprit des enfants pour aboutir à un autre qu'ils démontreront vrai. Il y a deux manières de raisonner : on raisonne en partant d'une vérité particulière pour remonter jusqu'aux vérités générales, c'est ce qu'on appelle raisonner par induction ; on raisonne aussi par déduction, c'est alors descendre des vérités générales aux vérités particulières. Mais tous nos raisonnements doivent se suivre avec une méthode rigoureuse si nous voulons parvenir à la vérité et convaincre les autres de cette même vérité. Cette méthode ouvre deux routes à l'esprit, qui les parcourt toutes deux : l'une est l'analyse; l'autre, en sens contraire, est la synthèse. L'analyse divise les éléments d'une chose; ces éléments sont alors autant de parties isolées que nous approfondissons et qui sont le point de départ de nos connaissances. Mais en séparant ainsi les éléments divers, nous détruisons l'unité. Il faut la reconstituer. C'est l'autre route qui nous y fait parvenir; elle se nomme la synthèse. Comme nous l'avons dit déjà, c'est elle qui rapproche les éléments isolés par l'analyse qui nous fait juger des détails d'une chose, tandis que la synthèse nous permet de juger de l'ensemble. Nous devons veiller toujours à ce que tous nos raisonnements et tous ceux des enfants parcourent ces deux voies. Nous renvoyons aux règles de logique les maîtres qui voudraient des développements sur la méthode inductive et sur la méthode déductive.

Nous avons terminé ce qui a trait à l'intelligence de l'enfant. Il nous reste peu de chose à dire à propos de la volonté. L'habitude exerce une grande influence sur nos volontés, et c'est pendant l'enfance que l'on contracte une grande partie des habitudes que nous avons. Nos efforts devront donc se tourner de ce côté, et nous devons nous attacher à faire prendre aux élèves l'habitude de pratiquer tous leurs devoirs et surtout celles qui concernent la bonne tenue, l'ordre, la propreté, le travail, la tempérance, la dignité, l'obéissance, la jusice, la charité, la reconnaissance, la politesse. Nous nous attacherons à faire comprendre aux enfants que c'est par la volonté que nous sommes réellement libres et par conséquent responsables.

Nous avons fini notre tâche sur le point que nous avons voulu traiter ; aux maîtres à profiter de nos conseils. Tous les moyens pour parvenir à faire de l'enfant un homme, dans l'acception élevée de ce mot, doivent être mis en œuvre s'ils sont conformes à la saine morale ; mais il faut se garder de profiter des défauts des enfants pour les amener à pratiquer leurs devoirs. C'est un grand tort, en éducation surtout, de promettre une récompense qui flatterait un mauvais penchant. Toutefois, il est une juste mesure en tout, et il ne faudrait point pousser cette méthode trop loin, par exemple il ne faudrait pas par crainte de l'orgueil étouffer l'émulation : c'est un des attributs de notre dignité que cette croyance innée dans chacun de nous que nous sommes tous des hommes égaux, et que tel pouvant accomplir telle action nous sommes, nous aussi, capables de l'imiter. Excitons dans une raisonnable proportion l'émulation des enfants, servons-nous, pour atteindre ce résultat, des bons exemples d'autrui : si le mauvais a une grande influence, le bon a, de son côté, une grande valeur, si grande que nous en faisons la base de notre enseignement de morale.

CHAPITRE III

DU PROGRAMME ET DE L'EMPLOI DU TEMPS

§ 1er

De l'emploi du temps.

Le maître connaît désormais l'enfant avec ses défauts et ses qualités ; il sait comment il doit combattre les uns et développer les autres. Il peut donc se mettre à l'œuvre pour dispenser son enseignement.

Avant toutefois de le voir se mouvoir dans le programme, nous voulons appeler son attention sur deux points : la méthode à suivre et l'emploi du temps.

Nous venons d'exposer les procédés qui nous paraissaient les plus propres à développer et à perfectionner les facultés de l'enfant; l'instituteur a, par cela même, compris quelle était la méthode qui avait nos préférences : c'est la méthode intuitive ou socratique. Qu'est-ce donc que cette méthode dont on parle tant et qu'heureusement on applique de plus en plus?

C'est celle qui consiste à faire sans cesse appel à l'intelligence en allant du connu à l'inconnu, du simple au composé, du facile au difficile, en bannissant les abstractions.

Cette méthode est appelée socratique parce qu'elle a été employée pour la première fois par Socrate. Ce grand philosophe a été un grand instituteur ; il a su admirablement enseigner. Les principes qui le guidaient dans son enseignement s'appliquaient surtout aux leçons de morale qu'il faisait; mais, comme avec sa façon claire de trouver des exemples et des comparaisons, il allait droit à son but, c'est-à-dire à l'esprit de ses élèves!

C'est parce que nous essayons de l'imiter qu'on a donné son nom à la méthode intuitive. Allons, nous aussi, à l'esprit de nos élèves, ne le frappons que par des exemples clairs, des comparaisons simples; que nos leçons soient données le plus souvent avec des choses, nous les rendrons plus sensibles, elles laisseront sûrement ainsi quelque empreinte, et peu à peu nous verrons s'élever l'édifice que nous avons le souci d'avoir à construire.

La méthode que nous recommandons d'appliquer, la seule qui doive être suivie par les maîtres, autant dans

leur propre intérêt que dans celui des enfants, parce que
c'est la méthode des résultats, ne dépend pas d'un emploi du temps quelconque; elle doit être mise en pratique à chaque heure, dans chaque leçon et pour chaque
cours, qu'on s'adresse aux commençants ou aux élèves
plus avancés; mais elle ne saurait dispenser de suivre
un emploi du temps mûrement arrêté.

Et voici pourquoi. — Tous nous avons en enseignement des matières pour lesquelles nous avions plus
d'aptitude étant élèves, et que nous aimons mieux enseigner une fois maîtres. Nous nous laisserions naturellement aller à prolonger nos leçons sur ces matières, à
les multiplier même si un frein nécessaire ne venait
nous arrêter. Ce frein, c'est l'emploi du temps; il est un
préservatif contre notre entrainement et nos préférences, une sauvegarde contre nous-mêmes.

Nous ne sommes point des spécialistes dans l'enseignement primaire, et nous ne pourrions le devenir qu'au
détriment de nos élèves, parce que nous avons à parcourir un programme dont toutes les parties sont importantes; il comprend ces éléments d'instruction dont la
connaissance est indispensable à tout homme, pour qu'il
ne soit pas trop inférieur aux autres dans la société; en
peut dire que c'est le pain intellectuel auquel chacun a
droit; ce serait ne pas accomplir notre tâche que de
négliger une des parties de ce tout. Et il ne peut y avoir
qu'un emploi du temps scrupuleusement suivi qui permettra au maître d'apporter l'harmonie et la pondéra-
tion désirables dans la répartition de ses leçons sur chaque branche du programme.

Il n'est pas question de tracer ici, bien entendu, un
emploi du temps dont les détails, minutieusement indiqués, pourraient faire croire qu'on a traité le maître
comme si l'on avait affaire à des élèves, non; il s'agit

3.

de dresser un emploi du temps qui réponde aux besoins de la classe, tout en respectant l'initiative de l'instituteur. Pour cela, il ne faut que se demander à quels principes il importe d'obéir en établissant l'emploi du temps. Selon nous, deux doivent dominer :

Premièrement, les enfants devront être placés dans des conditions de travail fructueux;

Deuxièmement, le temps du maître ne devra pas être trop fractionné.

Pour placer les élèves dans des conditions de travail fructueux, il n'y a qu'à considérer le personnel d'enfants qui suit la classe : on a toujours les commençants, ceux qui sont sortis des éléments, et les plus avancés. Les commençants, cela va de soi, forment une seule catégorie divisée en plusieurs sections, s'il y a lieu. Parmi les autres se trouvent ceux qui savent déjà un peu lire et un peu écrire, puis les enfants qui tiennent la tête de la classe. Ces derniers formeront encore une division ; notre première et notre dernière catégorie se trouvent naturellement indiquées. Pour la division moyenne, c'est moins commode, car parmi ces enfants il y a les élèves qui sortent du syllabaire et ceux qui déjà lisent passablement, calculent assez bien et sont en état de faire des devoirs écrits. Il y a donc là deux catégories; c'est aux maîtres à bien faire les distinctions nécessaires ; ceux qui sortent du syllabaire peuvent former la section avancée des commençants, les autres le cours moyen. Nous nous trouvons donc en face de trois divisions ou trois cours, comme on voudra ; et les enfants qui composent chacun de ces cours, ayant à peu près même degré de culture intellectuelle, sont placés dans des conditions de travail fructueux. Notre premier principe est appliqué.

Dans toute école, les résultats obtenus sont en rapport avec l'action directe du maître sur les élèves. Notre préoccupation doit donc être de répartir les matières du programme, de façon que l'instituteur dispose de tout le temps possible, afin d'exercer l'action immédiate dont nous venons de parler.

Nous avons trois heures de classe le matin et autant le soir; d'autre part, notre programme comprend huit matières. Si l'enseignement de chacune comportait les mêmes difficultés, nous n'aurions qu'à diviser le nombre d'heures par le nombre de matières, et chacune se verrait attribuer un même nombre de minutes. Mais il n'en est point ainsi : l'écriture, la gymnastique et le dessin peuvent céder quelque peu de leur part à la lecture, à la langue française, au calcul, à l'histoire et à la géographie.

Les enfants, en effet, ne sont pas seulement exercés en écriture durant la leçon spéciale sur cette partie, ils ont des devoirs écrits à confectionner; qu'on exige que ces devoirs soient propres, lisibles et nets, on a déjà un exercice qui peut compter en écriture. La gymnastique est fatigante; trop prolonger la leçon irait au delà du but; vingt-cinq minutes ou une demi-heure doivent suffire pour atteindre le résultat qu'on se propose. En dessin, c'est par l'exercice fréquemment répété qu'on parviendra à donner aux élèves cette habileté de la main, cette justesse de l'œil, cet apprentissage du goût qu'on doit chercher à leur faire acquérir; ce ne sera pas par de longues séances qu'on arrivera à ce triple résultat, on les fatiguera plutôt. Écourtons nos leçons pour les multiplier, ce sera plus pratique et plus efficace : il ne s'agit nullement de faire copier des modèles difficiles, ce n'est pas là du dessin comme il faut l'entendre à l'école primaire, faisons reproduire des objets simples et usuels. Le dessin de ces superbes cathédrales et de ces machines compliquées, qui demandait de longs mois de servile copie, doit avoir fait son temps.

On peut donc prendre sur le dessin quelque chose tous les jours.

En enseignement moral, le plus important assurément, il y a lieu encore de distinguer : la leçon de morale doit avoir sa place dans l'emploi du temps, mais ce n'est pas seulement dans le moment indiqué à l'étroit casier où

EMPLOI DU TEMPS POUR DES

(SPÉCIALES

MATIN. Entrée en classe : 8 heures.					
A 8 h. moins 5 m. INSPECTION DE PROPRETÉ	De ? à 9 heures LECTURE	De 9 h. à 9 h. 30 m. ÉCRITURE	De 9 h. 30 à 9 h. 40	De 9 h. 40 à 10 h. 30 CALCUL	De 10 h. 30 à 11 h. GYMNASTIQUE
Cours supérieur.	Id.	Id.		Id.	Id.
Cours moyen.	Id.	Id.	Sortie de 10 minutes.	Id.	Id.
Cours élémentaire.	Id. Leçons de choses de 15 à 20 m.	Id.		Id.	Id. Pour les filles, travaux de couture.

Dans les écoles spéciales de filles, on ne fera pas de gynastique. La demi-heure qui est consacrée aux exercices de cette nature, dans les écoles de garçons et dans les écoles mixtes, sera employée, dans les on l'a placée qu'elle doit venir. Toute occasion sera bonne à saisir pour développer une conclusion ou une considération morale : en lecture, en grammaire, en calcul, l'enseignement moral a une raison d'être aussi pratique que frappante. On peut alors circonscrire sa place spéciale, puisqu'il est partout.

Dressons donc notre emploi du temps, en tenant compte de ces considérations.

ÉCOLES A UN SEUL MAITRE

OU MIXTES)

De 11 h. à 1 h.	SOIR. Entrée en classe : 1 heure.				
	De 1 h. à 2 h. LANGUE FRANÇAISE	De 2 h. à 2 h. 30. DESSIN	De 2 h. 30 à 2 h. 40	De 2 h. 40 à 3 h. 30 HISTOIRE et GÉOGRAPHIE	De 3 h. 30 à 4 h. ENSEIGNEMENT MORAL
Récréation. Déjeuner s'il y a lieu.	Id.	Id.	Sortie de 10 minutes.	Id.	Id.
	Id.	Id.		Id.	Id.
	30 min. langue française 30 min. lecture.	Id.		30 min. histoire et géographie. 20 min. écriture.	Id.

écoles spéciales de filles, à la couture. Une fois toutes les semaines, il y aura composition. Cette composition se fera de 8 à 9 heures le matin, ou de 1 à 2 heures le soir.

Dans les écoles spéciales de filles, une des classes du mercredi et une de celles du samedi pourront être employées à la couture. Dans le cas contraire, les travaux d'aiguille auront lieu pendant le temps consacré à la gymnastique chez les garçons. On pourra également prendre de temps en temps sur les leçons de dessin. Une fois toutes les semaines il y aura composition ; cette composition se fera de 8 heures 30 à 9 heures 30 le matin ou de 1 heure à 2 heures le soir.

Nous n'imposons pas cet emploi du temps, cela va sans dire ; chaque maître pourra le changer à son gré et selon les circonstances dans lesquelles il a à exercer ; ce que nous lui recommandons, c'est d'avoir un emploi du temps. Nous ne venons pas lui dire non plus qu'il faut qu'à une seconde près il se conforme à celui qu'il aura arrêté ; si, par exemple, il lui manque quelques minutes pour conclure, résumer une leçon, faire comprendre une démonstration, il ne doit pas hésiter, selon nous, à prendre ces quelques minutes sur la leçon suivante, il compromettrait parfois les résultats de son exposé s'il s'arrêtait brusquement quand l'heure sonne ; qu'il continue pour achever, mais qu'il ne perde pas de vue qu'un empiètement tant soit peu prolongé nuirait à l'exercice qui doit suivre ; il se tiendra ainsi dans les limites raisonnables qu'il doit respecter dans l'intérêt de l'ensemble. Le maître a d'ailleurs un moyen certain pour être sûr à l'avance que son emploi du temps sera un guide fidèlement suivi, c'est la préparation de sa classe : si le développement à donner à chaque leçon a été prévu, si l'on sait sur quels points devront de préférence porter les explications, si l'on s'est dit de quelle façon il faut se circonscrire pour que la leçon ait son efficacité, on n'aura pas d'autre raison de s'étendre que celle qui viendra de l'insistance qu'il faudra apporter pour être compris de ceux qui saisissent plus difficilement. Ce sera rarement de l'imprévu pour un maître qui connait bien ses élèves.

Mais pour être à même de se montrer aussi précis, il faudra avoir sérieusement préparé sa classe. Celui qui croirait, comme nous l'avons dit précédemment, être toujours prêt, se ferait illusion, il demanderait à l'inspiration ce qu'on ne doit attendre que de la réflexion et du travail : peut-être pourrait-on être heureux parfois, mais aurait-on ainsi l'enchaînement et l'esprit de suite sans lesquels l'enseignement ne peut produire de vrais et sérieux résultats?

La préparation de la classe est donc un impérieux devoir pour le maître.

Et ce n'est pas seulement dans son esprit et sa pensée que l'instituteur songera la veille aux leçons et aux devoirs du lendemain. La préparation à laquelle il doit se livrer exige un travail intellectuel et un travail matériel : il doit tenir un registre où seront consignées toutes les indications qui se rapportent à chaque classe. Un règlement ministériel en date du 16 avril 1866 en rend la tenue obligatoire pour chaque directeur et chaque directrice d'école communale. Cette obligation n'était pas nécessaire pour un maître qui suit vraiment une méthode dans son enseignement; il ne peut y avoir d'enchaînement dans les leçons quand on ne tient pas scrupuleusement le journal de classe. Il ne s'agit point d'ailleurs d'écrire longuement les leçons et les devoirs, mais de les indiquer d'une façon précise et nette. Cette indication révèlera, si courte qu'elle soit, l'esprit d'ordre qui préside à l'enseignement donné. On aura ainsi les éphémérides de l'école; il suffira d'y jeter un coup d'œil pour suivre pas à pas les résultats obtenus.

L'emploi du temps journalier semble avoir pour conséquence l'emploi du temps mensuel et trimestriel. L'effort de chaque jour veut en effet qu'un pas nouveau soit fait pour chaque classe; il faut donc se dire que cet effort doit aboutir à un ensemble. C'est ce que font constater les emplois du temps mensuel et trimestriel. Avec l'obligation, cet emploi du temps se comprend et nous paraît tout à fait nécessaire. Néanmoins nous ne pensons pas qu'il faille l'indiquer ici, à moins que ce ne soit pour le plaisir de faire de la théorie pure; or, on a pu voir avec quel soin nous évitons de faire de la théorie pour la théorie. Un emploi du temps ne se dresse, en effet, qu'avec les données pratiques qui doivent lui servir de base, justement cette base nous manque; pour l'avoir, il faudrait savoir à quel point en est chaque cours au commencement de l'année scolaire. Mais c'est là le difficile, car des différences, même très grandes, existent entre les écoles d'une même région. Le maître seul le sait, c'est donc à lui à établir son emploi du temps par mois et par trimestre; ne fût-ce que comme objectif, il est bon que ces tableaux existent et soient affichés dans la classe.

Pour nous résumer sur ce point, nous dirons que le résultat à atteindre, c'est d'arriver à mettre tous les élèves du cours supérieur en état de passer à douze ans les examens du certificat d'études avec les chances de succès qu'offrent tous les examens. Si l'on parvient à ce résultat d'une façon normale, c'est-à-dire sans recourir aux leçons supplémentaires, le maître a réussi à se donner un emploi du temps mensuel et trimestriel qui est bon.

§ 2

Du programme proprement dit. Leçons modèles sur chaque matière.

Maintenant que nous avons un emploi du temps bien

arrêté, nous pouvons entrer en classe et examiner comment devra se donner notre enseignement.

Le programme, avons-nous dit, comprend huit matières, savoir : l'enseignement moral, la lecture, l'écriture, la langue française, le calcul et le système légal des poids et mesures, l'histoire et la géographie, le dessin, la gymnastique, et la couture dans les écoles de filles.

Enseignement moral.

Autrefois — et même il en est encore ainsi au moment où j'écris, — à l'enseignement moral on ajoutait l'enseignement religieux. La loi nouvelle a ôté à l'école son caractère confessionnel; désormais on y enseignera la morale seulement.

Est-ce par hostilité contre l'enseignement religieux que le législateur a agi et pour faire de nos écoles, comme on l'a tant dit à tort, des écoles sans Dieu ? Non : c'est par esprit de tolérance et pour rendre hommage au vrai sentiment religieux que la loi s'est prononcée comme elle a fait. C'est donc un progrès. Seulement, comme la plupart des mesures nouvelles qui, en France, regardent l'instruction, ce progrès a soulevé bien des discussions; le pour et le contre ont accumulé à l'appui de leur opinion des arguments dont la liste serait trop longue à énumérer. Au reste, le point du débat qui a été le plus sérieusement discuté roule sur l'argument présenté par les partisans de l'ancien état de choses : « Enlever le catéchisme aux enfants, c'est leur ôter toute morale. » Cette assertion est loin d'être irréfutable, elle est le résultat d'un raisonnement défectueux; seulement, les personnes qui le tiennent se l'incrustent de plus en plus dans l'esprit, et, prévenues qu'elles sont par leurs ha-

bitudes d'enfance, leur entourage, leurs croyances reli-
gieuses, elles ne veulent pas être convaincues et crient
au contraire à l'impiété, presque au sacrilège. C'est une
conséquence du parti pris, si redoutable pour les discussions sincères.

Qu'est-ce pourtant que le catéchisme? Il se trouvera
quelqu'un qui répondra bien vite : « C'est un livre divin,
le vrai, le seul livre de morale et qui, *Deo gratias*, indique la marche à suivre pour être sauvé. »

Le principe de la liberté de conscience veut que nous
respections cette croyance; mais elle est loin d'être
unanime, puisque la religion du Christ n'est pas la seule
qui existe, et il peut aussi se trouver quelqu'un qui répondra à la demande de tout à l'heure : « Le catéchisme
est un livre qui n'est pas d'origine divine, qui n'est
pas le seul livre de morale, et qui est bon tout au plus
pour ceux qui se destinent à la prêtrise. »

Le même principe de liberté de conscience nous oblige
à respecter cette croyance nouvelle comme nous nous
inclinions devant la précédente. Nous sommes alors en
présence de deux affirmations contraires qui, toutes
deux, sont en droit d'exister et qui, toutes deux, vont
engendrer deux lignes de conduite opposées et inspirer
fort différemment leurs modes d'éducation.

Au fond, le catéchisme n'atteint qu'en partie le but
que doit se proposer tout livre de morale : il est écrit au
point de vue religieux; il peut alors blesser les convic-
tions des adeptes d'une religion différente, qui, eux aussi,
sont Français, écoliers croyants à leur manière, qui représentent parfois une fraction considérable de la classe,
qui ont aussi leur catéchisme propre, et qui, ne nous
l'imposant pas, ont droit de laisser le nôtre de côté.
Comme d'une part, il faut respecter la liberté de conscience, et comme de l'autre il ne peut se concevoir qu'on

ait deux manières d'agir pour les mêmes élèves, on est donc conduit à exclure le catéchisme de l'école.

Si cependant le catéchisme était le seul livre de morale, il faudrait bien se décider à le conserver; mais il n'en est pas ainsi, nous l'avons vu; c'est la morale de la religion catholique; en dehors, il y a la morale sans étiquette; c'est celle qui doit avoir accès dans l'école. Un livre de morale doit nous enseigner nos devoirs, non seulement nos devoirs religieux, mais tous les autres; c'est un livre qui doit nous amener par le raisonnement à les connaître et à les pratiquer, et nous conduire au bien, le vrai but de la vie. Il existe beaucoup de livres de morale écrits spécialement pour les écoles; sans faire du catéchisme, on peut donc faire de la morale. Un livre d'ailleurs qui invoque la foi et n'a pas recours au raisonnement est incomplet et s'appuie sur une méthode défectueuse.

C'est là le grand tort de ceux qui veulent le conserver : ils confondent, en effet, dans leur système d'enseignement deux éléments très distincts, la science et la foi, l'instruction et la religion, l'école et l'Église.

Ces deux domaines différents ont des horizons particuliers, des limites qui ne se confondent pas, des maîtres qui, pour être voisins, n'en sont pas moins divisés : l'un se nomme l'instituteur; l'autre, le prêtre; puisque l'enseignement du catéchisme fait partie de l'enseignement religieux, puisque c'est le devoir du prêtre d'instruire les hommes dans sa religion par la parole et par l'exemple, nous pensons que l'instituteur qui enseignerait le catéchisme ferait œuvre de prêtre et empiéterait sur les droits de l'Église, ce qu'il lui est défendu de faire, comme il est interdit au premier venu d'enseigner les matières du programme scolaire. Enseigner le catéchisme, prêcher l'Évangile, dire la messe, confesser et

absoudre sont des droits que l'instituteur n'a pas. Enseigner la grammaire, apprendre le calcul, démontrer
les principes géométriques, faire faire de la gymnastique
à la fois au corps et à l'esprit, sont des droits que le
curé n'a pas. Puisque l'église et l'école ont des missions
différentes, des pouvoirs opposés, des domaines distincts
et qu'il ne faut pas confondre, rendons à César ce qui
est à César, à Dieu ce qui appartient à Dieu, et au prêtre
ce qui revient au prêtre ; reléguons le catéchisme à
l'église. En laissant respectueusement le catéchisme à
cette place, la loi rend ainsi un sincère hommage au
vrai sentiment religieux et à la réelle dignité du
maître.

Dans le domaine de la morale proprement dite, le
maître a un champ des plus vastes à exploiter ; la place
de l'enseignement moral est partout, comme nous
l'avons dit précédemment, et il importe que l'instituteur choisisse toutes les circonstances qui s'offriront à
lui pour en tirer les conséquences qui viendront, comme
d'elles-mêmes, se présenter au cours de ses leçons pour
parler morale. Et elles seront nombreuses. Nous apprendrons à nos élèves que c'est la morale qui nous enseigne
la pratique de nos devoirs ; que c'est cette loi par laquelle nous sommes tenus de faire le bien et d'éviter le
mal, et qui est toujours constante au milieu des vicissitudes humaines : on ne la trouve point autre à Paris
et autre à Pékin. C'est la morale qui sanctionne la foi
dans les engagements, unit par un lien sacré le père au
fils, flétrit le crime et rehausse la vertu. Elle a son témoignage et sa garantie dans la conscience publique.
Seulement, avec notre faiblesse, nous ne pratiquons pas
les vertus morales sans un mâle et violent effort. Voilà
pourquoi il faut que, dès l'école, on enseigne aux enfants
que le bien ne s'accomplit pas sans lutte et que, malgré

cela, on le leur fasse aimer, parce que la paix de la conscience en est le prix.

Nous allons essayer de donner ci-dessous un modèle de leçon de morale.

Leçon de morale.

On ne doit pas enseigner la morale comme on enseigne la grammaire. Sans doute, les principes de morale sont bien des vérités immuables et universelles, mais ils ont le défaut d'être beaucoup trop arides pour des enfants, et ils représentent à leur esprit bien plus des mots incompréhensibles que des idées claires et attrayantes.

L'enseignement de la morale, nous le répétons, est un enseignement de chaque instant : à propos de la chose la plus indifférente en apparence, le maître peut faire une leçon de morale. Nous pensons de plus que la meilleure leçon, c'est encore l'exemple : plus la considération pour le maître, le sentiment de son autorité et de sa supériorité seront enracinés dans l'esprit des enfants, plus les leçons en général, mais surtout les leçons de morale, deviendront profitables et porteront des fruits remarquables dans l'âme des enfants. Toutefois, nous croyons qu'il est bon de ne pas se borner à l'exemple et aux ressources qu'offre l'inattendu ; nous estimons qu'il est nécessaire de réserver une heure déterminée pour s'occuper de morale, comme on a des instants prévus pour faire de l'écriture et du calcul. Indépendamment des occasions que présentent les autres heures du jour, ayons quelques moments attribués à une leçon de morale. On demandera nécessairement comment faire cette leçon d'un nouveau genre. Le mieux, pour nous, serait de renvoyer les instituteurs au petit livre de morale dont nous sommes l'auteur et qui contient des leçons qui serviraient de modèle; mais pour les maîtres qui ne posséderaient pas cet ouvrage, déjà répandu, même à l'étranger, nous allons en donner une nouvelle.

Comme la morale purement philosophique n'offrirait aucun attrait à l'esprit des enfants, il faut donner aux leçons de morale un caractère particulier. C'est ici vraiment qu'il faut essayer de joindre l'*utile dulci* et s'efforcer de leur faire comprendre et retenir par des moyens qu'ils aiment, des historiettes par exemple, ce qu'il y a dans la morale de trop sec et de trop absolu. La leçon prendra la forme d'une causerie, le maître choisira dans un livre ou racontera de vive voix, ce serait mieux, une historiette morale. Puis, par des questions et des réponses, il les amènera eux-mêmes à expliquer ce qui est bien et ce qui est mal, pourquoi ceci est le bien et pourquoi cela est le mal; et enfin à tirer des conclusions morales de toute sorte impliquées dans le récit. Pour la leçon suivante, il leur donnera à apprendre ce qu'ils auront deviné et expliqué d'eux-mêmes, et comme devoir il leur imposera d'inventer un conte qu'il sera préférable de présenter par écrit, dans lequel ils mettront en jeu des personnages qui appliqueront les principes enseignés. Enfin, il résumera lui-même, au commencement de chaque leçon, ce qui aura été dit dans la précédente.

Nous supposons le maître en classe à l'heure de la leçon de morale.

L'instituteur, qui devient à ce moment plus essentiellement éducateur, résume la leçon précédente; puis il s'occupe du devoir donné, le fait lire à quelques élèves, approuve ou blâme, et ensuite continue ainsi, je suppose :

« Aujourd'hui, mes enfants, nous allons nous occuper d'un défaut bien commun, l'orgueil. Écoutez le récit suivant » (nous n'en donnons guère ici que le canevas) :

Louis était un charmant enfant que tout le monde aurait aimé, car on lui reconnaissait beaucoup de qualités : il était travailleur, intelligent, doux, aimant, charitable, probe au dire de tous ses condisciples. Malheureusement il n'avait que peu d'amis , parce qu'il existait chez lui, à côté de toutes ces perfections, un grand défaut. Il était orgueilleux. Ce défaut grandit avec l'âge ; il en vint à croire qu'il était capable de tout et à s'imaginer qu'il n'ignorait rien. Il jugeait ses condisciples du haut de sa vanité et redoutait par-dessus toute chose ce qui pouvait blesser son amour-propre.

Ce défaut fit le malheur de sa vie : peu à peu ses amis le quittèrent, car on préfère la modestie d'un homme, fût-il inférieur, aux présomptions d'un autre, fût-il supérieur. Louis résta seul à s'admirer ; il passa sa vie à entreprendre des œuvres au-dessus de ses forces et ses efforts furent tournés en ridicule. Il mourut sans se corriger, se croyant le premier homme de son temps et n'étant en réalité que le premier des orgueilleux.

Le maître. — Henri, qu'est-ce que c'est que d'être orgueilleux?

Henri. — C'est avoir une trop bonne opinion de soi-même.

Le maître. — Pourquoi est-ce un défaut que d'avoir une trop bonne opinion de soi-même?

Jacques. — Parce qu'on devient insupportable aux autres et qu'on finit par rester seul à s'admirer.

Le maître. — Et puis parce qu'on veut entreprendre plus qu'on ne peut ; on consume alors en efforts superflus un temps que réclament nos devoirs d'homme et de citoyen. — Mais serait-ce un aussi grand défaut que d'être dépourvu de tout amour-propre?

Les élèves ne répondent pas.

Le maître. —Oui, mes enfants, parce qu'alors doutant

sans cesse de soi on n'accomplit rien et on devient inutile aux autres et à soi-même.

Comment se corrige-t-on de l'orgueil? est-ce en répétant sans cesse qu'il faut être modeste?

Un élève. — Je ne crois pas.

Le maître. — Et vous, Émile?

Émile. — Je pense que c'est en fréquentant ceux qui ne sont pas orgueilleux.

Le maître. — Il arrive souvent que celui qui est vaniteux l'ignore et se croit même modeste, puisqu'il s'attribue toutes les qualités. C'est aux parents et aux amis sincères à avertir les enfants dès qu'ils s'aperçoivent de ce vilain défaut chez eux. Pour les corriger, ils leur feront remarquer combien la vie est dénuée de toute joie pour les présomptueux; ils leur citeront des exemples frappants; ils leur feront admirer les chefs-d'œuvre qu'ils sont bien loin de pouvoir égaler, et surtout les œuvres du Créateur de toutes choses qui dépassent de si haut leurs facultés; enfin, ils leur feront sentir combien la modestie plait même chez les élèves les plus distingués.

Puis le maitre fera des questions complémentaires telles que les suivantes :

Comment la vanité nous empêche-t-elle d'accomplir nos devoirs? Pourquoi devons-nous écouter nos parents, nos maitres et nos amis lorsqu'ils nous reprennent de nos défauts? etc., etc.

Quant à la méthode à suivre pour le classement de ce qui fait l'objet même de la morale, nous croyons que tous les moyens sont bons pour arriver, ainsi que nous l'avons fait remarquer, à faire des enfants des hommes dignes de ce nom. Du reste, chaque enfant ayant ses tendances particulières vers chaque défaut, il faut étudier les écoliers et varier la manière d'instruire selon chaque différence de caractère : on interrogera sur l'orgueil ceux qui penchent vers ce défaut; on s'adressera aux paresseux pour ce qui a rapport à la paresse, et ainsi de suite.

Mais, pour revenir à une méthode générale, nous proposons de faire suivre ces leçons d'après l'ordre naturel suivant :

Devoirs envers les parents,

Devoirs envers Dieu,

Devoirs envers nous-mêmes,

Devoirs envers nos semblables,

De la propriété,

Du bien, du mal, de l'utile, du nécessaire, de la conscience, du devoir, du droit, de la justice, de la vertu, du mérite, du démérite. — Sanction de la loi morale, destinée de l'homme, immortalité de l'âme.

Nous renvoyons à notre livre de morale les maîtres qui voudraient des règles plus développées. Toutefois, donnons pour terminer une règle de conduite excessivement importante, à notre avis.

La leçon de morale doit être placée à la fin de la dernière classe du jour, afin que ce soient les derniers préceptes fixés dans l'esprit de l'enfant. Toutes les leçons de morale devront être terminées par les questions suivantes :

Qu'avons-nous fait aujourd'hui? Avez-vous quelque chose à vous reprocher? (Émile, Jacques, Pierre, etc.; prendre de préférence les élèves qui ont menti, qui ont été paresseux ou qui ont commis quelque faute.)

Promettons-nous tous de ne plus retomber dans ces fautes et prenons la résolution, vous Émile de ne plus mentir, vous Jacques de mieux travailler, vous Pierre d'être attentif, vous tous enfin d'être meilleurs de jour en jour.

§ 3.

Lecture.

La lecture est sans contredit la matière la plus importante de tout le programme, car c'est par elle qu'on arrive aux autres, elle constitue donc la base même de l'enseignement. Aussi allons-nous nous étendre en ce qui concerne l'enseignement de cette branche et essayer de donner des conseils multipliés sur tout ce qui touche à la lecture dans chaque cours.

Parlons d'abord des procédés à employer pour arriver promptement à mettre les enfants à même de lire couramment. Ce but à atteindre est le tourment des maîtres et aussi l'une de leurs satisfactions quand ils l'ont atteint. On dispute encore sur la valeur de la méthode par épellation et de la méthode sans épellation : celle-ci néanmoins a presque partout remplacé celle-là, bien que la première ait encore des partisans obstinés. A mon avis, la seconde lui est bien supérieure par la promptitude des résultats qu'elle donne. On lui reproche, je le sais, de pécher par le côté orthographique ; je veux dire qu'on assure qu'elle multiplie les difficultés de l'enseignement de l'orthographe d'usage. Cette démonstration n'a jamais été complète ; mais cela fût-il, qu'il faudrait voir et bien comparer l'avantage d'arriver promptement à lire, à l'inconvénient de faire de plus lents progrès en orthographe. La méthode sans épellation, qui n'est pas du tout une nouveauté, comme on peut encore le croire, a eu pour elle des partisans d'une autorité irrécusable, ce sont les professeurs de Port-Royal. Pascal et Arnaud ont préconisé cette méthode ; avec de tels maîtres pour guides, on a des chances d'être dans la bonne voie. Aussi suis-je un adepte déclaré de la méthode sans épellation, et je cherche, je l'avoue, à la faire substituer à l'autre.

Ceci dit, voyons comment nous allons procéder, pour enseigner les éléments de la lecture aux commençants. Le premier pas à faire, c'est d'initier les enfants à la connaissance des lettres de l'alphabet. Allons-nous leur présenter successivement les vingt-cinq lettres et leur en faire apprendre le nom sans interruption? C'est ainsi qu'on procédait autrefois, et c'était un contre sens dont on est heureusement revenu. Il n'y a plus que quelques rares maîtres (j'en ai vu récemment encore) qui agissent ainsi. Tous les instituteurs suivent une méthode beaucoup plus rationnelle, beaucoup plus prompte, bien mieux faite pour intéresser l'enfant.

On commence par lui enseigner le nom des voyelles qui seules forment les sons, et l'on est convenu de les présenter dans l'ordre suivant : *a, e, i, o, u, y*. On pourrait, sans nuire à la rapidité des progrès, adopter un autre ordre : les sons que représentent les voyelles ainsi rangées n'ont aucun lien entre eux ; elles ne sont pas non plus placées par rang d'importance, toutes en ont une propre qui est de première nécessité. Mais adoptons, puisque c'est l'usage, l'ordre indiqué plus haut.

Cela étant, faut-il faire apprendre d'un trait *a, e, i, o, u, y*? Ce n'est point notre avis, et ce ne serait pas raisonner avec les facultés de l'enfant. Il ne s'agit pas seulement, même pour les débuts, de faire appel à la mémoire, il n'est pas sans avantage de mettre en jeu aussi le raisonnement. Le vrai est donc de présenter les voyelles à l'élève les unes après les autres, et quand on s'est assuré pour chacune que la forme bien connue par l'enfant lui en rappelle facilement le nom.

Puis, pour obéir au principe qui doit constamment nous guider (aller du connu à l'inconnu), nous commencerons, non pas par lui faire prononcer le nom de la lettre, mais par appeler son attention sur des objets sensibles et qu'il connait. Ainsi, il est assis sur un banc à la classe, il s'appuie sur une table, nous lui demanderons ce que c'est qu'un banc, ce que c'est que la table; voilà une petite leçon de choses qui va l'intéresser. Nous savons qu'il connaît son papa, sa maman, son maître, ses camarades. Faisons-lui prononcer ces mots qui représentent des personnes qu'il aime et disons-lui : ces mots banc, table, papa, maman, etc., sont formés de signes qu'on appelle lettres; prenons-en une, la même dans chaque mot, la deuxième du mot papa, on l'appelle *a*, répétons le nom de la lettre plusieurs fois, et faisons-lui prononcer ce nom jusqu'à ce qu'il le dise bien, ce qui sera vite fait. Faisons-lui en remarquer la forme, puis avec la baguette obligeons-le à montrer l'*a* qui se trouve dans les mots banc, table, papa, maman, camarade, etc. (1)

Si l'enfant a un peu d'intelligence, s'il saisit promptement, on pourra passer à la seconde voyelle; dans le cas contraire, il y a lieu de s'en tenir à la première. Pour lui en graver la forme dans l'esprit, il sera bon de la lui tracer sur l'ardoise ou sur son petit cahier, de la lui faire reproduire ensuite, non comme exercice d'écriture proprement dit, mais surtout pour l'occuper.

Ce procédé sera employé pour les autres voyelles simples et les voyelles composées *ai*, *au*, *oi*, *ei*, *ia*, *io*, etc. Quand les élèves les connaîtront bien et les désigneront

(1) C'est exactement une méthode semblable que nous avons citée plus haut et conseillée aux mères de famille pour apprendre à l'enfant à parler en lui faisant répéter des mots où se trouve la même consonnance. Nous avons donné comme exemple feu, enfant, éléphant, etc.

au tableau sans se tromper, on passera aux consonnes. On choisira de préférence, toujours en présentant des noms de choses connues, celles qui ont entre elles quelque ressemblance, le *b*, le *d*, le *p*, le *q*; l'*m* et l'*n* sont dans ce cas. Avec ces lettres on aura vite des syllabes et promptement des mots comme ceux-ci : *papa, dame, bobo, dé, dîner, queue, quai, bonbon,* etc. Alors on pourra déjà composer de petites phrases comme celles-ci : *papa dîne, bébé a du bobo;* l'enfant ne manquera pas d'être vivement intéressé, il lui semblera qu'il lui sera facile d'apprendre à lire, il viendra à l'école avec plus de plaisir.

Voilà la méthode et les procédés que nous recommandons; appliqués avec intelligence, ils contribueront à produire de prompts résultats; l'expérience faite l'a prouvé, nous pourrions citer les écoles où les maîtres ont suivi de point en point cette méthode, ils diraient volontiers combien ils en ont été satisfaits.

Nous ne présenterions les exceptions qui sont nombreuses dans les modifications des sons, que quand la prononciation, selon la règle générale, serait bien connue; nous ne parlerions du *ch*, du *ph*, par exemple, que plus tard, et bien entendu jusque-là nous ne mettrions jamais l'enfant en face des mots où entrent ces lettres.

Mais, dira-t-on, ce sont là les éléments d'une méthode, et si l'on ne la trouve nulle part comment l'appliquer, à moins qu'on la compose soi-même? Je crois que ce serait la meilleure manière d'enseigner la lecture. J'ai vu, comme je l'ai dit plus haut, des écoles dans lesquelles les maîtres écrivaient chaque soir au tableau noir leur leçon de lecture du lendemain pour les commençants. En cinq mois, dans ces écoles, que je pourrais nommer, je le répète, les commençants lisaient couramment; est-ce que ce n'est pas là un beau résultat? nous le demandons aux instituteurs. La méthode est donc excellente, sans être parfaite, cela va de soi, et elle repose sur le principe auquel nous devons toujours obéir : aller du simple au composé, du facile au difficile.

Voyons maintenant ce que sera notre enseignement près des élèves qui lisent couramment. Sans devenir plus importantes, les leçons deviennent plus intéressantes et plus difficiles. Commençons par nous demander comment nous allons diviser ces enfants : en lecture, comme dans toute autre branche, on a les habiles, ceux qui le sont moins et ceux qui doivent lire beaucoup pour le devenir. Ces trois degrés imposent-ils forcément trois divisions? C'est généralement ce qui a lieu. Est-ce pratique et raisonné? Examinons. Sur quoi doit reposer le partage en divisions d'une école? Nous l'avons dit déjà, sur la nécessité de placer les élèves dans des conditions de travail fructueux. Eh bien, en lecture, dès qu'un enfant est assez maître de ses mots, il appartient naturellement à la catégorie de ceux qui lisent couramment, pourquoi alors deux, trois divisions et même davantage? Parce que, dira-t-on, ceux qui sont familiarisés avec toutes les difficultés de la lecture ont moins besoin de lire que les autres, et cela est vrai; mais faut-il en conclure qu'on ne pourrait pas les mélanger avec ceux qui sont moins avancés? Ce serait trop rigoureux : en formant momentanément, ceci se conçoit, une seule division de lecture, les moins sûrs profitent de la diction plus correcte des premiers; les explications du maître, ses observations peuvent s'étendre, puisqu'il a plus de temps; il s'adressera à un bien plus grand nombre d'enfants, de toute façon la leçon est infiniment plus profitable. Maintenant que les enfants, tête de l'école, lisent moins longtemps, on le comprend; mais qu'on les fasse lire seuls sous prétexte qu'ils forment la première divi-

sion, cela se comprend moins, et l'on viole en agissant
ainsi un des premiers principes sur lesquels repose la
direction de la classe : on fractionne trop le temps de
l'instituteur.

Faisons maintenant lire nos élèves; quels sont les
principes qui vont nous guider? C'est une question qui
demande à être longuement traitée. D'abord savons-nous
lire nous-mêmes? Que cette interrogation ne soit pas
prise en mauvaise part. J'ai tant vu de maîtres qui se la
faisaient et n'y pouvaient répondre d'une façon à se satisfaire! Ce n'est point leur faute s'il en est ainsi : où et quand
leur a-t-on vraiment appris à lire? On ne me saura donc
aucun mauvais gré si je me permets de poser cette question, et si dans l'intérêt des instituteurs et de l'enseignement je me crois autorisé à faire ici pour eux une leçon
de lecture. Cette leçon ne saurait être superflue : à ceux
qui savent, elle rappellera les principes, à ceux qui ignorent, elle rendra le service de leur apprendre ce qu'ils
doivent absolument savoir.

LEÇON DE LECTURE POUR LES MAITRES.

— Qu'est-ce que lire tout haut?
— C'est parler à la place de quelqu'un qui a écrit.

On doit donc lire comme on cause, avec les mêmes
intonations, la même simplicité, la même bonne foi.

Il y a une différence entre lire et réciter, mais assez
légère. La nuance s'accentue entre réciter et déclamer.

Ce dont les maitres doivent se bien convaincre lorsqu'ils
lisent, c'est qu'ils ont à interpréter la pensée d'un auteur.
Ils doivent se demander comment il dirait lui-même aux
enfants ce qu'il a écrit; puis, se mettant à la place de
l'écrivain, parler comme ils se figurent qu'il aurait parlé
lui-même. Qu'ils prennent le même ton que dans leur

conversation ordinaire ; qu'ils se pénètrent du rôle des personnages qu'ils ont à dépeindre, et surtout qu'ils ne s'éloignent jamais de la simplicité et du naturel, qui sont les principes mêmes de l'art infini de la lecture.

« Mais, me dira-t-on, s'il suffit de lire comme on cause, nous ne voyons pas pourquoi on répète partout que bien lire est si difficile, et nous ne pensons pas que la lecture comporte, comme vous l'affirmez, un art infini. »

Il en est pourtant ainsi, et on le comprendra aisément si l'on réfléchit qu'il faut reproduire dans l'esprit des auditeurs les impressions ressenties par un auteur qui les a dépeintes au moyen de mots. Il ne s'agit plus de parler sur ce qu'on a éprouvé soi-même, de faire le récit de ce qu'on a vu, de soutenir une conversation ; il faut devenir l'instrument d'un écrivain, et l'instrument conscient, intelligent, qui se dirige soi-même et qui pourtant obéit et n'est pas libre de se servir d'une autre forme de langage que celle qu'il doit interpréter ; il faut, tout en conservant sa personnalité, se doubler de celle de l'auteur.

Pour bien lire, il faut se livrer à trois opérations

1° Comprendre parfaitement ce qu'on veut lire ;

2° L'exprimer à la place de celui qui a écrit;

3° Faire comprendre ce qu'on a compris.

L'intelligence se charge de la première opération;

La parole, de la seconde ;

L'expression individuelle (c'est-à-dire les intonations différentes, le jeu de la physionomie, le geste, l'attitude), de la troisième.

Ceci posé, nous allons aborder la difficulté en essayant de lire le morceau suivant, qui est en vers et rythmé de manière qu'on puisse rendre d'une façon expressive les diverses images qu'il éveille dans l'esprit.

CHARLES ET GROS-JEANNOT

Dans les grands joncs pliés dont la tête s'allonge
Avec l'ombre du soir sur les rides des eaux,
Un insecte nacré, fils du roi des roseaux,
Ailé, coquet, doré, tel qu'on en voit en songe,
       Voltigeait.

       Il songeait
       Qu'il nageait
Dans l'azur et dans la lumière,
Et que l'école buissonnière
Est une excellente manière
D'apprendre à folâtrer dans les bonnes odeurs
       Des fleurs.
« Je suis prince des airs, voyez comme je vole
       Coquettement! »

       Comme il disait cette parole,
       Justement
       Deux enfants allaient à l'école
       Tristement.
       Et leur tête frivole
       Pensait bien moins à leurs leçons
Qu'au bonheur de courir à travers les buissons
A perdre haleine, ou bien d'écouter les chansons
       Que le grillon murmure,
       Que le ruisseau susurre,
       Que toute la nature
       Redit tout bas.
Du reste, les grands prés étaient pleins de faneuses;
       A chaque pas
Les enfants s'attardaient, et des voix cajoleuses
       Disaient : « Ne partez pas! »

       4.

>   — « Oh ! la belle
> Demoiselle,
> Dit l'aîné des enfants voyant l'insecte d'or !
> Ma foi, pour aujourd'hui, je n'irai pas en classe :
>   Je veux prendre encor
> Un jour de liberté : je veux donner la chasse
> A ce beau papillon. Me suis-tu ? — C'est cela,
> Dit l'autre »; mais soudain l'insecte s'envola.
> Aussitôt les enfants de courir pour poursuivre
> La libellule qui, d'un coup d'aile moqueur,
>   Se délivre,
> Et s'en va se poser d'un petit air vainqueur
> Sur le sommet d'un jonc que la brise balance.

>   « Je suis en sûreté, car ce roseau
>   S'avance
>   Jusqu'au milieu de l'eau, »
> Se disait-elle. (Hélas ! les enfants ont envie
>   De posséder les papillons !)
> Les nôtres sans soucis, au péril de leur vie,
>   Quittent les réguliers sillons
>   Et se trouvent tout près de l'onde
>   Qui sur le champ fit leur portrait.

> « Oh ! vois comme j'atteins presque son aile blonde,
> Dit l'aîné Gros-Jeannot à Charles qui riait :
> Tiens, donne-moi ta main, en me penchant, peut-être
>   Je pourrai l'attraper. »
> Il essaye, il se plie, et vers le petit être,
>   On voit les deux enfants ramper,
> S'allonger, s'étirer et..... soudain disparaître
> Sous l'eau ! Le papillon, frr... frr... de s'échapper.
> On vole à leur secours, mais déjà plus de trace !

> . . . .
> Tout à l'heure ils vivaient : maintenant dans l'espace
> C'est un frémissement..... comme une âme qui passe.
> Où sont les blonds enfants, Charles et Gros-Jeannot ?

Ils sont morts, et là-bas on les attend. Leur mère,
L'œil sur le grand chemin, étouffe un long sanglot.
On ne les verra plus. Mais lorsque la lumière
Dans les champs, par degré s'éteint, on pourrait voir
Deux ombres sangloter au-dessus du flot noir,
Et deux voix murmurer : « Au nom de votre mère,
Enfants, ne faites pas l'école buissonnière ! »

ATH. GARSAULT.

Nous parcourons d'abord des yeux en particulier le morceau tout entier pour avoir une idée générale du sujet qu'il traite. Nous remarquons à première vue l'agencement des vers, qui sont de mètres différents, selon les idées qu'ils émettent ; nous notons les passages qui nous ont frappé, parce que nous jugeons qu'ils ont besoin d'une étude particulière ; enfin, nous établissons dans notre esprit des divisions provisoires, selon les différentes phases du récit.

Ainsi, pour le morceau que nous avons sous les yeux, nous pourrons noter le premier et le deuxième vers. — Le vers : *Que le ruisseau susurre.* — Le membre de phrase : *Hélas ! les enfants ont envie de posséder les papillons.* — Le passage : *On voit les deux enfants ramper, s'allonger, s'étirer et..... soudain disparaître sous l'eau. Le papillon frr...frr...de s'échapper.* — Enfin, les cinq derniers vers.

Ces divers endroits ont attiré notre attention, parce que déjà nous avons compris qu'il y aurait à réfléchir sur l'idée émise dans les deux premiers vers ; — que le mot susurre nous est inconnu ; — que : *Hélas ! les enfants ont envie de posséder les papillons* doit être médité, afin d'en bien pénétrer le sens et de pouvoir le développer au besoin ; — que les mots *ramper, s'allonger, s'étirer et... soudain disparaître sous l'eau,* comportaient une étude d'intonations diverses ; — enfin, que les cinq derniers vers présentaient une image mystérieuse qui devait être interprétée d'une façon particulière.

Je vous ferai observer ici que, selon l'intelligence et la tournure d'esprit du lecteur, les remarques faites à première vue sur le même morceau varient beaucoup. Tel passage qui frappe un esprit en laisse un autre indifférent. Ce travail a donc un cachet d'individualité bien tranché. C'est à cause du reste des différences d'appréciation que la manière de rendre une pièce de vers ou de prose varie avec chaque lecteur.

Pour diviser le morceau que nous avons sous les yeux, nous le séparons par parties dont chacune forme un tout. Par exemple, nous partageons ici Charles et Jeannot en quatre parties :

1° Du commencement à *Comme il disait cette parole;*

2° De *Comme il disait* jusqu'à *Oh ! la belle demoiselle;*

3° De *Oh ! la belle demoiselle* jusqu'à *Tout à l'heure ils vivaient;*

4° De *Tout à l'heure ils vivaient* jusqu'à la fin.

Chacune de ces divisions présente un sens complet.

Dans la première, c'est la mise en scène : on voit la libellule.

Dans la deuxième, arrivée des enfants, objets qui les tentent de ne pas aller en classe.

Dans la troisième, la vue de l'insecte d'or les décide ; l'action s'engage, l'intérêt croît, le dénouement arrive.

Dans la quatrième, réflexions finales et conclusion morale.

Maintenant que nous avons compris notre sujet, nous étudions en détail la première partie ; nous lisons la première phrase. C'est une peinture, un récit. Nous prenons le ton de quelqu'un qui raconte. Pour bien nous faire

comprendre, nous insistons sur certains mots, nous
faisons certaines syllabes brèves ou longues avec des
intonations qui peignent et qui par conséquent intéressent; enfin, après avoir bien réfléchi, nous arrivons au
résultat suivant, que je ne puis mieux exprimer que par
une sorte de portée musicale et par des signes brefs ou
longs.

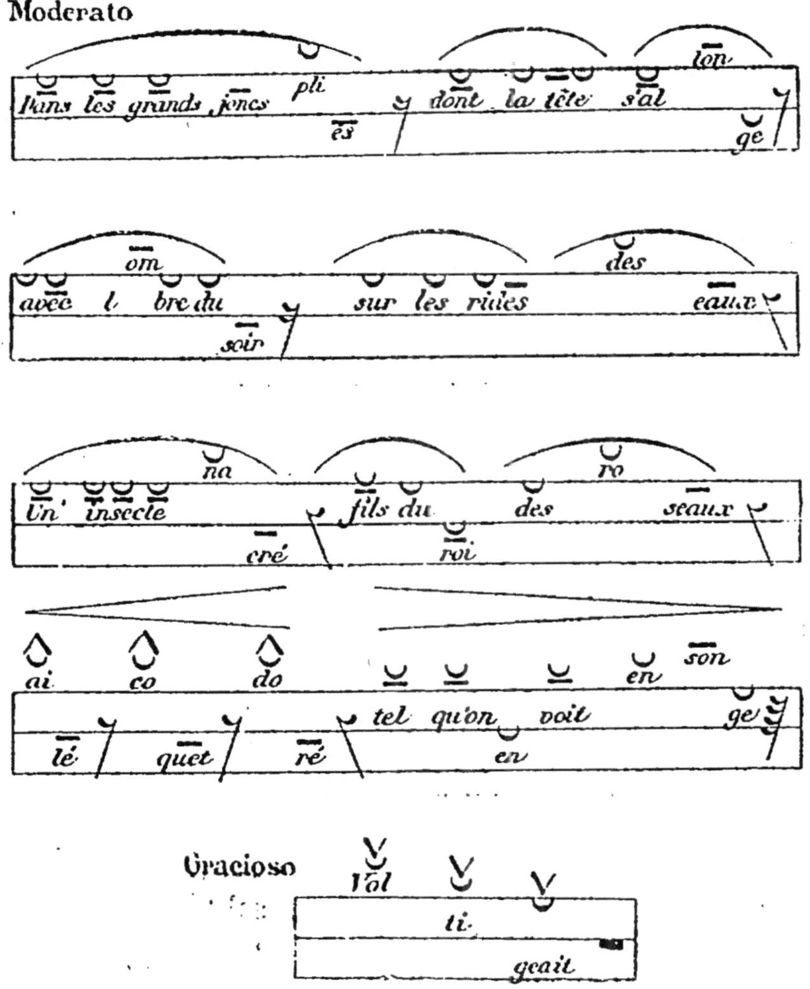

Voilà qui est bien rendu, direz-vous; mais vous demanderez pourquoi nous avons prononcé ainsi chaque syllabe avec une intonation différente; pourquoi, par exemple, au lieu de débiter d'une seule haleine les deux premiers vers, nous avons ménagé çà et là quelques repos après chaque membre de phrase; pourquoi nous avons élevé la voix au mot *pliés*, puis baissé ensuite au lieu de commencer au contraire par la baisser avant de la hausser, et ainsi de suite pour les autres syllabes. Je répondrai d'abord à cela que lorsque nous causons, nous ne pressons pas toutes nos paroles à la fois et sur le même ton; or, puisque lire c'est parler, nous devons conduire notre voix dans la lecture comme dans la conversation.

Ensuite, je dirai qu'il faut toujours conformer la manière d'accentuer les phrases aux images qu'elles dépeignent et à l'action qu'elles expriment : savoir quand il faut baisser ou élever la voix, prononcer rapidement ou lentement, s'arrêter ou se hâter, c'est affaire de goût, de bon sens, d'intelligence, d'intuition, d'habileté en un mot; et c'est là le point le plus délicat de l'art du lecteur. Ainsi dans cette phrase :

Dans les grands joncs pliés dont la tête s'allonge

Avec l'ombre du soir sur les rides des eaux (etc).

notre voix a fléchi au mot *pliés* pour rendre l'image du roseau qui a fléchi lui aussi et dont le sommet pend maintenant. Si nous avons élevé le ton, c'est pour mieux le baisser ensuite et, par cette antithèse, mieux exprimer par la chute de la voix la solution de continuité dans la ligne droite du jonc. Avec le mot *s'allonge*, notre voix s'est allongée, si je puis m'exprimer ainsi

en insistant sur la syllabe *lon* et en décrivant en quelque sorte le dessin suivant :

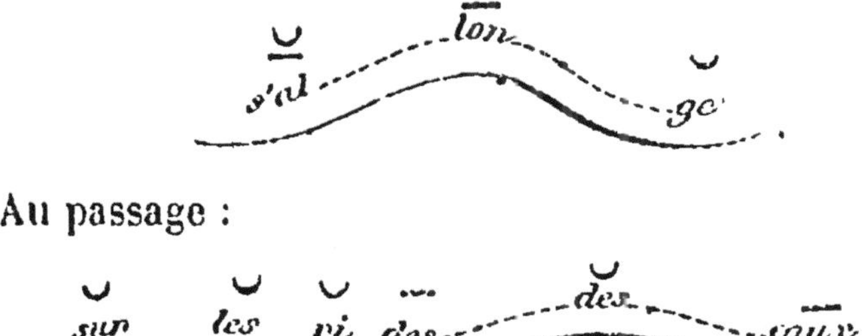

Au passage :

nous avons multiplié les brèves et essayé ainsi de peindre ces petites lignes rapprochées que le vent fait courir
sur l'eau. Enfin, aux mots:

où l'auteur a multiplié les sons aigus de l'*é*, où il s'est
servi de trois épithètes, dissyllabiques toutes trois, et
toutes trois de consonnances rapprochées, notre voix a
imité l'art du poète et s'est trouvée ainsi dépeindre le
vol cadencé du papillon. Nous avons fait voltiger de
même jusqu'à la fin l'insecte ailé, et immédiatement

après le dernier mot, un petit geste bref de la main, de
bas en haut, pour peindre le papillon qui s'envole, a
complété notre pensée.

En résumé, nous avons toujours conformé notre manière de débiter aux images que les phrases représentaient et aux idées que l'auteur éveillait par le différent rythme des vers. Par conséquent, nous avons bien lu.

Je laisse le soin d'appliquer ces données au reste de la fable ; je ne veux insister que sur les passages notés comme méritant une étude particulière.

Le mot *susurre* ne se trouve pas dans le dictionnaire, mais il est employé par quelques poètes pour peindre le doux bruit du ruisseau. Le mot susurration est français.

A cet endroit, si nous lisons la phrase tout entière :

nous aurons soin de presser les syllabes au vers :

pour rendre la course folle des enfants ; puis, imitant

l'art du poète qui, pour mieux peindre sa pensée, a fait un rejet de :

> *À perdre haleine,*

nous ferons une pause relativement longue après, comme si nous avions effectivement besoin de reprendre haleine.

Enfin, aux petits vers suivants, nous prononcerons doucement pour mieux faire entendre le murmure du grillon,.le chuchotement du ruisseau, etc.

Ai-je besoin d'ajouter ici que dans ce passage, comme dans tout morceau de lecture, nous devons nous attacher à lire d'une voix pure, harmonieuse comme les vers, et à avoir une prononciation sans défaut.

Nous poursuivons. Nous remarquons en passant ce vers :

> *Sur le sommet d'un jonc que la brise balance.*

Notre voix et notre geste peuvent imiter ici le balancement du roseau: la voix en scandant ces mots :

> *que la brise balance,*

et le geste en faisant sans affectation un mouvement de va-et-vient de la main.

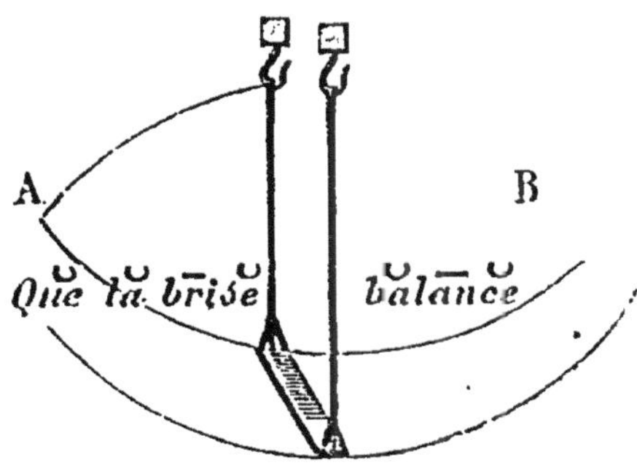

Je ne puis mieux exprimer l'effet à produire que par
la figure d'une escarpolette qui par son mouvement
occupe deux positions. Lorsque le siège arrive en A, on
prononce : *que la brise* ; lorsqu'il vient en B, on
dit : *balance*.

Nous arrivons au passage :

(Hélas ! les enfants ont envie de posséder les papillons).

Nous devons faire cette remarque d'un ton triste, car
la pensée de l'auteur implique une conséquence fâcheuse
pour les enfants qui obéissent sans réflexion à un désir
et qui sont victimes de leur étourderie. La meilleure
manière de lire avec tristesse est de multiplier les syllabes longues et de baisser la voix.

Le passage que nous avons noté et qui vient ensuite
est celui-ci :

On voit les deux enfants ramper,
S'allonger s'étirer et soudain disparaître
Sous l'eau ! Le papillon frr frr de s'échapper.

La voix doit se baisser lentement, l'intonation varier
crescendo avec chacun des mots *ramper*, *s'allonger*
s'étirer ; puis changer encore, et la voix se hausser
et se presser pour exprimer la disparition subite des
enfants et le rejet *sous l'eau*. La main doit avoir
un geste d'ondulation comme un serpent qui rampe, puis
soudain, par un coup sec, tracer une courte ligne de

haut en bas avec le mot *disparaître*. Enfin elle se relève brusquement, mais sans affectation, aux mots : *Le papillon frr... fr... de s'échapper*. *Frr... frr...* est une onomatopée pour rendre le vol pressé de la libellule qui s'échappe.

A partir de *tout à l'heure ils vivaient*, la forme change ainsi que le fond : notre ton doit s'y conformer et se rapprocher de celui avec lequel nous avons dit : *(hélas ! les enfants ont envie de posséder les papillons)*.

Nous lirons la plupart des syllabes lentement et avec un accent de regret; nos gestes seront sobres et calmes.

Enfin, parvenus aux cinq derniers vers, notre voix devra prendre des inflexions un peu hésitantes pour peindre la surprise qu'excite ce tableau de deux ombres qui pleurent au-dessus du gouffre où se sont engloutis les deux enfants. Enfin, c'est avec une conviction grave et pénétrée que nous prononçons, d'une voix émue, la sentence :

> *Au nom de votre mère,*
> *Enfants, ne faites pas l'école buissonnière.*

Voilà les principes sommaires que j'avais à vous énoncer. Il faudrait des volumes sur un sujet aussi fécond, mais le cadre de notre livre ne comporte pas plus de développement. Du reste, si j'ai su me faire comprendre, ces quelques lignes suffiront. Vous lirez bien si vous appliquez mes préceptes. Toutefois, avant de passer à un autre sujet, avant de vous apprendre à enseigner à lire, maintenant que vous vous l'êtes appris à vous-mêmes, je veux répondre à une objection et vous donner un dernier conseil.

Il faut du naturel dans la lecture, beaucoup de naturel, surtout du naturel. Mais est-ce bien du naturel que d'étudier ainsi un morceau, que de marquer à l'avance l'endroit où l'on devra rire, l'endroit où il faudra pleurer? La vraie simplicité ne consisterait-elle pas à exprimer ce qu'on sent sans plus de recherche? A ceux qui feraient cette objection, il convient de répondre que ce n'est pas du premier coup d'œil qu'on sent bien ce que l'auteur a voulu dire : sans doute, on a ainsi une impression générale, et cette impression, nous ne l'avons pas dédaignée, nous en avons fait au contraire la base de notre étude.

Notre point de départ a été la première émotion que nous avons ressentie; mais il faut diriger nos sensations et en devenir les maîtres, de façon à mieux les exprimer. Au lieu de rendre vaguement et par à peu près, nous voulons approcher de la perfection qui est l'art même, et qui ne s'obtient que par le travail. De la sorte, ce même travail qui semblait ennemi de la simplicité en devient au contraire le plus sûr auxiliaire. Mais n'oublions jamais notre point de départ, lisons surtout comme nous sentons, et traduisons naturellement les émotions que nous éprouvons. « Ce que l'on conçoit bien s'exprime clairement. »... Peut-être; mais à coup sûr ce que l'on ressent bien se rend mieux et d'une manière plus frappante que ce qui laisse indifférent, et on interprète d'une façon naturelle une impression reçue naturellement : c'est ce que j'ai en commençant voulu exprimer par ces mots : la bonne foi.

Vous appliquerez les principes ci-dessus énoncés au morceau de prose suivant.

LE CERF ET LE FAON

Dans une contrée montagneuse, couverte d'antiques forêts, il y avait un vallon presque vierge encore de tout pas humain. Les arbres y étaient plus beaux que partout ailleurs et les sources plus limpides. Cet endroit plein de senteurs sylvestres était le séjour préféré des animaux sauvages.

C'est là, dans une clairière que le vent emplissait de murmures, que des chants d'oiseaux égayaient sans cesse et où les rayons du soleil étaient tamisés par les branches frissonnantes, qu'un cerf avait élu domicile avec une biche et un faon. Brouter les jeunes pousses des arbres, ruminer étendus mollement sur le gazon, mirer leurs ramures dans l'eau d'une source voisine, jouer entre eux follement sur les tapis de mousses ou rêver quand le soleil couchant illuminait d'une lueur pourprée les sommets majestueux des chênes, telle était leur douce existence.

Mais le faon, poussé par un curieux désir de connaître d'autres horizons, d'autres arbres, d'autres sources, trouvait cette vie monotone. Cent fois le vieux cerf, son père, lui avait fait des remontrances sur sa folle envie de voyager : « Crois-moi, lui avait-il dit, nous avons ici la fraîcheur et le silence ; jamais les aboiements des chiens ne parviennent à nos oreilles, jamais le son du cor ne vient troubler notre quiétude : ce vallon est paisible, et cette forêt est pleine de murmures. Nulle part tu ne trouveras une onde plus cristalline, des feuilles plus tendres et plus parfumées, un air plus pur, une paix plus profonde. »

Mais le faon ne croyait pas aux sages paroles dictées par l'expérience : ce qu'il ne connaissait pas l'attirait, et il n'était jamais si heureux que si, parvenu au som-

met du vallon, il pouvait humer curieusement l'air nouveau, regarder la forêt tout entière qui se déroulait au-
dessus de lui, et au loin apercevoir quelque mystérieuse
fumée, indice du passage des hommes. « Qu'on doit être
bien là-bas ! » se disait-il.

Un jour, il ne put résister au désir de pénétrer dans
ces endroits que jusqu'alors il n'avait qu'entrevus. Il
s'échappa de la clairière bien heureuse et, sans retour-
ner la tête, il courut devant lui de toute la vitesse de ses
fines jambes. Il arriva ainsi jusqu'au plus haut sommet
de la montagne. Les sapins, brisés par un ouragan
récent, laissaient échapper des pleurs de leurs blessures.
Partout une terre blanche et froide. Le faon y enfonçait
à chaque pas : c'était de la neige. Rien à brouter. Un
vent glacial. Des précipices sans fond. Harassé de
fatigue, souffrant du froid et de la faim, il descendit le
versant opposé. Ses jambes tremblaient, ses naseaux
soufflaient bruyamment, sa tête était lourde ; il regret-
tait amèrement sa clairière dorée.

Il parvint enfin au fond d'un autre vallon. Il se repo-
sait et cherchait à se désaltérer lorsque, soudain, le son
du cor retentit : des aboiements de meute se firent
entendre, et le faon, accablé de fatigue, s'enfuit ; mais
bientôt rejoint, il succomba sous la dent des chiens et
les coups des chasseurs.

Avant de mourir, par une vision suprême, il revit le
cerf et la biche qui bramaient dans la nuit et l'appe-
laient. Deux grosses larmes roulèrent de ses yeux à
demi éteints, et dans un dernier soupir il acheva cette
pensée : « Pourquoi n'ai-je pas écouté les conseils de
mon père. »

INDICATIONS SOMMAIRES

Diviser ce morceau en six parties, — selon les alinéas.
Noter les passages :

Feuilles frissonnantes,
mirer leurs ramures,
feuilles plus parfumées,
humer curieusement l'air,
les sapins laissent échapper des pleurs de leurs blessures,
par une vision suprême,
deux grosses larmes roulèrent,
Réflexion finale.

LEÇONS DES MAITRES AUX ÉLÈVES

Après avoir donné aux instituteurs les principes qui doivent être suivis et respectés pour arriver à lire d'une façon agréable, nous allons appliquer ces règles à une leçon faite par le maître aux élèves; car s'il est difficile de bien lire, il n'est pas moins difficile d'enseigner à bien lire. Cette leçon complètera notre tâche sur ce que nous avions à dire touchant cette partie du programme.

Nos élèves étant réunis, nous leur demandons de prendre dans leur livre le morceau de *Charles et Gros-Jeannot*, et nous nous adressons de préférence à un enfant intelligent.

André, lisez.

André lit.

Le maître. — Maintenant, que tous les élèves ferment leur livre.

Pierre, avez-vous compris ce qu'on vient de lire? Racontez-le-moi.

Pierre. — Oui, monsieur. Une demoiselle voltigeait parmi les roseaux. Deux enfants qui s'en allaient en

classe, mais qui auraient préféré courir, l'aperçoivent.
Ils lui font la chasse; mais, en essayant de la saisir, ils
tombent dans l'eau et se noient; on n'a pu les sauver;
leur mère les attend, mais en vain. Le soir, à l'endroit
où ils sont morts, on voit deux ombres qui sanglotent
et l'on entend des voix qui disent :

« Enfants, ne faites pas l'école buissonnière. »

Le maître. — Et vous, Adrien, avez-vous compris?

Adrien. — Oui, monsieur.

Le maître. — Eh bien, racontez à votre tour.

Adrien répète le récit.

Le maître. — Bien. Reprenez vos livres. Nous allons
diviser le morceau en quatre parties; les explications
qu'il exigerait, si nous le prenions tout entier, nous
entraîneraient trop loin. Dans la première partie, nous
allons faire connaissance avec la libellule. Jacques,
puisque cette première partie ne doit contenir que ce
qui a rapport au joli insecte, nous irons jusqu'où ?
Réfléchissez en considérant tout le morceau.

Jacques. — La première partie ira du commencement
à ce vers :

Deux enfants allaient à l'école

Le maître. — Non, pas tout à fait : il n'a bien été
question jusqu'alors, il est vrai, que de la libellule;
mais nous ne pouvons pas ainsi finir une leçon à la
moitié d'une phrase. Il faudra remonter jusqu'au point
qui termine la phrase précédente; nous irons jusqu'à :
Comme il disait cette parole.

Ce vers, du reste, est une transition entre la première
et la seconde partie. Louis, savez-vous ce que c'est
qu'une transition?

Louis. — Non, monsieur.

Le maître. — Je vais vous l'expliquer. Tenez, figurez-

vous que vous avez une grâce ou une faveur à demander
à votre père; je suppose que vous désirez, par exemple,
qu'il vous permette d'aller avec lui à la fête du village
voisin. — Votre père vous interroge : « Louis, dit-il,
as-tu bien travaillé? » — Allez-vous lui dire sans
préambule : « Papa, veux-tu m'emmener avec toi à la
fête? » — Non, n'est-ce pas? Vous allez d'abord lui
répondre à peu près ceci : « Oui, père, j'ai bien travaillé, voici ce que j'ai fait. » Puis probablement vous
ajouterez : « Mais, papa, maintenant que j'ai étudié,
je voudrais bien pour récompense que tu m'accordasses
une faveur. — Laquelle, demandera-t-il? — Eh bien, je
désirerais que tu me conduisisses à la fête. » — Vous
avez, mon enfant, établi une transition entre l'idée
d'avoir bien travaillé et l'idée d'aller à la fête, et cette
transition est cette phrase : « Maintenant que j'ai
étudié, je désirerais que tu m'accordasses une récompense. » Ainsi, pour définir la transition, nous dirons
que c'est une idée intermédiaire entre deux autres et
qui, ayant rapport à ces deux idées, résume la première
et prépare la seconde. Avez-vous bien compris?

Quelques élèves. — Pas encore très bien.

Le maître. — Je vais prendre un autre exemple.

Supposez, Léon, que vous êtes dans un pré traversé
par une rivière; vous voulez passer sur la rive opposée,
comment ferez-vous?

Léon, embarrassé. — Je la traverserai à la nage.

Le maître. — Mais si le courant est trop fort et si
vous ne savez pas nager?

Léon. — Je jetterai de grosses pierres dans l'eau et je
passerai de l'une sur l'autre.

Le maître. — Et si l'eau est trop profonde?

Léon. — Je chercherai un pont.

Le maître. — C'est ce qu'il y a de plus raisonnable.

5

Eh bien, mon enfant, la transition est un pont qui relie deux idées au lieu de relier deux rives, voilà tout. Avez-vous compris?

Tous. — Oui! Oui!

Le maître. — De même qu'il y a plusieuis manières de traverser la rivière, de même il y a plusieurs sortes de transitions. Mais nous verrons cela quand vous serez plus avancés.

Dites-moi, Joseph, quelles sont les deux idées que relie la transition :

Comme il disait cette parole.

Joseph. — L'idée de : *Un papillon voltigeait*, et l'idée de : *Deux enfants allaient à l'école.*

Le maître. — C'est cela. Maintenant, je vais lire la première partie; écoutez-moi avec attention et prenez bien garde à ma façon de prononcer.

Le maître lit avec soin et dit ensuite :

« Ernest, relisez. » Ernest relit.

Le maître. — Votre façon de lire ne vaut rien, vous auriez dû prendre exemple sur moi; et puis, pourquoi aller aussi vite? pourquoi ce ton élevé, chantant et monotone? Voyons, vous allez raconter à André que vous avez poursuivi une libellule; commencez comme ceci :

Un insecte voltigeait.

Ernest à André. — Un insecte voltigeait.

Le maître. — Bien, vous parlez en prenant un ton naturel, vous racontez et vous ne criez pas tous vos mots sur le même ton. Il faut pour bien lire vous figurer que c'est vous qui avez composé le morceau que vous avez sous les yeux; dites alors aussi naturellement que si c'était vous qui l'eussiez écrit.

Recommencez.

L'élève recommence.

Le maître. Je vous arrête au premier vers. Ce n'est pas mal, mais vous liriez mieux encore si vous appuyiez sur le mot *s'allonge*. Ne comprenez-vous pas qu'il serait choquant de prononcer ainsi :

S'allonge ?

Les mots expriment des idées. Si un mot contient une idée de longueur, d'allongement, la voix doit s'arrêter sur chaque syllabe de ce mot ; on doit alors prononcer avec lenteur ; il faut dire :

S'allonge.

au lieu que si le mot renferme une idée de petitesse, d'étroitesse, de vivacité, il faut passer vite sur chaque syllabe ; ainsi le mot *Voltigeait* se traduirait mal si l'on disait :

Voltigeait.

Ces choses-là se sentent.

Quand vous dites à Pierre, en parlant de chevaux que vous avez vus courir :

Ils couraient ! Ils couraient !

vous faites courir les syllabes comme les chevaux, et vous ne dites pas :

Ils couraient ! Ils couraient !

lentement et avec un air de somnolence et de fatigue.

Il faut donc lire en passant vite sur les mots qui expriment une idée de vivacité ou de gaieté, et en trainant un peu plus la voix sur les mots qui contiennent une idée de tristesse ou de lenteur.

Relisez. (Ernest relit.)

Le maître. — Bien. Expliquez-moi maintenant pourquoi vous vous êtes un peu arrêté après chaque virgule et un peu plus après chaque point.

Ernest. — J'ai lu comme si je causais, et quand on cause on s'arrête de temps en temps.

Le maître. — C'est juste. Chaque fois que vous avez lu une phrase ou un membre de phrase, vous vous êtes arrêté, parce que les phrases se divisent en parties dont chacune a un sens particulier; il faut s'arrêter pour ne pas mélanger à la fois dans l'esprit de ceux qui vous écoutent tous les sens divers.

Je relis encore une fois; ensuite vous relirez vous-mêmes en ayant soin d'imiter ma prononciation, de grossir la voix et de la baisser aux passages où vous aurez remarqué que se sont produites ces inflexions.

Le maître relit, puis chaque élève relit, en essayant d'imiter les intonations du maître.

Le maître. — La lecture est finie pour aujourd'hui.

Rappelez-vous bien pour la prochaine fois ce que nous avons dit; souvenez-vous surtout de ceci :

Lire, ce n'est pas élever la voix d'une façon exagérée, ce n'est pas balbutier, ce n'est pas bredouiller, ce n'est pas être monotone; lire, c'est parler naturellement, simplement, c'est exposer de vive voix ce qui est écrit, comme l'auteur devrait l'exposer lui-même.

Pour essayer seuls à mettre mes conseils en pratique, apprenez par cœur la première partie de notre morceau.

DEUXIÈME PARTIE

Le maître. — Quelqu'un d'entre vous sait-il bien le morceau que nous avons lu ?

Pierre. — Moi, monsieur, j'ai essayé de le bien apprendre.

Le maître. — Alors, mon enfant, que signifie l'expression :

> *... Les grands joncs pliés dont la tête s'allonge*
> *Avec l'ombre du soir sur les rides des eaux ?*

Est-ce que réellement la tête des joncs grandit ?

Pierre. — Monsieur, j'avoue n'avoir pas bien compris.

Le maître. — Et vous, Joseph.

Joseph. — Ni moi.

Le maître. — Qui a compris ?

André. — Il me semble, monsieur, que l'auteur veut par ces mots dépeindre un paysage qu'il a vu. De loin, les objets réunis, tels que les arbres, les épis de blé, les roseaux semblent ne faire qu'un seul et même tout : on dirait, par exemple, que c'est un grand tapis qui se déroule. Comme l'ombre du soir rend les objets indistincts et qu'on ne peut pas bien préciser l'endroit où ils commencent et l'endroit où ils finissent, il peut sembler que ce tapis est plus grand, on peut dire qu'il s'allonge.

Le maître. — Ce n'est pas cela ; mais enfin je vous loue, André, pour l'effort que vous avez fait.

Voici ce que signifie :

> *Dans les grands joncs pliés dont la tête s'allonge*
> *Avec l'ombre du soir sur les rides des eaux.*

Avez-vous déjà remarqué l'ombre que fait votre corps lorsqu'il intercepte la lumière du soleil ?

Les élèves. — Oui, monsieur.

Le maître. — Eh bien, dites-moi ce qui se produit quand le soleil est exactement au-dessus de votre tête, comment serait l'ombre dans ce cas? — Vous ne répondez pas!... Elle formerait un cercle très petit autour de vous (A).

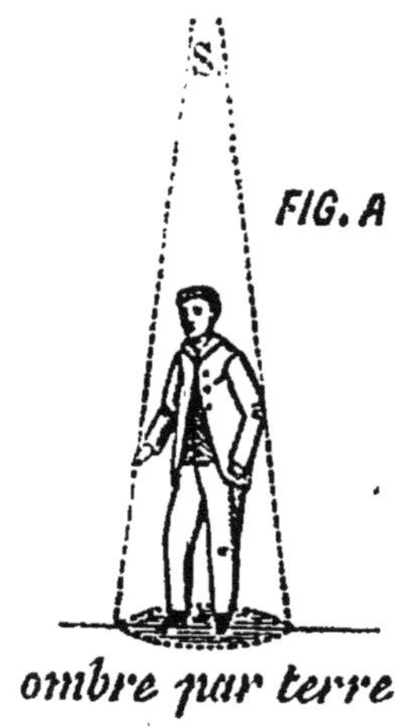

ombre par terre

Mais à mesure que le soleil s'incline à droite ou à gauche, l'ombre changera de forme, elle grandira du côté opposé au soleil (B).

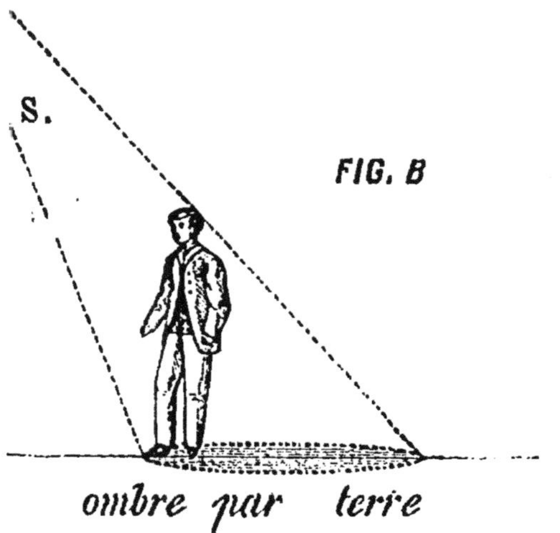

ombre par terre

Enfin, si le soleil est tout à fait à l'horizon, votre ombre s'allonge encore devant vous (C).

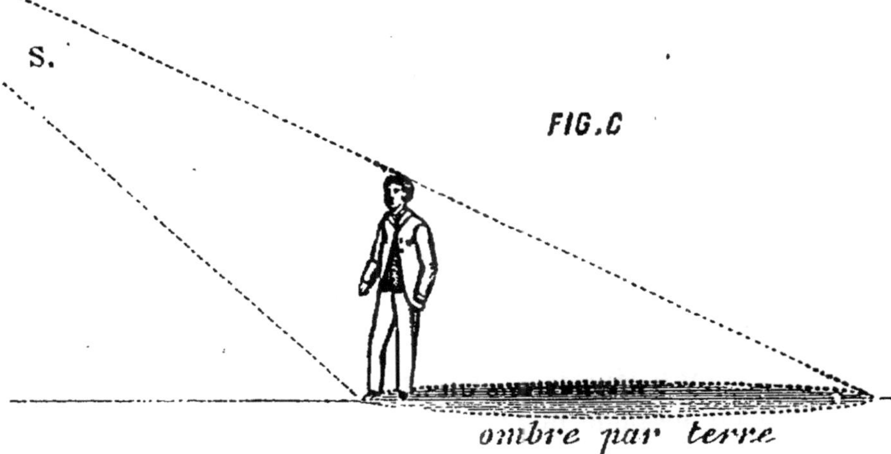

Il en est de même pour les roseaux : à mesure que le soleil décroît, leur ombre s'allonge sur l'eau ; c'est ce que l'auteur dit poétiquement :

Dans les grands joncs pliés dont la tête s'allonge
Avec l'ombre du soir sur les rides des eaux.

Avez-vous compris ?

Tous. — Oui.

Le maître fera encore des questions comme celle-ci :
— Le roi des roseaux existe-t-il ? Pourquoi dire que la libellule est fille du roi des roseaux ?

— Voit-on des papillons en songe ? Un papillon nage-t-il dans l'azur, etc. ?

Puis on passe à la deuxième partie.

Le maître. — Nous allons, André, dans cette deuxième partie, faire connaissance avec les enfants et avec ce qu'ils pensent. D'abord, où commence-t-elle et jusqu'où ira cette deuxième partie ?

André. — Depuis *Comme il disait cette parole*
à   *Oh ! la belle demoiselle !*

Le maître. — C'est cela, parce qu'après ce vers il va être question de ce que font les enfants. Ce sera le sujet d'une autre partie. Je vais lire la deuxième partie ; soyez attentifs. — Le maître lit avec beaucoup de soin.

Léon, relisez. — Léon relit. Le maître approuve ou blâme sa façon de lire, et explique pourquoi il faut presser la voix à :

Qu'au bonheur de courir à travers les buissons,
et pourquoi il faut dire doucement :

> *Que le grillon murmure,*
> *Que le ruisseau susurre, etc.*

Il explique le mot susurre. Enfin, toute la classe relit en imitant les intonations du maître.

Même méthode que pour la première partie.

TROISIÈME PARTIE

Le maître s'assurera, par des interrogations sur la leçon de la veille, qu'on a retenu les préceptes : puis il fera les questions suivantes :

Le maître. — Charles, est-ce qu'il y avait des voix qui parlaient aux enfants et leur disaient : *Ne partez pas ?*

Charles. — Je ne sais pas.

Le maître. — Et vous, André ?

André. — Non, monsieur, il n'y avait aucune voix. S'ils croyaient en entendre, c'était celle de leurs désirs qui leur parlaient en eux-mêmes.

Le maître. — C'est cela. Ces désirs leur disaient qu'il serait plus agréable de courir et de jouer que d'aller à l'école. Cette voix n'était pas la seule, car ils allaient mal faire ; alors une autre, qu'ils auraient dû écouter, allait aussi s'élever bien vite et leur crier qu'ils trans-

gressaient leurs devoirs. Cette voix est celle de la conscience, mes enfants. Vous l'entendrez toute votre vie,
c'est un témoin et un juge de toutes nos actions; nous
serions parfaits si nous obéissions toujours à la voix de
la conscience.

Voyons notre troisième partie.

Depuis où et jusqu'où ira la troisième partie?

Nous y voyons ce que font les enfants.

Jules. — Depuis *Oh! la belle demoiselle*
à   *Tout à l'heure ils rivaient.*

Le maître. — Bien.

Même méthode que pour les deux premières parties.

QUATRIÈME PARTIE

Toujours même méthode. — Questions dans ce
genre :

Qu'est-ce qui décide les enfants à ne pas aller en
classe?

La libellule dit : *Je suis en sûreté.* Est-ce que les in-
sectes parlent?

Est-ce vrai que les enfants ont envie des papillons?

Est-ce que l'eau regarde?

Frr... frr... est une onomatopée; définir l'onomatopée
et l'expliquer comme on a expliqué la transition.

Citer Boum, boum! Patata! Clic, clac! Ouf! Pan, pan!

Enfin, tirer après la lecture de la quatrième partie les
conclusions morales du morceau tout entier :

*Si les enfants n'avaient pas fait l'école buissonnière, ils
ne seraient pas morts.*

En résumé, pour bien enseigner à lire, il faut s'attacher
à bien faire comprendre le morceau qui doit être lu.
Les explications au tableau noir sont fort utiles. De plus,
la lecture comprend des leçons de choses, des leçons de

grammaire, je dirais aussi des leçons de rhétorique si nous n'étions pas en enseignement primaire, et des leçons de morale ; la lecture, en un mot, est l'exercice intellectuel par excellence de l'école. Le maître doit donc la mettre à profit pour s'adresser à la fois au cœur et à l'esprit de ses élèves, au cœur pour l'éducation et à l'esprit pour l'instruction. Qu'il n'oublie pas qu'une diction correcte est le côté par lequel son enseignement pourra se faire le plus promptement apprécier : l'enfant rentré chez lui peut, au foyer, le soir, être appelé à lire. S'il le fait d'une façon intelligente et agréable, il fera plaisir à ses auditeurs ; ceux-ci n'analyseront ni les procédés ni les détails, mais frappés de ce qu'ils auront pu bien saisir la lecture faite, ils attribueront naturellement à l'instituteur la satisfaction qu'ils auront éprouvée : pour eux désormais, ce sera un bon maître, son école sera excellente, sa situation s'en ressentira.

Un ouvrage simple, bien à la portée des élèves, facilitera grandement les leçons sur cette partie si importante de la tâche de l'instituteur ; aujourd'hui les bons livres de lecture, heureusement, ne sont pas rares ; si l'on pouvait éprouver quelque embarras, ce serait dans le choix à faire.

§ 4

Écriture.

J'aurai moins à dire sur l'écriture que sur la lecture. Le but à atteindre, c'est d'obtenir aussi promptement que possible une expédiée nette, courante et lisible. Pour arriver à ce résultat, les méthodes nouvelles ont énormément simplifié l'intervention du maître ; on a aujourd'hui des cahiers qui épargnent à l'enfant jusqu'au moindre effort d'esprit pour avoir une pente uniforme, respecter les distances et tracer avec assurance les lettres qui dépassent en bas et en haut le corps de l'écriture.

Est-ce bon d'autant diminuer la difficulté et de réduire ainsi l'écriture à un exercice absolument machinal? La rapidité des résultats généralement obtenus qui a séduit le prouverait l; que nos écritures écolières se ressemblent toutes plus ou moins avec cette méthode, ce ne peut être qu'un léger inconvénient puisque l'on arrive à écrire vite. Je ne viens donc pas m'élever contre le système des cahiers rayés, du tracé des lettres, etc., etc. Je ne gémirai pas non plus sur ce que notre vieille écriture française si correcte, si pleine et si lisible, soit négligée pour sa rivale l'anglaise, maigre et déliée, e malgré cela à la mode. Je préfère la première, je l'avoue ; mais je ne me reconnais pas le droit, je l'ai dit déjà, d'imposer une méthode exclusive, des procédés spéciaux, un genre d'écriture unique à l'exclusion de tout autre; je donne des conseils, j'indique ceux qu'il me parait préférable de suivre, mais je conviens bien volontiers que la méthode que le maître connaîtra le mieux, le genre d'écriture qu'il aura cultivé de préfé-- rence, sera, comme d'habitude, celui qui devra être enseigné dans son école.

D'ailleurs, qu'on s'arrête à l'écriture anglaise ou à l'écriture française, il est des procédés communs aux deux genres qu'on peut toujours indiquer. Ces procédés nous viennent de l'examen attentif de la composition des lettres et de leurs différentes formes. Il y a des lettres qui sont formées de lignes droites, d'autres de lignes courbes, d'autres de lignes droites et de lignes courbes; serait-il méthodique d'exercer les enfants tantôt à former une lettre de la première catégorie, et tantôt une de la seconde? Ce serait multiplier la difficulté, par suite ralentir la rapidité des progrès.

Il est plus logique de se demander ce que l'enfant, un crayon ou une plume à la main, va avoir l'idée de tracer. Ce sera probablement une ligne droite ou oblique, un bâton, comme on dit en écriture. Commençons nos leçons par le bâton */////*

Une fois que l'enfant le tracera avec assurance et d'une façon assez parfaite, nous modifierons un peu la forme du bâton par le haut; nous aurons alors ceci: *mm*. Après les modifications par le haut, nous passerons à celles du bas *uuu*. Enfin, nous appliquerons à un même bâton les modifications du bas et du haut et nous obtiendrons ce tracé: *uum*. Avec ceci nous avons déjà des lettres complètes et même des mots, nous avons l'*i*, l'*u*, l'*n*, et l'*m*: *i u n m*. — Récapitulons nos exercices en faisant tracer ces lettres et les mots *mi*, *mu*, *ni*, *nu*. Par un allongement du bâton modifié par le bas nous avons le *t*; en faisant dépasser le bâton un peu en haut et beaucoup en bas, on a ce trait *j* si l'on y ajoute le bâton modifié en haut et en bas, on a le *p*. C'est tout ce que nous pouvons faire avec l'élément bâton.

Voyons maintenant les lettres ovales. La première et la plus simple est le *c*. Si l'on ferme le *c* on a un *o* si l'on fait un c aux trois quarts fermé, on a d'abord un *a* puis un *d* qui n'est autre que le *c* et le *t* moins la barre; puis un *q* qui se compose du *c* et du trait long du *p*; enfin avec le *c* il est facile d'avoir l'*e* c'est un *C* auquel on a fait une petite boucle en haut, ou un œil comme on dit encore. Nous voilà donc familiarisés avec le tracé des lettres suivantes : *C, O, a, d, q, e* si nous empruntons l'*i*, l'*u*, l'*n* et l'*m* que nous connaissons, nous pouvons écrire beaucoup de mots : *papa, maman, main, demain* etc.

On passe ensuite aux lettres bouclées en appliquant les mêmes principes ; qu'on prenne pour élément le *j* ou l'*l*, l'*b*, l'*v* et le *z* seront tracés lorsque les élèves n'hésiteront plus sur le tracé de toutes les autres lettres.

Voilà en quelques mots les principes théoriques dont nous recommandons l'application ; s'ils sont bien suivis, nous garantissons de prompts résultats ; c'est par l'expérience que nous avons éprouvée que nous savons combien l'on arrive vite, en suivant cette méthode, à obtenir une bonne écriture en gros d'abord et une expédiée très correcte plus tard.

En terminant sur ce point, j'insisterai près des maîtres pour leur dire :

Premièrement, que les corrections doivent être de tous les jours et de toutes les leçons ;

Deuxièmement, que les enfants doivent être exercés à l'écriture dès qu'ils ont mis le pied en classe ;

Troisièmement, qu'il faut obtenir de tous les élèves indistinctement des cahiers propres et présentables.

Les corrections multipliées ont cela d'avantageux qu'elles préviennent la mauvaise tenue du corps, obtiennent plus d'uniformité et de régularité, et provoquent une plus grande application chez les enfants. Des conseils individuels, l'instituteur fera bien de passer de temps en temps aux avis généraux, quand il remarquera chez les élèves une tendance à se laisser aller à tel ou tel oubli des règles, à tel ou tel défaut. Dans ce cas, il aura recours au tableau noir, sur lequel il reproduira les lettres mal faites et le défaut général en l'exagérant encore, puis au-dessous la correction : les différences et le contraste frapperont, la leçon portera ses fruits ; exemple :

appliqué.

appliqué

Pour les commençants, que ferait-on de ces enfants si on ne les occupait constamment? J'admets bien, dans l'intérêt de la discipline, qu'ils sortent deux fois au lieu d'une pendant chaque classe, l'été surtout; mais, malgré cette précaution intelligente, il importe que jamais ces jeunes enfants ne soient oisifs, ou ils troubleront les autres élèves; on ne saurait admettre qu'on les condamne à l'immobilité, ce serait de la barbarie; astreignons-les donc à tous les exercices de la classe, nous les intéresserons toujours si nous savons le vouloir. Donc, faisons-les écrire ou sur l'ardoise ou sur le cahier.

La propreté et la bonne tenue des cahiers que le maître doit exiger de chaque élève constituent le côté éducatif en écriture. C'est le sentiment de l'ordre qu'on donne ainsi aux enfants, c'est aussi le côté par lequel se fait apprécier le maître dans la famille: un cahier taché, froissé, écorné, déplait à la vue et accuse l'instituteur. La mère est portée à dire, en constatant l'état dans lequel se trouve le cahier de s   s, que le maître ne s'occupe pas de lui. Combien n   e pas vu d'instituteurs accusés par les familles et autorité locale pour des faits étrangers à l'école, dont la situation s'est trouvée compromise, parce qu'on avait à l'appui des plaintes à montrer des cahiers qui auraient dû être mieux tenus !

Dans l'intérêt de l'école, dans son intérêt personnel, dans l'intérêt de l'application des élèves, le maître doit exiger absolument la propreté et la bonne tenue du cahier d'écriture, du cahier de devoir, même du cahier dit de brouillon s'il en existe un dans l'école.

A propos de cahiers, disons un mot du cahier unique.

Dans les écoles bien tenues, dans les bonnes écoles, on ne trouve que deux cahiers, le cahier d'écriture et un cahier de devoirs, dit le cahier unique.

Il y a là un avantage comme tenue générale, économie de temps, ordre et propreté.

Donner aux enfants un cahier de brouillon, n'est-ce pas leur dire : « Sur ce cahier, il est inutile de s'appliquer, on peut écrire vite, griffonner même si l'on est trop pressé, il peut y avoir quelques pâtés, le cahier peut être plus ou moins chiffonné, ce n'est rien, ce n'est qu'un brouillon. » Je sais bien que ce n'est point ce que veulent les partisans des cahiers spéciaux ; en fait, c'est pourtant logiquement la conclusion que va tirer l'enfant qui doit s'appliquer sur un cahier et peut se négliger sur un autre, sans compter qu'il pourrait bien prendre l'habitude de ne s'appliquer nulle part.

Puis, avec les cahiers de relevés de devoirs, on ne peut constater les efforts qu'a faits un enfant ; tous les devoirs se ressemblent ; où sont les fautes ? On ne voit plus : il faut recourir au cahier de brouillon, pour avoir une appréciation sur le travail personnel des élèves.

De bons maîtres font pourtant encore cette objection à l'introduction du cahier unique dans leur école : nous donnons, disent-ils, des devoirs qui doivent être faits dans la famille, il faut qu'on emporte les cahiers; si des enfants n'ont ni cartable, ni sac d'écolier, ni carton quelconque, — et les pauvres sont dans ce cas, — dans quel état vont revenir les cahiers? va-t-on, si on les conserve et si ce sont les seuls, juger des soins du maitre par ces cahiers fatigués, maculés, écornés, qui ne sont point présentables? D'autre part, si l'on n'a pas de devoirs reportés, comment occupera-t-on les enfants d'une division pendant les leçons qui seront faites aux autres cours? Le cahier unique ne parait donc pas être aussi pratique qu'on le suppose et qu'on veut le dire.

Il est on ne peut plus facile de répondre à ces objections. Nous ne condamnons ni n'approuvons les devoirs donnés dans la famille, il y aurait beaucoup à dire pour ou contre ce procédé : nous connaissons des écoles importantes où d'excellents résultats sont obtenus, et dans lesquelles on se contente des devoirs qui se font en classe, comme nous pourrions citer aussi de bien bonnes écoles dans lesquelles les élèves ont des devoirs à faire en dehors. Ainsi l'on peut obtenir des résultats excellents sans imposer aux enfants une tâche qui doit être faite dans la famille. Le cahier unique d'ailleurs n'a rien à faire dans ce procédé; il est facile, si l'on se croit obligé de donner des devoirs à rapporter en classe, de faire confectionner ces devoirs sur une feuille volante : la tâche peut être tout aussi bien faite et la correction des exercices aussi complète. Donc, l'objection qui consiste à dire que les cahiers ne seront pas présentables avec des devoirs au dehors n'a pas une valeur sérieuse.

Quant à la seconde raison donnée, tirée de la nécessité d'occuper les élèves à reporter des devoirs du brouillon au propre pendant les leçons faites à leurs condisciples, elle n'est pas mieux fondée. C'est ainsi que parlent les maîtres routiniers, ceux qui veulent surtout occuper matériellement l'enfant. Sans doute, un instituteur, dans une classe composée d'élèves de force différente, ne peut s'adresser à tous en même temps ; mais est-il condamné à astreindre ceux auxquels il ne fait pas spécialement la leçon à des copies de devoirs qui ne présentent plus qu'un intérêt bien effacé, parce qu'il n'y a plus ni imprévu ni nouveau pour les élèves ? Combien il serait plus profitable de donner des devoirs qui exigeraient d'autres efforts des enfants que celui de suivre servilement la copie à transcrire ! Si l'on objecte que le temps manque pour tant de devoirs à donner, nous dirons : Ajoutez au moins à celui sur lequel vous croyez devoir rappeler l'attention de l'enfant quelque chose qui le complète, une difficulté nouvelle, une application des explications données. Il sera extrêmement intéressant, en comparant le premier devoir au second, de voir comment l'enseignement a profité, comment les explications ont été comprises, comment enfin l'enseignement progresse. Et dans ce cas, le cahier unique est le seul qui permette cette prompte et utile comparaison. Donc, sous ce deuxième rapport, vous n'êtes pas plus fondé que sous le premier à rejeter le cahier unique, que vous vous empresserez d'adopter si vous ne tenez pas à ce qu'on dise : Voilà un maître qui donne trop à l'écrit et pas assez à l'enseignement oral ; il se ménage, mais les progrès doivent s'en ressentir.

§ 5

Grammaire.

Dans ma pratique comme inspecteur, il m'a été demandé cent et cent fois d'indiquer quelle serait la méthode qui accélérerait les progrès en grammaire. C'est la matière sur laquelle nous passons le plus de temps , disent tous les maîtres, et c'est celle sur laquelle nous allons le plus lentement.

C'est que l'enseignement de la grammaire présente de nombreuses difficultés : s'il y a des règles fixes pour guider, il en est aussi d'incertaines; puis, tant d'exceptions viennent compliquer la règle et atteindre le principe, que si l'on ne procède pas avec infiniment de simplicité et de clarté, on risque fort de produire le chaos dans l'esprit de l'enfant, par suite le dégoût de l'élève pour un enseignement si compliqué et si dépourvu d'intérêt.

Ce ne sont pas cependant les méthodes qui font défaut, il y en a presque autant que de grammairiens, et Dieu sait quel en est le nombre. Parmi ces méthodes, il s'en trouve quelques-unes de bonnes et beaucoup de mauvaises. La pire de toutes est celle qui consiste à faire apprendre par cœur la grammaire aux enfants comme l'on apprend un morceau de récitation. Les maîtres sont conduits à procéder ainsi par les auteurs eux-mêmes, qui tous commencent par des abstractions dans leurs livres. Enseigner ce que sont les différentes sortes de lettres pour arriver bien vite aux différentes espèces de mots, ce sont là de vraies abstractions, et c'est ainsi que l'on commence partout.

Nous n'avons assurément pas la prétention d'apporter

ici une méthode qui sera parfaite; tant d'auteurs avant nous, et des plus compétents, ont exposé mieux que nous ne saurions le faire quels étaient les principes rationnels d'un bon enseignement grammatical, que ce n'est pas sans quelque hésitation que nous nous sommes mis à traiter cette question de l'enseignement de la grammaire. Mais ces auteurs ont peut-être été trop savants pour nous : ils ont envisagé l'enseignement de la langue à un point de vue où il ne saurait convenir de nous placer pour réussir dans nos écoles. Nous avons donc pensé que ce ne serait pas sans quelque utilité peut-être que nous indiquerions les moyens qu'il nous parait préférable d'employer pour enseigner la grammaire dans nos classes.

La méthode que nous allons proposer est la méthode intuitive, sur laquelle nous avons fondé tout notre enseignement. Il est inutile de la décrire une fois de plus. Depuis le commencement de ce livre nous l'avons assez recommandée, assez détaillée, assez appliquée pour que nos lecteurs la connaissent. Pourtant, avant de la mettre en pratique une fois de plus, il est nécessaire d'indiquer la marche que nous suivrons, marche qui en est la conséquence rationnelle et qui a besoin d'explications à cause de l'opposition logique qu'elle apporte dans l'ancien ordre suivi par les grammairiens.

Et d'abord nous commencerons notre cours gramma-tical par les plus jeunes enfants, ceux qui épellent à peine leurs lettres, mais qui toutefois ont l'intelligence assez ouverte pour recevoir sans trop d'aversion un enseignement bien expliqué.

A ces enfants nous n'enseignerons de prime abord ni les noms des lettres, ni la classification des mots; nous commencerons par leur apprendre les principes élémentaires d'analyse logique.

Cette façon de procéder va surprendre peut-être ; mais qu'on réfléchisse si ce commencement n'est pas plus naturel que tout autre. Ces enfants ne savent pas lire, mais ils savent causer. Tous forment des phrases dans leur langage : avant de leur apprendre à écrire correctement, ce qu'ils ne feront qu'après avoir appris à lire selon les règles, enseignons-leur à parler d'après les principes qui forment les fondements de notre langue. Expliquons-leur qu'on parle à l'aide de sons, que ces sons peuvent se représenter sur le papier à l'aide de lettres et que ces lettres assemblées forment des mots, enfin que ces mots groupés forment des phrases. Alors nous leur ferons voir comment il faut agencer les mots pour obtenir des phrases régulières, c'est-à-dire nous leur montrerons ce que c'est qu'un sujet, qu'un verbe, un attribut et un complément.

Si nous savons nous y prendre adroitement, ils seront enchantés d'exercer leurs jeunes esprits à grouper des sujets, des verbes et des attributs. Les plus studieux discuteront entre eux pour savoir quel mot est verbe, quel mot est sujet, quel mot attribut ou complément dans une phrase que l'un deux aura prononcée, soit en jouant, soit dans toute autre occupation. Et certes, ce résultat une fois atteint, les progrès croissants de nos élèves seront une preuve de l'attrait offert par une étude en apparence si aride. Ce sera alors le moment de chercher quels mots peuvent être verbes, sujets et attributs, nous serons appelés par là même à classer les mots. Quand nous les aurons divisés sous des noms différents, nous aurons placé dans la tête de l'enfant comme un squelette de grammaire, si je puis parler ainsi, et il ne nous restera plus, pour mener notre œuvre à bien, qu'à grouper autour de chaque partie du squelette les détails nécessaires pour former un corps complet.

Il est évident que cette manière de faire est en tout
point préférable à celle qui consiste à s'occuper d'abord
de chaque sorte de mots en particulier avec toutes les
règles qui ont rapport à cette même sorte. Toutefois une
comparaison fera mieux voir la différence. Que fait
l'architecte chargé d'édifier un bâtiment? Après avoir
posé les fondations, il élève les murs principaux, puis
il pose sa charpente. Voilà le squelette en quelque sorte,
de façon que toute personne désireuse de se rendre
compte de l'aménagement de la maison en comprendra
de suite les principales dispositions. Mais qu'un ouvrier
malavisé ait l'idée de n'élever d'abord qu'un pan de
mur de la maison ou de ne placer qu'une seule poutre de
la charpente, puis de grouper autour de ce pan et de
cette poutre tout ce qui doit s'y rattacher, outre le ridicule de cette manière de procéder et l'impossibilité matérielle qui y présiderait, ne verrions-nous pas tout le
monde critiquer l'ouvrage et trouver anormale cette
partie terminée, meublée, parachevée autour de cette
unique poutre et de ce pan de mur, tandis que le reste
sortirait à peine de terre? Or, qu'il s'agisse d'élever un
bâtiment sur le sol ou de construire dans l'esprit humain,
les lois de la logique ne sont-elles pas les mêmes? Nos
grammairiens commencent, il est vrai, par dire qu'il y a
dix espèces de mots, d'autres neuf, mais les enfants ne
savent ni pourquoi ni comment. Sans leur indiquer,
sans leur faire trouver à eux-mêmes, comme nous voulons qu'on procède, ils leur donnent des règles abstraites
sur chacune des espèces de mots, d'abord le nom, qu'ils
entourent des règles de genre et de nombre, puis l'adjectif et ainsi de suite. L'élève, qui ne voit aucune corré-
lation entre ces sortes de mots, se dégoûte promptement de la grammaire, dont le plan déroute la logique
enfantine inhérente à son esprit. La méthode intuitive

que nous proposons n'amène nullement ce résultat : nous n'enseignons rien à l'enfant sans lui dire pourquoi et lui prouver que nous choisissons la meilleure manière de faire. Bien mieux, nous n'avons pas de grammaire, point de méthode à nous ; c'est à l'enfant que nous la demandons, c'est lui que nous chargeons de trouver le meilleur moyen d'arriver à connaitre les ressources de notre langue, c'est lui que nous chargeons de fixer les règles : nous nous contentons de lui montrer ce qu'il sait déjà avec les conséquences impliquées par les principes qu'il connait, puis nous lui montrons le but à atteindre, c'est-à-dire la découverte de ce qu'il ne sait pas; enfin, nous lui demandons : « Que faire pour apprendre ceci qui est inconnu à l'aide de cela que vous connaissez? » Il est bien rare qu'il n'indique pas la méthode naturelle qui immanquablement le conduira au but. Du reste, nous l'aidons et le guidons, et nous voulons moins raisonner avec lui que l'amener à raisonner avec nous.

En résumé, c'est par quelques notions de syntaxe que nous commençons l'étude de la grammaire, car les enfants assemblent d'abord des mots et des phrases avant de connaitre le nom des mots et le rôle des phrases; or, comme nous cherchons toujours la méthode naturelle, nous acceptons celle qu'ils ont choisie naturellement avec peu de science et beaucoup de logique. Nous laissons l'autre méthode (celle qui consiste d'abord à étudier les lettres, puis les mots) aux étrangers désireux d'apprendre notre langue et aux élèves du premier cours qui, parvenus à une certaine force et connaissant le squelette grammatical, peuvent suivre sans danger la méthode ordinaire, étant donné ce qu'ils savent et ce qu'ils cherchent à savoir.

Voici, pour appliquer nos principes, une leçon modèle

de grammaire qui contient le canevas de plusieurs autres. Rappelons ici qu'en fait de grammaire, apprendre par cœur ce n'est rien, comprendre c'est tout.

Le maître s'adresse aux tout jeunes enfants ; ils savent à peine lire, donc aucun livre entre les mains. — Pierre, Comment faites-vous pour parler ?

L'enfant fort étonné ne répond point, et reste stupéfait lui-même de ne point trouver de réponse à une question aussi simple en apparence [1].

Le maître. — Pour parler, vous vous servez de sons assemblés ; ainsi *A* est un son, *papa* un assemblage de sons.

Pierre. — Oui, monsieur.

Le maître. — Mais quand vous lisez, vous émettez des sons à l'aide de la voix. Ces sons sont représentés sur le papier par des lettres dont chaque groupe forme un mot ; vous assemblez ces mots de manière à produire des phrases. Vous faites cela tous les jours, mon enfant, et si je vous l'explique à vous-même, c'est non pour vous l'apprendre, vous le savez déjà, mais pour décrire cette opération mieux que vous ne pourriez le faire, faute d'un peu d'habitude et d'exercice. — Mais maintenant, essayez de faire comme je viens de dire, et définissez-moi, Jacques, ce que c'est qu'un mot.

Jacques. — Un mot est une partie de phrase.

Le maître. — Sans doute, mais deux mots aussi sont une partie de phrase. Voyons, à quoi servent les mots ?

Jacques. — (Après un effort). A dire ce qu'on veut dire.

---

[1] Nous avons entendu des enfants faire des réponses analogues à celle-ci : « Monsieur, j'ouvre la bouche et ça parle. » Il faut bien se garder de rire de semblables réponses, mais s'en servir au contraire.

Pourquoi ouvrir la bouche ? — Pour émettre des sons. Donc, pour parler on émet des sons assemblés. Voilà ce qu'il faut faire saisir aux élèves.

Le maître. — Très bien ! c'est-à-dire à exprimer des idées; vous savez de plus qu'ils représentent des sons, que ces sons peuvent se reproduire sur le papier à l'aide de lettres. — Maintenant, Anselme, définissez-nous le mot d'une manière complète.

Anselme. — Un mot est un assemblage de lettres représentant des sons qui expriment des idées.

Le maître. — C'est cela. — Qu'est-ce qu'une phrase maintenant ?

Pierre. — Une phrase est un assemblage de mots.

Le maître. — Sans doute. De plus, les mots ne sont pas unis au hasard et sans suite. Ils ne signifient quelque chose que grâce à leur agencement. Or, il y a plusieurs manières de disposer les mots. Toutefois, une phrase, si simple qu'elle soit, contient toujours trois mots, soit exprimés, soit sous-entendus. Nous allons chercher ces trois parties dans une phrase que vous allez m'indiquer, une phrase très simple.

Amédée. — Papa aime maman.

Le maître. — Voilà une phrase très-simple. « Papa aime maman. » Eh bien, comment avez-vous fait pour exprimer l'idée que votre père avait de l'affection pour votre mère ?

Amédée. — Monsieur, je ne puis pas l'expliquer.

Le maître. — Vous avez conçu d'abord l'idée, puis vous avez cherché les mots qui correspondaient à chacune des parties de l'idée. Ainsi vous avez trouvé le mot papa pour exprimer l'idée que vous aviez et dont votre père faisait partie. Vous avez fait cela sans vous en douter en aucune sorte, à cause de l'habitude que vous avez; mais vous pouvez facilement vous rendre compte que ce que je dis est vrai.

Premièrement, vous avez eu une idée; si vous ne l'aviez pas eue, vous n'auriez pas pu l'exprimer.

Deuxièmement, vous avez cherché les mots pour la rendre, et vous les avez trouvés par suite de l'habitude. La preuve que l'on cherche les mots pour rendre des idées, c'est qu'il arrive souvent qu'on a conçu une idée, mais qu'on ne trouve pas le mot pour la rendre ; on dit alors : « Le mot m'échappe, j'ai le mot sur le bout de la langue, etc. » Cela ne vous est-il pas arrivé ?

Tous. — Oui, monsieur.

Troisièmement, enfin vous avez émis cette idée. Cela est vrai, puisque je vous ai entendu causer et que toute la classe a pu savoir comme moi que vous disiez :

« *Papa aime maman.* »

Ainsi, voici trois points bien distincts dont vous pouvez vous rendre compte à merveille. Quels sont-ils, Henri ?

Henri. — Nous commençons par concevoir une idée dans notre esprit, puis nous cherchons les mots pour la rendre, enfin nous l'exprimons au moyen du langage.

Le maître. — Très bien. Mais il ne suffit pas de savoir cela. Je voudrais que vous me dissiez maintenant si, après avoir trouvé les mots, vous les dites au hasard, sans suite, et surtout comment il faut les ordonner entre eux avant de les prononcer.

Henri. — Nous ne disons pas les mots au hasard, mais on les arrange... on les arrange...

Le maître. — D'après les lois nombreuses mais simples qui sont contenues dans la grammaire ; en général, on décompose chaque phrase en trois parties, comme je vous l'ai dit plus haut. Vous m'avez donné à examiner la phrase : « Papa aime maman ; » nous avons vu déjà la conception de l'idée, la recherche des mots ; voyons comment on les arrange.

Vous avez eu l'idée que votre père aimait votre mère ; vous nous apprenez que votre père fait une action, celle d'aimer, et vous nous faites connaître que la personne qu'il aime c'est votre mère. Le mot papa nous indique la personne qui fait une action ; le mot aime nous indique quelle sorte d'action ; et le mot maman la personne qui est l'objet de cette action. Vous voyez que pour former une phrase, il faut un mot qui fasse une action, un autre qui exprime quelle sorte d'action, et un autre qui soit l'objet de cette action. Le premier s'appelle sujet, le second verbe, le troisième complément.

Voilà pour l'agencement des parties.

Faire chercher le sujet, le verbe, le complément dans les phrases telles que : Louis bat Pierre, — Charles lit sa leçon, — Amédée regarde ce tableau, — Paul prend son livre, etc., etc. (oralement, bien entendu).

Mais à mon tour je vais vous proposer une phrase dont vous me trouverez le sujet, le verbe et le complément.

Louis est studieux.

Où est le mot qui fait l'action?

Un élève. — Louis.

Le maître. — Et le mot qui exprime cette action?

L'élève. — Est.

Le maître. — Le mot qui supporte cette action?

L'élève. — Studieux.

Le maître. — Eh bien! pas du tout ; le mot Louis ne fait pas une action, le mot est n'en exprime pas une, et le mot studieux n'est l'objet d'aucune.

En effet, être ce n'est pas agir. Si je dis Vous êtes, j'indique que vous êtes dans l'état de celui qui existe. Ce mot n'implique pas une action, il indique un état. De plus, studieux ne peut pas être l'objet d'une action, puisqu'il n'y en a pas d'exprimée. Il indique quel est l'état exprimé par le mot est et qui convient à Louis ; on dit alors que c'est un attribut. Ces trois mots forment une phrase comme les trois autres de tout à l'heure. On peut donc former une phrase avec trois mots dont l'un fera ou sera, l'autre exprimera l'action ou l'état, et le troisième sera l'objet de l'action ou déterminera un état. Le premier mot sera le sujet, le deuxième le verbe, et le troisième le complément ou l'attribut. Louis, définissez maintenant le sujet, le verbe et l'attribut.

Louis. — Le sujet est le mot qui est ou qui fait, le verbe est le mot qui exprime l'état ou l'action, le complément est le mot sur lequel retombe l'action exprimée par le verbe. L'attribut est le mot qui indique dans quel état est le sujet.

Le maître. — Bien. A une phrase qui contient un verbe, un sujet et un attribut ou un complément, on a donné un nom, on l'a appelée proposition et l'on a dit que la proposition était l'énonciation d'un jugement.

Étant enfant, quand mon maître m'a fait apprendre par cœur l'analyse logique, car c'est ainsi que l'on procédait alors, il m'a semblé, en voyant dans mon livre qu'une proposition était l'énonciation d'un jugement, qu'il s'agissait de juge et de jugés ; rien n'était pour moi moins clair, car je ne comprenais pas ce que des juges pouvaient venir faire dans l'analyse logique, mais d'un autre côté je ne m'expliquais pas qu'il y eût des jugements sans juges. Je posai des questions à mon maître à cet égard, qui me répondit que j'eusse à m'en tenir à ce qui était écrit dans ma grammaire. J'étais, après la réponse, aussi incertain et aussi perplexe qu'auparavant. Ce n'est point, mes enfants, la réponse que je vous ferai, s'il en est parmi vous dans l'esprit desquels cette définition de la proposition est peu compréhensible. Un jugement n'est pas toujours l'action de prononcer en justice une décision quelconque ; un jugement est encore une appréciation que nous avons sur telle chose, tel fait, telle personne, etc. ; quand nous faisons connaître cette appréciation, nous formons un jugement, et comme nous ne pouvons parler sans énoncer une proposition, on peut dire que la proposition est l'énoncé d'un jugement.

On dit encore qu'une proposition est une affirmation ; voyons si c'est vrai.

Jacques, dites-moi quelque chose.

Jacques. — Je suis en classe.

Le maître. — Vous voyez que vous affirmez que vous êtes ici.

Dites autre chose.

Jacques. — Je voudrais être savant.

Le maître. — Vous voyez encore que vous affirmez que vous avez le désir de savoir beaucoup de choses.

Donc, chaque proposition est un affirmation comme elle est l'énonciation d'un jugement.

Eh bien, nous allons, si vous le voulez, voir quels mots peuvent être sujets dans une proposition, puis nous chercherons ceux qui peuvent être verbes, enfin ceux qui sont susceptibles d'être compléments ou attributs. Après cela, nous verrons s'il n'y en a pas d'autres qui ne sont ni sujets, ni verbes, ni attributs. D'abord donnons des noms à tous ceux que [nous avons déjà vus :

Papa aime maman.

Qu'est-ce que c'est que papa, Louis?

Louis. — C'est un sujet.

Le maître. — Très bien. Mais nous pouvons dire que c'est un mot qui désigne une sorte de personnes... un père, n'est-ce pas? Autrement dit, ce mot nomme.

Comprenez-vous bien?

Jacques. — Non, monsieur.

Le maître. — Eh bien, je vais vous faire comprendre. J'ai ici deux photographies : l'une représente mon père, l'autre ma mère. Les voici devant vos yeux. Comment est-ce que j'appelle ce monsieur?

André. — Vous l'appelez votre père.

Le maître. — Ou plus familièrement papa ; de même que familièrement je donne à l'autre personne le nom de maman. Eh bien, Louis, comment appelez-vous un mot qui sert à désigner quelqu'un ?

Louis. — Ce sera peut-être bien un nom.

Le maître. — C'est cela. Ainsi le mot papa, qui sert à désigner un père, est un nom ; le mot homme, qui sert à désigner qu'elqu'un, est un nom ; maman est également un nom ; Louis, Jacques, Amédée, etc., sont des noms. De plus, il n'y a pas que les personnes qui aient des noms. Chaque être, chaque chose a besoin d'une dénomination qui la distingue des autres ; donc, tous les mots qui désigneront des personnes ou des choses seront des noms. — André, citez-moi des noms dans la classe.

André. — Table, tableau, encrier, crayon, poêle, etc.

Le maître. — Et en dehors de la classe, chez vous ?

André. — Lit, chien, vache, cheval, chat, rose.

Le maître. — Bien, mais il y a des noms qui désigneront toute une catégorie de personnes, d'êtres et de choses, comme fils, homme, fleur, etc. Il y en a d'autres qui ne désignent qu'une seule personne, une seule chose, un seul animal. Ainsi Louis ne désigne qu'un seul enfant, le Saint-Gothard qu'une seule montagne, etc. Nous appellerons ces noms des noms particuliers ou, comme dit la grammaire, des noms propres.

Jacques, citez-nous des noms propres.

Jacques. — Le mien, celui de mes condisciples, Pierre Paul, André, etc.

Le maître. — Et des noms comme France, les Pyrénées, l'Afrique, la Loire, etc.

Donc, nous pouvons déjà remarquer ceci :

Les noms peuvent être sujets.

Mais dans la phrase que vous m'avez dite, papa aime maman, nous avons encore un nom; lequel, Jean?

Jean. — Maman.

Le maître. — Donc, nous pouvons en conclure que le complément peut être aussi un nom. Enfin, nous avons un mot dans notre petite phrase qui n'est point un nom; nous avons dit que c'était un verbe. C'est le nom qui convient à tous les mots qui exprimeront une action ou indiqueront un état.

Paul, quelle est l'autre phrase que je vous ai citée?

Paul. — Louis est studieux.

Le maître. — Louis est le sujet, quelle espèce de mot est-ce?

Paul. — C'est un nom.

Le maître. — Et est?

Jacques. — C'est un verbe.

Le maître. — Et studieux?

André. — C'est un attribut.

Le maître. — Bien. Mais quelle est sa fonction?

Jules. — Il nous montre quelle qualité a Louis.

Le maître. — Très bien. Vous avez dit qualité. Eh bien, pour donner un nom à ce nouveau mot et à tous ceux qui exprimeront des qualités, si nous nous servions de ce mot qualité, ou plutôt d'un mot qui en vient, nous l'appellerons qualificatif. De plus, comme c'est un mot qui a besoin d'un nom, car seul il ne signifierait rien, comme aussi le nom en a besoin et qu'on l'ajoute à ce même nom, nous dirons que c'est un mot qu'on ajoute, un adjectif.

Studieux, attribut de Louis, est donc un adjectif qualificatif.

Anatole. — Monsieur, vous dites qu'il faut trois mots au moins pour former une proposition et qu'on ne peut pas parler sans faire une proposition; cependant, si je dis : Louis lit, cela ne fait que deux mots, et pourtant je n'ai pas besoin d'en ajouter un autre pour exprimer ce que je veux dire.

Le maître. — C'est fort bien raisonné, mon enfant; cette objection prouve que vous êtes attentif et que vous prenez intérêt à la leçon. Je vais vous répondre. La phrase que vous avez prononcée contient une proposition, qui renferme trois mots. Voici comment :

Quel est le sujet?

Alfred. — Louis.

Le maître. — Le verbe?

Alfred. — Lit.

Le maître. — Non, mon enfant; le verbe est est, car est peut se nommer le verbe par excellence, il est contenu dans tous les autres, et il ne peut exister aucune affirmation sans lui. Tous les autres verbes peuvent se décomposer en deux parties dont l'une est le verbe être, et l'autre un adjectif formé du verbe décomposé et qui devient attribut du sujet.

Ainsi la proposition Louis lit, devient celle-ci :

Louis, nom sujet.

Est, verbe.

Lisant, qualificatif tiré du verbe.

Les qualificatifs tirés des verbes se nomment généralement participes.

Joseph. — Mais dans la phrase : Papa aime maman, je ne vois pas d'attribut.

Le maître. — Abel, répondez à Joseph.

Abel. — Le maître nous a dit en commençant qu'une proposition comprenait trois termes, un sujet, un verbe, un complément ou un attribut. Le mot maman qui n'est pas attribut est complément.

Le maître. — Très bien. Mais je vous ai parlé ainsi en commençant. Maintenant que vous êtes plus avancés, vous pourriez voir que toute proposition se ramène à un sujet, un verbe et un attribut. Le complément se rattache alors à l'attribut.

Alfred, décomposez la phrase : Papa aime maman, en indiquant le sujet, le verbe, l'attribut et le complément.

Alfred. — Je ne saurais le faire.

Le maître. — C'est pourtant en m'adressant plus spécialement à vous que j'ai décomposé la phrase : Louis lit.

Alfred. — Ah !... on peut dire ainsi :
Papa est aimant maman.

Le maître. — Bien. Avez-vous tous compris?

Tous. — Oui, monsieur.

Le maître. — Anatole, décomposez-nous la phrase suivante, qui ne contient qu'un mot. Je m'adresse à Grégoire et je lui dis : Va. Où est le sujet, le verbe et l'attribut?

Anatole. — Le sujet n'est pas dans la phrase, le verbe est est, et l'attribut allant.

Le maître. — Il y a du bon et du mauvais dans votre réponse. Quand le sujet n'est pas dans la phrase, on dit qu'il est sous-entendu. L'attribut est bien allant; mais le verbe n'est point est; ce n'est point cette forme-là, c'est une autre que vous allez trouver tout seul.

Tenez, Pierre, quand votre père s'adresse à vous et vous dit d'être sage, comment s'exprime-t-il? Répétez les mots vous-même.

Pierre. — Il me dit : Pierre, sois sage.

Le maître. — Ah ! voyez-vous, Anatole, le papa de Pierre ne lui dit pas : Pierre est sage, il lui dit : Pierre, sois sage. C'est une forme du verbe être que vous apprendrez; on l'emploie quand on s'adresse à quelqu'un pour lui ordonner de faire quelque chose ou pour le prier. Eh bien, quand j'ai dit à Grégoire : Va, j'ai employé cette forme, de sorte que la proposition se décompose ainsi :

Sujet : Grégoire, nom sous-entendu.

Verbe : Sois, forme du verbe.

Attribut : Allant, participe.

Pour me prouvez que vous avez compris, mes enfants, décomposez-moi cette proposition : partez.

Les enfants. — Sujet sous-entendu : Enfants.

Verbe : Soyez.

Attribut : Partant.

Le maître. — C'est bien. La prochaine fois, nous verrons qu'il y a des mots qu'on peut mettre à la place des noms, et qui s'appellent pronoms. Ainsi, à la place de enfants, je puis dire vous, à la place de quelqu'un je peux mettre il, eux ou elles, etc. Nous verrons cela en étudiant d'autres phrases.

Les maîtres peuvent voir par cette leçon la marche que nous leur indiquons de suivre. Nous apprenons ainsi le nom des mots et les règles qui les concernent, sans faire une abstraction ; nous arrivons aux différentes formes des verbes, c'est-à-dire aux conjugaisons, par les lois qu'impose notre langage ; nous ne nous attardons point à faire décliner les temps des verbes sans donner une phrase ; cet exercice, le plus fastidieux de tous, devient ainsi doublement profitable ; toujours il a sa signification, et toujours nous l'avons empruntée aux faits et aux choses que connaît l'enfant. D'autre part, les petits exercices écrits que nous choisissons ont toujours pour but l'application d'une règle expliquée à l'aide des choses ; de sorte que jamais la règle n'est donnée comme une formule ; elle est la conséquence de l'exercice auquel les élèves ont été appliqués, et non le commencement ; ce n'est pas une énigme, c'est un corollaire.

Comme nous l'avons dit, c'est d'abord par l'analyse logique ou mieux syntaxique que nous avons commencé notre étude de la grammaire. Rien n'est plus rationnel ; c'est par l'étude des idées qu'on doit arriver à l'étude de la contexture des mots. Il est impossible, si l'on ne commence pas par analyser la pensée qu'exprime une phrase, d'arriver à définir le rôle de certaines espèces de mots comme la préposition et la conjonction, car ce rôle ne se comprend bien que si l'on a une connaissance suffisante de la proposition et des termes qui la composent.

L'analyse grammaticale peut succéder avec fruit alors à l'analyse logique. Nous ne saurions trop recommander pour cette analyse, comme pour l'analyse logique, de se montrer extrêmement sobre d'exercices écrits. On ne peut, nous le savons, proscrire absolument ces exercices ; les maîtres y trouvent l'avantage d'appeler d'une façon plus spéciale l'attention de l'enfant sur les leçons faites oralement ; mais qu'ils réservent les exercices écrits pour des récapitulations et des compositions, ce sera assez.

Il est clair que, suivant la force des élèves et le but que se propose le maître, les exercices d'analyse grammaticale varieront beaucoup. Au début, l'analyse sera presque toujours une analyse partielle, c'est-à-dire qu'elle ne s'appliquera à considérer dans une phrase ou dans un ensemble de phrases que tel ou tel élément, telle ou telle espèce de mots. Plus tard, l'analyse deviendra générale ou, si l'on aime mieux, complète, parce qu'elle rendra compte, après avoir parlé de la nature et de l'espèce des mots, de leur fonction dans la phrase. Nous n'avons pas à recommander de procédés particuliers pour l'analyse grammaticale ; nous prenons seulement la liberté de condamner ces signes conventionnel à l'aide desquels certains grammairiens désignent les mots dans les analyses; ainsi ╋ une croix désigne un adjectif; ♯ un dièse, un adverbe; ‖ deux traits verticaux une conjonction. Si l'on veut employer des signes abréviatifs, que l'on choisisse ceux de la sténographie qui sont au moins d'une utilité générale, et non ces signes particuliers qui compliquent la difficulté dans l'esprit des enfants et ne peuvent servir qu'en analyse.

Nous préférons les mots écrits en abrégé de la façon que voici :

Papa	n. com. masc. sing., s. de *ira*.
ira	3e pers. sing. futur simple du verbe irrég. neutre *aller, allant, allé, je vais, j'allai*.
demain	adv. de temps se rapporte à *ira*.
à	prép. marque le rapport de *ira* à *chasse*.
la	art. s. fém. sing. dét. *chasse*.
chasse.	n. com. fém. sing. comp. ind. de *ira*.

En analysant le verbe, nous avons commencé par la personne, laquelle nous est indiquée par la terminaison, c'est, il nous semble, ce qui d'abord frappe; c'est donc, à notre avis, l'ordre naturel.

En analyse logique, moins on emploiera de termes techniques, moins on aura de recettes pour expliquer l'inexplicable, moins on aura de subdivisions délicates, plus on se rapprochera de la vraie et bonne méthode. Ce n'est pas à dire que les questions de nomenclature n'aient pas leur importance; s'il ne faut pas faire de la métaphysique, il ne faut pas non plus reculer devant certaines divisions et certaines appellations. On a ri des compléments circonstanciels; on a raillé les incidentes, mais que les critiques nous enseignent à nous passer de ces définitions, les longues circonlocutions par lesquelles ils les remplacent sont cent fois plus obscures; nous

nous en tenons donc à ces simples termes. Est-il donc si difficile d'ailleurs de faire comprendre à un enfant que l'incidente se rattache à un des mots de la phrase, comme l'adjectif au nom. Exemple : Un homme qui est las, c'est pour : Un homme fatigué. Il semble que rien n'est plus simple.

Le but qu'on se propose par l'analyse logique, c'est d'amener l'enfant à l'intelligence complète du sens des phrases. Il faut commencer alors par des phrases simples ; quand il s'y est suffisamment exercé, il comprendra promptement des phrases plus difficiles ; mais encore une fois ne cherchons pas à expliquer l'inexplicable. La plupart des gallicismes, par exemple, sont dans ce cas. Constatons-les quand nous les rencontrons dans une phrase et expliquons-en la signification, c'est tout ce que nous devons vouloir. Exemple : C'est un méchant enfant que cet élève. Cette phrase renferme un gallicisme, c'est que : il a pour objet de donner plus de force à l'affirmation en mettant l'attribut à la place du sujet, c'est comme s'il y avait : Cet élève est un enfant méchant. Il nous semble qu'il n'y a pas à aller au delà pour nous. Nous ferons les mêmes observations pour les elliptiques. Les mots nouveautés, boulangerie, épicerie, toutes les enseignes en général, constituent des elliptiques qu'il est bon d'expliquer aux enfants, mais fort simplement : nouveautés, est mis pour, on vend ici des étoffes à la mode, proposition facile à expliquer. Ainsi des autres.

C'est à l'aide de l'analyse logique qu'on apprend aux élèves les règles de la ponctuation. Il n'y a pas de meilleur moyen pour la leur enseigner ; aussi n'attendons pas d'avoir vu toute la grammaire pour en parler. Les grammairiens ont relégué la ponctuation à la dernière page, mais ils seraient bien embarrassés de dire pourquoi et surtout de justifier cette place pour ce chapitre. Dès que l'enfant sait parler, dès qu'il peut construire la moindre phrase, il emploie un ou plusieurs signes de ponctuation. Suivons donc là encore l'ordre naturel.

L'analyse logique et l'analyse grammaticale sont les seules dont on se serve jusqu'ici dans nos écoles pour apprendre la grammaire, et c'est déjà beaucoup, disent les maîtres, car il faut faire des dictées, beaucoup de dictées, et cela est exact; mais ces deux sortes d'analyse sont-elles suffisantes? L'analyse logique apprend, il est vrai, à connaître le rapport des propositions entre elles et prépare les enfants à de petits exercices de composition; l'analyse grammaticale enseigne le rapport des mots entre eux et initie à l'orthographe. Mais est-ce tout? n'importe-t-il pas que les enfants aient une idée du sens et de la signification des mots, de leur nature et de leur origine; qu'ils sachent un peu les classer par famille et comme primitifs, dérivés ou composés? Quel est donc le genre d'exercice qui pourra leur faire acquérir ces connaissances? Une troisième sorte d'analyse qu'on nomme l'analyse étymologique.

Évidemment il ne s'agit pas dans cette analyse de faire preuve de science linguistique ni d'érudition, il ne faut pas se livrer à des fantaisies hypothétiques : le maître ne devra paraître ni curieux ni conjectural, ni savant dans ses recherches; mais, à notre avis, il pourra s'attacher avec beaucoup d'efficacité pour son enseignement de la langue à indiquer les principales familles de mots, à exercer les élèves à retrouver des radicaux identiques dans des mots différents. Il y aura intérêt sûrement à faire remarquer le sens des mots terminés par *able*, *age* ou *ée*, par exemple, ou la signification de ceux qui sont précédés des préfixes *in*, *im*, *dé*, *ré*, *pré*. Ce sont là des notions usuelles qui sont bien du ressort de l'enseignement primaire. Par conséquent, une étude simple des préfixes et des suffixes ne nous parait pas superflue; il est toujours facile, au reste, de la maintenir dans le cadre même de l'enseignement qu'il s'agit de départir. L'analyse étymologique se justifie donc pour nos écoles. Comment se devront faire ces exercices? Oralement, c'est notre avis, et à propos de la lecture et dans les dictées. Nous allons, pour guider les maîtres, donner un exemple de la façon dont, selon nous, on doit entendre l'analyse étymologique.

Soit à analyser cette phrase :

La rivière déborde et inonde la vallée.

Rappelons d'abord qu'analyser étymologiquement c'est considérer isolément les mots pour ne s'occuper que de leur signification et de leur formation.

Rivière, nom de chose, formé de rive au moyen du suffixe féminin ière, comme dans théière, etc.

Déborder, verbe formé du nom bord et du préfixe dé qui signifie ici éloignement : déborder, c'est passer au-dessus des bords.

Inonder, verbe formé du substantif onde et du préfixe in, qui signifie dans, et qui a souvent la forme en, comme dans encaver. Inonder signifie couvrir par les ondes, c'est-à-dire les eaux.

Vallée, nom de chose tiré de val, au moyen du suffixe ée, qui exprime une idée de capacité, quelque chose d'entier, de plein; comme charretée, une pleine charrette, soirée, tout un soir, etc.

Dans toute école bien dirigée, les exercices d'analyse grammaticale, logique et étymologique, doivent appeler des exercices en sens inverse, c'est-à-dire une synthèse. Ce travail de recomposition est à la fois le complément et le correctif de celui de décomposition auquel on s'est livré par l'analyse. C'est une question très importante dans l'école que ce parallélisme des exercices d'analyse et de synthèse, les maîtres doivent donc y apporter une sérieuse attention.

Comme exemples des exercices nous ne donnerons que de simples indications.

A une phrase où l'on a donné à analyser des adjectifs et des pronoms, opposer une autre phrase où il faudra employer ces mêmes adjectifs et ces mêmes pronoms.

A des primitifs qu'on a dû chercher, trouver des dérivés, etc.

Les trois sortes d'analyse dont nous venons de nous occuper ne constituent point l'ensemble des moyens qui peuvent nous faire compléter notre étude de la langue : nos élèves doivent apprendre à connaître certains morceaux de nos bons auteurs ; ils ont à réciter des fables de La Fontaine particulièrement ou de petits morceaux de littérature tirés d'auteurs divers; il faut qu'ils puissent les comprendre et, dans une mesure restreinte et suffisante, les apprécier. Mais pour cela il est indispensable qu'ils fassent un peu d'analyse littéraire.

En prononçant ce mot, qu'on trouvera prétentieux pour nous probablement, il est loin de ma pensée de vouloir que nos instituteurs procèdent dans ces exercices comme l'on fait dans l'enseignement secondaire : leurs classes ne sont pas des classes de rhétorique, et leurs enfants des élèves qui ont à faire des parallèles avec ce qu'on appelle les classiques de l'antiquité, nous n'avons à nous occuper que de nos auteurs français. Je sais bien qu'on peut objecter que notre langue et par suite notre littérature sont tellement pénétrées des souvenirs classiques, qu'il est difficile, sinon impossible d'en saisir toutes les délicatesses et toutes les nuances sans avoir fait des études de latin et de grec.

Il y a là du vrai, c'est incontestable. Toutefois disons

aussi que nos grands écrivains, c'est leur mérite et leur gloire, se sont assez rapprochés du bon sens et de la nature pour être compris par tous. Il ne faut donc par suite que du jugement et du cœur pour les sentir, les comprendre et les admirer.

Notre tâche en analyse littéraire est alors toute tracée: peu de détails dans les recherches : les finesses et les subtilités littéraires ne sont point notre fait; allons à l'idée; que nos morceaux à analyser soient simples, comparons entre eux plusieurs morceaux, et que ce soit surtout au bon sens que nous nous adressions; à cette condition, nous formerons le jugement de nos élèves, nous ornerons leur mémoire, nous éveillerons leur imagination et nous leur donnerons du goût, ce qui importe tant pour le choix des lectures.

Voici au reste un modèle que nous donnons pour faire bien comprendre comment nous entendons l'analyse littéraire dans l'école.

LA FEUILLE

De ta tige détachée,
Pauvre feuille desséchée,
Où vas-tu? — Je n'en sais rien :
L'orage a frappé le chêne
Qui seul était mon soutien ;
De son inconstante haleine,
Le zéphir ou l'aquilon
Depuis ce jour me promène
De la forêt à la plaine,
De la montagne au vallon.
Je vais où le vent me mène,
Sans me plaindre ou m'effrayer;
Je vais où va toute chose,
Où va la feuille de rose
Et la feuille de laurier.

ARNAULT.

Le maître. — Nous allons, mes enfants, analyser ce petit morceau au point de vue littéraire. Vous ne savez pas encore ce que c'est que l'analyse littéraire, ne vous effrayez pas du mot. L'analyse littéraire est l'exercice qui consiste à examiner un morceau pour savoir ce qu'il vaut comme style et comme pensées.

L'analyse littéraire comprend donc deux opérations essentielles :

Premièrement, le compte rendu succinct, bien divisé et très clair du morceau;

Deuxièmement, l'appréciation qui juge la manière dont l'auteur s'est acquitté de son œuvre et qui est l'essence même de la critique littéraire.

Lisez, Henri, cette pièce de vers. — Henri lit.

Le maître. — Maintenant fermez tous vos livres. Et vous, Léon, racontez-nous ce que vous avez lu.

Léon. — Le poète parle à une feuille sèche que le vent emporte, il lui demande d'où elle vient. La feuille répond que l'orage l'a détachée du chêne et que depuis elle vole indécise au gré de la brise et de l'aquilon. Mais elle ne se plaint ni ne s'effraie; elle s'en va où s'en va la feuille de rose et la feuille de laurier.

Le maître. — Bien. Ouvrez vos livres. Nous venons de dire que pour faire une analyse littéraire, il fallait d'abord rendre compte du morceau à analyser, et qu'ensuite l'on devait apprécier la manière dont l'auteur s'était acquitté de sa tâche. Mais pour apprécier convenablement, il est indispensable de noter d'abord l'impression générale qu'a fait naître en nous la pièce à juger. Eh bien, quel sentiment s'est éveillé en vous à la première lecture, André?

André. — Je me suis senti intéressé au sort de cette feuille; il m'a semblé que je la plaignais; aux derniers vers j'ai éprouvé un sentiment de regret.

Le maître. — Pourriez-vous dire pourquoi ?

André. — Il faudrait que je relusse le morceau.

Le maître. — Relisez.

André. — Je me suis senti intéressé au sort de la feuille parce que le poète semble la plaindre.

Le maître. — L'auteur a-t-il des raisons pour la plaindre ?

André et les autres se taisent.

Le maître. — Eh ! sans doute ! Dans ses vers, il nous donne des détails touchants sur elles. — *De ta tige détachée*, dit-il. Nous la trouvons à plaindre parce qu'elle est détachée de sa tige. — *Pauvre feuille desséchée !* Il la nomme pauvre et nous la montre sans sève et sans vie. Elle ignore où elle va. En racontant ses malheurs, elle nous touche davantage encore. L'orage a brisé le chêne qui seul était son soutien : elle va depuis sans but de la forêt à la plaine, de la montagne au vallon. Il semble que tout est fini pour elle, qu'elle n'ait plus qu'à s'abandonner à son sort. Enfin, ses malheurs nous semblent plus grands parce qu'elle est plus résignée : *Je vais où le vent me mène*, dit-elle, *Sans me plaindre ou m'effrayer.*

Quant au sentiment de regret éprouvé à la lecture des deux derniers vers, il vient de ce que le poète personnifie nos plaisirs et nos gloires, et nous les montre prenant le même chemin que la feuille sèche, chemin de mort par où disparaît toute chose. Elle dit, en effet :

> *Je vais où va toute chose,*
> *Où va la feuille de rose*
> *Et la feuille de laurier.*

Voilà, mes enfants, ce que nous pouvons dire sur ce sujet. Quelqu'un peut-il m'en indiquer les divisions, c'est-à-dire le plan ?

Noël. — Je crois, monsieur, que ce plan est simple, et que le morceau se divise en deux parties :

Premièrement, les interrogations à la feuille ;

Secondement, les réponses de la feuille.

Le maître. — C'est cela. Paul, voudriez-vous maintenant en apprécier le mérite littéraire, le style ?

Paul. — Monsieur, je suis embarrassé.

Le maître. — Un autre ?

Personne ne répond.

Le maître. — Eh bien, voici ce qu'on peut dire :

Le style est très simple et très poétique ; les détails sont accumulés avec une douce mélancolie. Les vers les plus heureux me paraissent être :

Où vas-tu ? — Je n'en sais rien.

La rapidité de la question et celle de la réponse frappent plus que tout préambule et tout développement.

Enfin, les deux derniers vers sont harmonieux et plus heureux encore, car, par l'image de la rose et du laurier, qui sont les emblèmes du plaisir et de la gloire, le poète nous montre la vanité de ces choses si désirées, qui, après qu'on les a atteintes, disparaissent comme la feuille sèche. Cela revient à dire : le plaisir et la gloire sont éphémères, il ne faut pas en faire plus de cas que d'une feuille emportée par le vent.

C'est là la moralité de cette petite pièce fort poétiquement exprimée.

Ainsi vous voyez que, comme je vous le disais, l'analyse littéraire n'a pas de quoi effrayer, mais qu'en revanche elle présente un bien réel et bien attachant intérêt. Appliquons les mêmes règles à l'examen de tout morceau que nous voudrons analyser ; elles sont fondées, je le répète, sur le sentiment qu'on éprouve à la lecture d'abord, et ensuite sur l'appréciation qu'on porte sur la manière dont l'auteur a écrit, et enfin sur la moralité du tout.

Nous venons de nous occuper longuement de grammaire et d'analyse, et cependant, dans la vie pratique, on n'a ni grammaire à réciter ni analyse à expliquer. Pourquoi s'être alors autant appesanti sur des points qui n'auront pas d'application dans nos besoins? — Pourquoi! on le sait; c'est pour arriver à connaître sa langue, pour être à même de l'écrire d'une façon passable. Car, qui que l'on soit, on aura sûrement au moins des lettres à écrire, et, dans ces lettres, à traiter les sujets les plus divers; on aura enfin à composer de petits morceaux de français. Nous pensons donc que notre leçon sur l'enseignement de la grammaire serait incomplète, si nous ne terminions pas ce que nous avions à dire touchant l'étude de notre langue par l'indication de quelques principes concernant ce qu'on appelle les devoirs de style.

S'il est d'ailleurs un genre d'exercice scolaire qui permette à un haut degré d'apprécier les progrès d'un élève dans la langue française, c'est bien le devoir de style. Ces devoirs ont en outre l'avantage de développer parfois des dispositions littéraires précieuses, et d'exercer l'intelligence dans un art délicat dont la culture peut être plus tard, pour certains élèves devenus hommes, une source de jouissances immatérielles des plus pures et des plus vives. Assez d'autres avant nous ont vanté le charme des occupations artistiques; nous n'y reviendrons pas. Au reste, l'art doit être à l'école si rudimentaire, le temps fixé pour s'y livrer est si restreint, que notre cadre pédagogique ne comporte pas de règles bien étendues. Mais nous devons songer à ce que sera notre élève plus tard, je l'ai déjà dit souvent; et si nous pouvions déterminer chez les plus forts le goût des occupations littéraires; si nous pouvions tourner vers les délassements de l'esprit ce besoin qu'ont les enfants et les hommes de distractions et de plaisirs, nous aurions accompli une partie de notre tâche d'éducateurs et nous aurions droit à la reconnaisance de notre patrie. Rien, en effet, ne sera plus propre à la régénérer, avec l'observance stricte des saines lois de la morale, que le goût savamment inculqué des plaisirs littéraires.

Ce goût, la plupart des instituteurs l'ont, je veux le croire; il est donc inutile de nous étendre davantage sur ce sujet, nous parlerions à des convaincus : mais autre chose est de croire à l'efficacité de la littérature sur un peuple, et autre chose d'enseigner à écrire en bon français, avec goût.

Voici la méthode que nous conseillons au maître de suivre pour obtenir quelques résultats sous ce rapport avec les enfants.

Dès que les élèves seront à même d'aligner leurs lettres et de former des mots lisibles, on devra les exercer à écrire en français. Quelques maîtres vont sans doute trouver que c'est commencer bien tôt, mais je les prie de réfléchir. Nos élèves ont appris déjà à parler et à former des phrases correctes, grâce aux premières notions de syntaxe que nous leur avons données. Les petits devoirs de style que nous proposons seront l'explication et la sanction de nos leçons. Pour les plus grands, ce sera non seulement cela, mais encore l'application et la sanction des exercices d'analyses littéraires que nous leur aurons fait faire. Pour les élèves qui se partagent entre les plus faibles et les plus forts, ces devoirs seront l'occasion de nombreuses remarques grammaticales, littéraires, etc. Pour tous enfin, ils constitueront un moyen sérieux de développer l'imagination et le goût.

C'est par les élèves qui écrivent à peine que nous commençons, avons-nous dit : ce groupe d'élèves formera le cours des commençants; nous aurons un premier cours, celui des grands, et enfin un cours intermédiaire entre les deux autres.

Nous donnons plus loin le même sujet traité par les commençants et par les plus forts.

Les exercices de style consisteront surtout en lettres et en récits. Nous laisserons nos élèves juges de ce qu'ils ont à écrire; nous les aiderons néanmoins le plus possible, mais en ayant soin de ne jamais leur imposer ni même leur proposer de phrases toutes faites ou des expressions choisies d'avance; ce travail fera partie de la correction des devoirs. Où notre intervention devra se faire sentir, ce sera surtout dans la détermination d'un plan dont nous expliquerons la nécessité. Nous procéderons par interrogations pour démontrer aux élèves quelles idées font plus spécialement partie du sujet, quelles autres sont secondaires, nous agirons de même pour le choix des détails qui peuvent exciter l'intérêt dans un récit. Enfin, nous prendrons bien garde à ce que nos élèves soient constamment vrais et sincères dans tout ce qu'ils écriront. Les plus grands, en effet, donneraient fréquemment des fragments écrits sans bonne foi : les phrases appellent les phrases, ils se laisseraient facilement entraîner à écrire au gré de leur imagination. Il faut que chaque proposition soit l'expression d'une pensée, d'un sentiment, d'un souvenir exact, jugé et senti par l'enfant.

Modèle de leçon.

Le maître. - Mes enfants, nous allons nous occuper à écrire en français, non point à mouler des lettres, mais à former des phrases qui soient l'expression de notre pensée.

Nous apprenons chaque jour à parler correctement : pour écrire, au lieu de prononcer des paroles, nous alignerons des mots. Les mêmes règles, surtout pour vous, mes enfants, s'appliquent à la langue parlée et à la langue écrite.

Nous commencerons par un petit récit. Nous allons faire un voyage, puis nous le raconterons. Mais quel voyage ? Un auteur que vous lirez plus tard a composé pour les enfants un livre très amusant, sous ce titre : « Voyage autour du monde en quatre-vingts jours. » Nous ne pouvons écrire un livre ni faire un voyage. Un autre auteur a écrit un spirituel petit livre, avec ce titre : « Voyage autour de ma chambre. » Voici déjà un sujet plus à notre portée. Mais celui que je propose nous conviendra mieux encore ; voici le titre que je juge le plus propre à être traité par nous :

Voyage autour de la classe.

Ce grand mot voyage excite votre rire, appliqué aux quelques pas que nous aurons à faire. Certes, nous n'aurons besoin ni de chemin de fer ni de voiture ; mais je crois que nous rencontrerons tant de choses que vraiment c'est toute une relation qu'il nous faudrait écrire. Eh bien donc, Louis, en route, et sans quitter votre place promenez vos yeux autour de vous ; commencez par la chaire, pour y revenir après avoir fait le tour de la classe ; que voyez-vous ?

Louis. — Mais, monsieur, je vois bien des choses. Je voudrais commencer par celle qui est la plus utile, mais toutes le sont beaucoup, je suis bien embarrassé.

Le maître. — Eh bien, voilà un commencement : je suis très embarrassé. Écrivez cela et dites pourquoi.

Louis, écrivant. — Je suis très embarrassé pour décrire les objets qui font partie de la classe. Tous sont très nombreux et très utiles.

Le maître. — Bien. Maintenant, dites ce qui est devant vous, puis vous passerez à ce qui est derrière, enfin à ce qui est à votre droite, puis à votre gauche.

Louis, écrivant. — D'abord, devant moi, j'ai la chaire du maître avec, d'un côté, le grand tableau noir près de la porte d'entrée; et de l'autre la bibliothèque scolaire; au-dessus de celle-ci se trouve le globe terrestre. Derrière moi le mur est couvert de belles cartes murales. A droite et à gauche sont pendus aux murs des tableaux de lecture, et plus haut on voit de beaux dessins représentant des animaux.

Le maître. — Bien. Maintenant, pour finir, quelques mots sur l'ensemble.

Louis. — Partout règnent l'ordre et les marques du travail.

Le maître. — Très bien.

Eh bien, vous voyez que ce n'est pas aussi difficile que vous le supposiez. Pour devoir, vous me ferez le récit de votre

Promenade de jeudi dans la forêt.

3ᵉ COURS
Enfants de 13 ans.

Le maître. — Jacques, quel est le but de tout récit?

Jacques. — C'est d'intéresser ceux à qui il s'adresse.

Le maître. — Bien. De sorte qu'une nomenclature des

objets placés dans une classe, et qui sont à peu près les
mêmes partout, est loin d'être intéressante. Il est donc
nécessaire d'y introduire un élément qui attire le lecteur. Ce qui nous intéresse, nous tous, ce sont les
pensées et les sentiments qui naissent et grandissent en
nous au contact journalier des objets. Si donc vous aviez
à décrire l'intérieur d'une école, vous feriez bien d'animer votre description en y ajoutant les sentiments qui
vous animent à la vue de tout ce qui compose le matériel scolaire. Eh bien, à l'œuvre ; nous allons reprendre
le petit récit que nous avons fait dans le premier cours,
et vous développerez chaque paragraphe.

L'ÉCOLE

Je suis très embarrassé pour décrire les objets qui
font partie de la classe, tous sont très nombreux et très
utiles :

D'abord, devant moi, j'ai la chaire du maitre avec,
d'un côté, le grand tableau noir près de la porte d'entrée
et de l'autre la bibliothèque scolaire ; au-dessus de celle-c
se trouve le globe terrestre.

Derrière moi, le mur est couvert de grandes cartes
murales. A droite et à gauche sont pendus aux murs les
tableaux de lecture, et plus haut on voit de beaux
dessins représentant la plupart des animaux.

Partout règnent l'ordre et les indices du travail.

Le maître. — Voyons, il nous faut d'abord un
commencement. Le commencement est quelquefois très
difficile. Si vous supposiez que, votre travail fini, vous
levez les yeux en classe et considérez les objets qui vous
environnent ? Cela vous arrive-t-il ?

Jacques. — Oui, monsieur, souvent.

Le maître. — Eh bien, commencez comme cela.

Jacques, écrivant. — Il m'est arrivé souvent, au milieu du silence de la classe, alors que tous les élèves étaient encore penchés sur leur travail, de lever les yeux et de considérer les objets qui m'entourent.

Le maître. — Bien. Continuez en décrivant ces objets et en développant, comme nous avons dit, les phases du récit.

Jacques. — Ils sont très nombreux et tous servent chaque jour. Leur grand nombre ne m'a jamais effrayé, et c'est au contraire avec plaisir que je me rappelle comment ils m'ont été utiles et les efforts que j'ai faits en travaillant avec eux.

Le maître. — Continuez.

Jacques. — D'abord en face de moi s'élève la chaire du maitre. C'est de là que, s'occupant de toute la classe, tour à tour louant ou blâmant, toujours empressé et zélé, notre bon maître veille sur nous et nous instruit patiemment. Auprès de la chaire, près de la porte d'entrée, se dresse le grand tableau noir. C'est sur ce grand tableau que j'ai aligné mes premiers chiffres et péniblement élaboré mes premières additions ; longtemps je lui en ai voulu à cette planche noire. Aujourd'hui, plus avancé et plus raisonnable, elle ne me fait plus si peur, mais j'y reste parfois encore embarrassé.

Le maître. — A la bonne heure !

Jacques. — De l'autre côté de la chaire, appuyée au mur, se trouve une grande armoire vitrée. A travers les carreaux, je puis voir alignés sur les rayons des livres de tous les formats et de toutes les couleurs : c'est notre bibliothèque scolaire. Oh ! c'est bien là le meuble que je préfère. Sa vue ne me rappelle qu'un devoir bien fait, une sagesse exemplaire ou quelque action méritoire. C'est de là, en effet, que l'instituteur, quand nous avons été tous laborieux, tire un beau volume et nous lit des pages qui nous rendent attentifs, et qui font qu'ensuite nous avons plus envie de travailler. Je ne sais pas si c'est là l'effet produit sur tous mes condisciples; mais, pour mon compte, après une bonne lecture je me sens deux fois meilleur.

Au-dessus de la bibliothèque se trouve le globe terrestre. Combien cette forme ronde m'a intrigué de fois alors que j'étais plus jeune! Maintenant je connais son usage; et, lorsqu'on ôte à la sphère sa robe de toile verte qui la défend de la poussière, je me prends à réfléchir que cette boule ronde est des millions de fois plus petite que la terre, que nous ne sommes qu'un point presque invisible par rapport à la masse de notre planète, qu'il y a des milliards d'astres tournant sans cesse avec la terre dans le ciel, que toutes ces choses ne se sont point ainsi créées et ordonnées seules, et qu'enfin celui qui en est l'auteur est bien grand et bien puissant.

Le maître. — Parfait, Jacques!

Jacques. — Les mêmes réflexions surgissent en moi lorsque je regarde les cartes murales appendues au mur qui fait face à la chaire. Seulement, je me dis encore en les voyant que tous ces pays immenses qu'elles représentent n'ont pas tous, comme en France, des écoles où nous pouvons nous instruire. Je me souviens des récits que nous a faits notre bon maître sur les peuplades de l'Afrique centrale; je songe aux cannibales et je me trouve bien heureux d'être né Français. Alors il m'arrive souvent de me rapprocher de mon condisciple et de jeter les yeux autour de moi, de songer à mes parents, à tous les Français, et de me dire : Je veux bien travailler et tâcher de conserver leur affection à tous.

Les cartes murales ne sont point les seules choses qui soient attachées aux murs : à ma droite et à ma

gauche se trouvent les tableaux de lecture. C'est devant
eux, au milieu de mes camarades rangés en demi-cercle,
que j'ai passé de longues heures à apprendre des lettres
et à épeler les mots. Ce travail me semblait dur et fastidieux, mais aujourd'hui je suis bien aise de savoir
lire.

Au-dessus des tableaux de lecture, il y a plusieurs
rangées de beaux dessins coloriés; ils représentent des
animaux inconnus dans nos pays. Chaque fois que je
regarde ces lions aux griffes effrayantes, ces crocodiles
à la triple rangée de dents, ces singes si semblables à
l'homme, je me souviens de tout ce que notre maître en
a dit; puis, lorsque je regarde les tableaux représentant
le squelette de l'homme ou les diverses parties de son
corps, je réfléchis à la patience et au dévouement qu'il a
fallu aux hommes de génie qui ont a'nsi étudié et expliqué les appareils compliqués nécessaires à la vie
humaine : parfois il me prend un désir subit de marcher
sur leurs traces; il me semble que si jamais j'avais fait
quelque découverte importante dans les choses dont la
science s'occupe, j'aurais plus de mérite et plus de
reconnaissance à attendre de la patrie que si jamais
j'avais gagné quelque grande bataille.

C'est alors que je rouvre bien vite mes livres pour
apprendre et devenir savant. Il est vrai que cette ardeur
au travail ne dure pas longtemps, mais en somme c'est
toujours avec plaisir et avec fruit que je considère les
objets qui font partie de la classe : j'y revois tous mes
efforts passés, c'est mon histoire d'écolier que me raconte
tout ce qui m'entoure, et je sens que ces objets je les
aime, que je les regretterai plus tard, et que je n'aurai
jamais assez d'affection ni assez de reconnaissance pour
payer de ses peines et de son dévouement mon bon
maître d'école.

Tel est à peu près le devoir qu'il conviendrait d'attendre d'un écolier de quinze ans. Mais nous avons donné le devoir corrigé et nous n'avons point voulu couper à chaque instant d'interruptions le travail de l'élève. Les maîtres doivent le faire faire en classe à tous les enfants à la fois et profiter des réflexions de l'un et de l'autre. Nous pensons que ce devoir fait en classe les premières fois est plus fructueux que le serait celui fait à la maison. D'abord le maître guide l'esprit de l'élève et lui indique la manière de s'y prendre lorsqu'il travaillera seul. Ensuite, il corrige immédiatement toute erreur de logique, toute incorrection de grammaire, de telle sorte que l'élève n'a pas le temps d'écrire des tournures non françaises, de les répéter et de les fixer dans sa mémoire avec ce qui est bon. Or, cela arriverait certainement si on laissait tout d'abord l'élève travailler seul.

Nous avons donné le même sujet traité par les plus jeunes et par les plus âgés. Bien entendu, le récit du cours intermédiaire serait un devoir tenant le milieu comme développement entre les deux que nous avons donnés : il reproduirait les idées principales des plus forts, mais sans autant de développement. Quant aux règles de style, il nous est impossible de les énumérer ici ; nous renvoyons les maîtres à des livres spéciaux. Au reste, nous pensons voir paraître bientôt un recueil de morceaux de style pour les écoles, avec des annotations et des règles de conduite. Ce livre serait l'application de notre méthode. Dans tous les cas, exiger dans tous les devoirs avant tout :

Du jugement, de la simplicité, de la clarté et de la vérité.

§ 6

Arithmétique.

Il n'est assurément pas besoin d'insister sur la nécessité de comprendre, dans les éléments des connaissances qui sont du ressort de l'instruction primaire, l'enseignement de l'arithmétique. Le calcul est indispensable à tous par ses applications usuelles, c'est de plus une gymnastique incomparable pour exercer l'intelligence et la logique des enfants. A ce double titre l'arithmétique a sa place toute marquée dans notre programme. Voyons quels sont les principes qui vont nous guider pour l'enseigner.

Il y a beaucoup et de fort bons ouvrages élémentaires pour l'enseignement du calcul; mais est-ce par l'enseignement à l'aide du livre que nous devons débuter près des enfants qui nous arrivent? Ce serait, à notre avis, une bien grande erreur. C'est en calcul, et surtout pour commencer, que la pratique doit avoir le pas sur la théorie. Les livres ont de l'une et de l'autre, c'est vrai; mais dans la plupart c'est la théorie qui domine. Pour les enfants en général, et pour les débutants en particulier, cette théorie est une langue étrangère sur laquelle on les arrêterait longtemps sans les amener à comprendre, commencer ainsi c'est vouloir les rebuter : « L'enfant, dit J.-J. Rousseau, n'est pas fort curieux de perfectionner l'instrument avec lequel on le tourmente. » Ce n'est donc pas par le livre qu'il faut commencer avec eux.

D'ailleurs, en arrivant à l'école, l'élève a l'usage des nombres sans s'en douter : il compte oralement; il a fait souvent une addition et une soustraction sans en avoir conscience. La première chose à faire, c'est évidemment de l'amener à se rendre un compte rationnel d'abord de ce qu'il faisait machinalement, il sera tout étonné ensuite de voir que l'arithmétique n'est pas une chose plus difficile et il ne se trouvera plus effrayé d'aborder les éléments d'une science avec laquelle il [a pu faire connaissance sans trop de peine.

C'est au maitre à justifier que l'enfant a eu raison d'avoir cette opinion.

Nous avons dit que nous devions bannir les abstractions de notre enseignement; si ce principe est vrai partout, il est, on peut dire, deux fois vrai en arithmétique. L'idée des nombres et de leurs propriétés, dégagée des réalités sous lesquelles elle apparait, ne saurait effleurer l'intelligence de l'enfant, tournée presque exclusivement vers les choses du monde physique. Mais il en sera tout autrement si cette idée est présentée par le moyen des choses concrètes, avec l'enveloppe visible et tangible des faits et des êtres au milieu desquels nous vivons.

De là cette nécessité d'avoir dans toute école ces collections d'objets matériels qui, à l'occasion de la leçon d'arithmétique, doivent être mis dans la main des enfants ou au moins sous leurs yeux. Voilà le livre unique avec lequel il faut débuter.

Avant de dire aux enfants ce que c'est qu'un nombre, il importe de leur faire compter des objets qu'ils connaissent, des billes, de petites bûchettes, de petits cubes, les tables de la classe, le nombre des élèves. Le maitre aura soin seulement que les objets qui composent chaque groupe soient semblables ou du moins analogues, afin que les enfants comprennent bien qu'on ne peut combiner ensemble que des unités de même nature. Il ne faut pas craindre de multiplier ces exercices de composition et de décomposition pour les nombres déjà connus, ils intéressent vivement les enfants, animent la leçon, éveillent chez eux l'esprit d'observation, et provoquent l'attention et la réflexion.

En calcul, l'instituteur ne devra cependant pas oublier que l'intuition est un moyen : le but à atteindre, en effet, n'est pas de persuader à l'enfant que trois boules et deux boules font cinq boules, que trois billes et deux billes font cinq billes; c'est d'arriver à lui faire comprendre que trois objets quelconques et deux objets de même nature font cinq objets, et, définitivement sur des nombres abstraits, que trois et deux font cinq.

Quand il sera arrivé à ce résultat, il insistera sur le calcul oral. Dans l'organisation pédagogique des écoles de la Seine, on a tenu grand compte de la nécessité du calcul mental. C'est un exercice fécond en résultats : le calcul oral, mieux que le calcul écrit, exerce l'intelligence, apprend à raisonner juste, éloigne la routine, fait trouver vite et préserve de grosses erreurs : l'esprit acquiert de la spontanéité, de la souplesse et de la force par ce genre d'exercice, on est donc conduit à ne pas le négliger.

D'autre part, au point de vue pratique, le calcul oral a de réels et précieux avantages : le cultivateur et l'ouvrier ne peuvent pas toujours, quand une question se présente, avoir sous la main tout ce qui est nécessaire pour se livrer à une opération écrite; il y a une foule de questions qui se présentent ainsi d'elles-mêmes tous les jours et qui demandent à être résolues sur-le-champ; c'est ce qui se produit dans la conversation, sur un marché, dans la boutique du marchand : faudra-t-il du papier et un crayon pour la solution de ces questions? Il est bien plus simple et plus rapide de savoir s'en passer. Habituons donc nos enfants au calcul mental, ce qui leur fera d'ailleurs acquérir une remarquable habileté dans les opérations du calcul écrit.

Ces principes admis, voyons quel devra être notre programme pour chaque cours.

Les progrès de nos élèves reposent sur la connaissance parfaite des notions élémentaires, donc il importe d'insister beaucup sur ce point. Comment allons-nous leur donner la connaissance des dix premiers nombres? En les représentant par des objets sensibles, comme nous avons dit plus haut, billes, bûchettes, boules du boulier-compteur, petits cubes, cailloux, galets, etc.; ce sont là des objets faciles à se procurer.

Quand les dix premiers nombres sont parfaitement connus, nous faisons sur cette première dizaine tous les exercices de calcul simple auxquels se prête ce nombre, addition, soustraction, multiplication et division même.

Ces premières notions acquises, il est pratique de faire connaître les chiffres aux enfants. C'est par une leçon de choses qu'on peut débuter pour arriver au tracé des chiffres avec les commençants.

Ainsi, il ne sera pas difficile de leur faire comprendre qu'on peut bien avoir suffisamment d'objets pour représenter les nombres 10, 15, 20, 100 même; mais quand il s'agira de nombres beaucoup plus grands, comme 1,000 10,000, 100,000, etc., il serait bien difficile, sinon impossible de réunir des objets en assez grande quantité. On a donc été conduit à les représenter par des signes; ces signes s'appellent chiffres, ils sont au nombre de dix : *1,2,3,4,5,6,7,8,9,0.* Familiariser les enfants avec ce tracé est absolument indispensable, on le sait; quand ce résultat a été obtenu, il faut bien vite passer à la solution des additions, des soustractions, des multiplications et des divisions auxquelles peuvent don-

ner lieu des connaissances acquises.—Ex. : 1 et 2 font 3 ;
2 ôtés de 9 reste 7 ; 2 fois 3 font 6 ; 8 divisés par 2
donne 4, de façon à n'avoir jamais un résultat qui se
traduise par plus d'un chiffre, car nous ne savons pas
écrire un nombre de plusieurs chiffres. C'est le moment
d'y arriver ; et c'est un pas difficile à faire. Il s'agit, en
effet, de bien inculquer aux élèves ce principe fonda-
mental de la numération, que tout chiffre placé immédiatement à la gauche d'un autre représente des unités
dix fois plus fortes que cet autre. L'écriture des nombres repose tout entière sur cette convention. Il faut
s'arrêter là aussi longtemps qu'une ombre d'hésitation
s'apercevra dans l'esprit des enfants.

Nous n'avons pas besoin de dire qu'il importe autant
que possible de n'opérer que sur des nombres concrets.

Nous avons fait exécuter des additions, des soustractions, des multiplications et des divisions sans donner,
bien entendu, la définition de ces opérations. Quand nos
enfants seront suffisamment familiarisés avec les exercices de numération que nous limiterions au nombre
1,000 pour le 1er cours, nous pensons qu'on peut leur
donner des devoirs écrits bien préparés et pris surtout
dans les faits qu'ils connaissent. Alors il sera bon de
leur donner la définition des opérations qu'ils auront
faites, mais la définition ne précédera jamais l'application, elle en sera au contraire toujours la conséquence.
Ex. : Paul a 156 bons points, Louis 19, Jules 207, Alfred 9, enfin Léon 191 ; combien cela fait-il de bons
points ? — L'opération faite et le résultat trouvé, le
maître dira :

Quelle opération venons-nous de faire ?

Un élève. — Nous avons réuni ensemble tous les bons
points qu'avaient Paul, Louis, Jules, Alfred et Léon.

Le maître. — Comment nomme-t-on cette opération ?

L'élève. — Une addition.

Le maître. — Donc, l'addition est une opération qui a pour but de réunir plusieurs nombres de la même espèce pour en avoir le total.

De même pour les autres opérations fondamentales.

L'idée de la multiplication pourra être présentée sous cette forme que c'est une addition dans laquelle les nombres à ajouter sont égaux.

Celle de la division, que cette opération n'est autre chose qu'une série de soustractions dans lesquelles le nombre à soustraire est toujours le même.

On donnera des exemples qu'on prendra dans la table de multiplication, après avoir opéré sur des nombres concrets, ce qui est infiniment préférable, avec des élèves qui en sont aux éléments.

Doit-on apprendre le système métrique aux commençants? C'est notre avis, c'est d'ailleurs raisonnable et logique. Nous faisons des leçons de choses à l'école; l'enfant dans sa famille fait de petites commissions, il va chercher du pain, du lait, du sucre, etc., comment ne pas lui donner quelques notions sur les poids et les mesures dont il entend tous les jours prononcer le nom ?

D'ailleurs, l'enseignement du système métrique aux enfants de ce cours ne doit porter que sur le mètre, le litre, les principaux poids et les monnaies dans leurs principales applications.

Il faut se garder d'appeler leur attention sur les parties délicates et abstraites de cet enseignement, comme le mètre carré, le mètre cube, le stère ; ceci viendra plus tard.

Pour les initier aux connaissances rudimentaires que nous voulons leur voir donner, il faut de toute nécessité qu'on dispose des mesures elles-mêmes en leur faisant voir comment l'on s'en sert, on évite ainsi de tomber dans l'aridité d'une étude abstraite. Le mètre en main, on leur fait mesurer la longeur d'une table, celle de la classe, la largeur d'un tableau ; on leur fait exécuter quelques pesées, etc., etc. Voilà de fortintéressantes leçons de choses. Nous nous bornerions là pour cette division.

DEUXIÈME COURS.

Ce qui doit caractériser l'enseignement dans ce cours, c'est d'être un peu moins élémentaire, l'enfant qui a atteint huit ou neuf ans en est généralement arrivé à sa troisième année de fréquentation de l'école, son intelligence plus exercée a acquis assez de vigueur pour suivre un enseignement plus élevé, on peut donc établir ses études sur une plus large base. Aux connaissances acquises, on ajoutera en numération des nombres quelconques, sans aller au delà des billions ou milliards ; dans l'addition, on pourra avoir des colonnes de dix, douze et quinze nombres, mais des nombres de cinq, six chiffres suffiront, ou l'effort de l'enfant serait sans grand intérêt. Dans la multiplication on examinera les cas où les facteurs seront terminés par des zéros, de même dans la division.

C'est dans ce cours qu'on abordera l'étude des nombres décimaux ; mais on ne le fera avec fruit que si les enfants sont parfaitement rompus aux difficultés du calcul sur les nombres entiers. La règle d'ailleurs à laquelle le maître devra se conformer scrupuleusement, c'est que les devoirs restent toujours à la portée des élèves, c'est que les difficultés soient présentées une à une. C'est en arithmétique surtout qu'il vaut toujours mieux maintenir l'enfant au-dessus qu'au-dessous de sa tâche. Si on l'obligeait à trop d'efforts, son esprit se fatiguerait et se

rebuterait, le ressort nécessaire lui manquerait pour
vaincre une difficulté à laquelle il n'a pas été graduelle-
ment préparé : si au contraire son devoir lui plaît, il y
apportera plus d'application et possédera plus de souplesse et d'énergie pour démêler la petite complication
qui pourra se présenter.

Sans bannir l'usage des moyens intuitifs recommandés
dans l'étude de l'arithmétique à laquelle sont appliqués
les commençants, on peut avec les enfants de ce cours
en faire un usage plus restreint. Toutefois, pour aborder l'étude des nombres décimaux, nous aurions recours
aux choses ; à défaut d'autres, nous prendrions le mètre.
Le mètre divisé en décimètres, en centimètres et en mil-
limètres est l'image réalisée de l'échelle de numération.
A la faveur de cette idée simple, vraie et tangible, on
peut, il nous semble, lever sans embarras les difficultés
que la numération décimale présente d'abord à l'esprit
des enfants. Les fractions décimales sont ainsi considé-
rées comme une suite naturelle des nombres entiers.
Les opérations sur les nombres décimaux doivent être
précédées de l'explication claire, simple et pratique des
changements qu'amène la virgule décimale. Les applications devront être nombreuses et répétées jusqu'à ce que
les élèves se rendent bien compte des changements subis
et qu'aucune sorte d'hésitation ne les arrête.

On pourra alors choisir comme devoirs des problèmes dans lesquels les données comporteront indifférem-
ment des nombres entiers et des nombres décimaux, les
élèves n'éprouveront plus de difficulté à résoudre les
uns plutôt que les autres. Il va de soi que nos problèmes
comportent des données quelque peu compliquées tout en
ne parlant que de faits pratiques ; rien ne serait plus
dépourvu d'intérêt que ces questions qui présenteraient
de grandes quantités. Il faut que les problèmes soient

un exercice de logique, l'esprit de l'enfant alors doit être reporté sur les objets qu'il a souvent occasion de voir et qui l'intéressent naturellement.

Nous aborderions, une fois la pratique raisonnée des quatre opérations fondamentales rendues bien familières, l'étude des caractères de divisibilité par 2, 3, 5, 6, et 9; rien ne sera plus propre à intéresser l'enfant, parce que ces notions de simple théorie l'aideront beaucoup à mieux comprendre les propriétés principales des nombres et à résoudre plus promptement les problèmes donnés.

J'y ajouterais des notions sur les fractions ordinaires. L'étude des fractions décimales n'a pas familiarisé les élèves avec l'idée générale de la fraction. Pour la déterminer nettement dans leur esprit, il faut se servir de moyens intuitifs : une pomme partagée par moitié, quarts, sixièmes, huitièmes, initiera promptement à la notion désirée. Et assurément ce ne sera pas le seul objet dont on pourra se servir. Une règle divisée en douzièmes, par exemple, fournira l'unité et les divisions dont on a besoin pour faire comprendre ce que sont les deux termes de la fraction et leur rôle; et à l'aide des caractères de divisibilité récemment étudiés, on démontrera comment on doit réduire des fractions à une expression plus simple. On fera également réduire les fractions au même dénominateur, car ce n'est point uniquement pour leur parler de fractions que nous avons dû appeler l'attention de nos élèves sur cette étude, c'est pour en tirer un profit pratique; nous leur enseignerons donc la façon dont se font les quatre opérations sur les fractions. Ce n'est pas là une difficulté sérieuse. Une fois les enfants bien rompus à la pratique de ces opérations, il sera bon de leur faire voir l'analogie qu'il y a d'une part entre les fractions déci-

males et les fractions ordinaires, d'autre part avec les
nombres entiers. La conséquence, c'est la conversion
des fractions décimales en fractions ordinaires, et réciproquement.

Dans les problèmes choisis, nous ne manquerions pas
de proposer des questions relatives à l'intérêt et à l'escompte, à ce qu'on nomme les règles de trois ; peut-être
irions-nous même jusqu'aux problèmes de société et de
mélange, en nous bornant pour ces dernières opérations
aux cas les plus simples. Nous nous arrêterions là pour
ce cours en arithmétique.

En système métrique, nous ferions voir que le système
métrique est décimal, et les avantages qui en résul-
tent. Nous dirions ce qu'on entend par mesurer, nous
définirions les unités principales du système métrique et
établirions leur rapport avec le mètre.

Chaque unité principale serait ensuite étudiée avec
ses multiples et ses sous-multiples.

Nous ferions connaître :

Toutes les mesures de superficie et leur usage ;

Les mesures de volume et leurs applications ;

Les mesures de capacité et leurs rapports avec les mesures de volume ;

Les mesures de poids et leurs rapports avec les mesures de capacité et de volume ;

Les monnaies et des notions sur la division du temps.

Le système métrique serait ainsi vu dans son entier.
Les enfants sont préparés à toutes les applications qu'on
en peut faire. C'est justement ce qui convient aux élèves
d'un premier cours.

PREMIER COURS.

C'est près des élèves du premier cours surtout que le
maître doit toujours avoir en vue de donner à son

enseignement la direction la mieux appropriée aux besoins de la société. L'instruction, en effet, doit être conçue et combinée de manière à rendre l'élève capable d'exercer avec le plus de succès possible la profession, l'art ou l'état auquel il est destiné. Dans les cours précédents, nous nous sommes beaucoup plus appliqués à développer l'intelligence de l'enfant et à faire naître son raisonnement qu'à tirer des conséquences immédiatement pratiques de notre enseignement. Le moment est venu avec les élèves de la première division de tourner notre étude vers la pratique, car ces jeunes enfants au sortir de nos mains vont être appelés à appliquer. Est-ce à dire que nous ne devions plus nous occuper de théorie avec eux ? Non certes, car ils sont bien mieux à même que les élèves des autres cours de comprendre les développements que nous pouvons donner à cette partie ; mais c'est la raison qui doit régner sur l'ensemble de nos études ; il faut donc nous tenir aussi loin de ces procédés mécaniques qu'on a trop vantés, selon nous, que de l'exposition de la théorie pure et condensée. C'est bien elle seule qui peut donner une juste idée de la nature intime et des ressources déductives de la science ; mais nous ne faisons pas de la science pour de la science à l'école primaire, nous nous servons de la science pour arriver à une pratique que rien n'éclairerait ni ne guiderait sans elle. C'est dans cette mesure que nous devons faire de la théorie, parce que c'est dans cette mesure qu'elle est profitable.

Nous n'avons plus d'exercices spéciaux dans ce cours pour le système métrique : nous appliquons en nous servant du système de nos poids et mesures que nous connaissons.

Aux connaissances mentionnées et acquises dans le deuxième cours, nous ajoutons quelques explications

sur l'extraction de la racine carrée et de la racine cubique, mais d'une façon élémentaire et en vue des applications du système métrique. Nous devons dire aussi un
mot des rapports ou proportions et donner des notions
générales des grandeurs qui varient dans le même rapport ou dans un rapport inverse.

Comme nous avons à apprendre à mesurer des surfaces, à l'occasion de la revision du système métrique,
nous donnons la définition des angles, de la circonfé-
rence, des perpendiculaires, des obliques, des parallèles,
des polygones, du triangle, du parallélogramme, du rectangle, du carré, du losange, du trapèze, etc.

Nous pensons qu'on doit dès lors donner des problèmes dans lesquels entreront les applications relatives à
la mesure des aires.

Lorsque les élèves commencent à se familiariser avec
les difficultés que présente la mesure des surfaces, on
peut aborder l'étude de l'évaluation des volumes. Auparavant, il est bien entendu qu'il faut que les enfants
connaissent ce que sont les principaux volumes. On doit
donc définir le prisme, le parallélipipède, la pyramide,
le cylindre, le cône et la sphère.

Pour les premiers exercices de cubage, nous leur ferons évaluer un massif de maçonnerie, un tas de sable
ou de gravier, le cubage d'un tronc d'arbre, d'un tas de
bois ; le jaugeage d'un seau, d'une cuve, etc., etc.

Nos problèmes seront nombreux, bien gradués ; ils
accompagneront chaque leçon pour en être la sanction.

Les exercices que vous nous indiquez ici, me dira-
t-on, sont du ressort de l'arithmétique appliquée, et non
des notions que doit départir l'enseignement primaire
élémentaire.

Mais oui, c'est de l'arithmétique appliquée ; que serait
donc, nous le demandons, de l'arithmétique sans l'ap-

plication ? Comment, un enfant aurait fréquenté l'école jusqu'à l'âge de douze ans, et il ne saurait pas dresser un petit compte, faire une facture, calculer l'escompte d'un billet, l'intérêt que doit produire l'argent placé à la Caisse d'épargne! Il ne saurait comment s'y prendre pour évaluer les surfaces simples, mesurer un tas de bois, de marne et de sable, ou cuber un arbre en grume ou équarri! Mais à quoi lui auront donc servi les leçons d'arithmétique qu'il a reçues? Son ignorance sous ce rapport serait la condamnation du maître et de la méthode : encore une fois, nous n'apprenons que pour savoir et utiliser; ce n'est pas de la spéculation que nous faisons près des enfants qui nous sont confiés, c'est de la pratique, de l'application. Le nom importe peu, c'est le fait utile qui a de la valeur. Qu'on appelle ces simples exercices de l'arithmétique appliquée, nous n'y voyons aucun inconvénient; ce qui serait incompréhensible, c'est que l'enseignement du calcul ne donnât pas ces résultats.

Avant de terminer sur cette partie de notre programme, nous voulons dire quelques mots sur le choix des problèmes auxquels nous devons nous arrêter. Le bon sens, d'une part, la direction que nous devons donner à l'éducation, de l'autre, nous indiquent quels caractères doivent avoir les questions que nous donnons à résoudre à nos élèves.

Ils doivent être empruntés aux circonstances de la vie réelle et aux transactions qui se font habituellement dans le pays ; c'est le côté utilitaire.

Ils doivent, de plus, servir au développement moral des enfants; c'est le côté éducatif.

Nous devons, pour cela, prendre surtout nos données dans les faits qui se passent tous les jours sous leurs yeux; il sera alors facile de convaincre nos élèves, la plume à la main et par des chiffres, ce qui a une réelle portée, que la bonne conduite, l'ordre, l'économie et le travail sont les véritables sources du bien-être, et que, au contraire, l'imprévoyance, le désordre, la mauvaise conduite et les mauvaises habitudes sont des causes certaines de misère et souvent de déshonneur.

Quelle méthode préférerons-nous pour la solution de nos problèmes ? Évidemment celle de l'unité, parce qu'elle est d'une simplicité à portée de toutes les intelligences et qu'elle peut s'appliquer à tous les cas. Nous n'avons pas à insister sur ce point, on en a tellement reconnu l'excellence que partout elle est appliquée.

Dans les écoles mixtes, quand les garçons font de l'arpentage, il faut que les jeunes filles soient appliquées à la solution de questions ayant trait surtout à l'économie domestique. C'est un point sur lequel nous disons qu'il importe beaucoup d'insister : c'est ainsi que nous commencerons à les préparer à leur rôle de ménagère, rôle si important dans la famille, au foyer domestique, puisqu'il est certainement exact de dire que les bonnes maisons ne se font qu'avec le concours de la femme, et qu'elles ne sauront jamais mieux conserver ce que l'homme amasse que si elles savent tenir compte de ces mille petites choses dont une seule n'est rien, mais dont la réunion constitue un tout fort appréciable, qu'on ne pourrait négliger sans gaspillage dans un intérieur modeste.

Puisque nous venons de parler d'économie, un mot sur les caisses d'épargne scolaires trouvera naturellement ici sa place. Tout le monde sait ce qu'est la caisse d'épargne scolaire : c'est l'apprentissage à l'école de l'économie par la pratique. Est-ce une bonne institution que celle de la caisse d'épargne scolaire ? Assurément. Si l'épargne est une vertu, si la prévoyance est

une condition de la vie en même temps qu'une sauvegarde de la dignité humaine, nous devons l'enseigner,
car elle fait partie de l'éducation : on doit exercer la
prévoyance des enfants comme on exerce leur mémoire,
afin qu'ils sachent être mieux réglés; or, qu'est-ce que
économiser, sinon régler sa vie? Je suis donc person-
nellement très partisan de l'établissement de la caisse
d'épargne scolaire dans les écoles. Dans nos conférences, il m'a pourtant été fait certaines objections, non
contre le principe de l'institution elle-même, mais contre
l'opportunité pratique. Dans l'école urbaine, m'a-t-on
dit, la caisse d'épargne scolaire est tout à fait à sa place..
Dans l'école rurale, c'est une autre question : nous
n'avons pas besoin d'enseigner l'économie à la campagne, c'est une vertu à l'ordre du jour, on y est même
plus qu'économe, on y est avare ; demander aux enfants
d'économiser, c'est donc fortifier un défaut, ce qui ne
saurait être le rôle de l'école. Voilà ce qu'on a objecté.
Mais est-elle générale cette remarque faite? C'est bien
douteux : une friandise tentera toujours un enfant, et
sous ce rapport la prévoyance sera-t-elle victorieuse de
la tentation? C'est supposer chez l'enfant une vertu qu'il
ne possède presque jamais. C'est la famille, dit-on, qui
a cette vertu pour lui; elle ne le met que très rarement
dans le cas d'être tenté, donc il n'aura pas à économiser.
Si cela se produit, l'on comprend que la caisse d'épargne
n'a pas sa raison d'être; mais ce doit être à titre tout à
fait exceptionnel, et cette exception ne saurait atteindre
le principe.

Donc la caisse d'épargne doit avoir dans nos écoles
sa place et son fonctionnement. Si son institution
favorisait par hasard un penchant fâcheux, eh bien,
qu'on n'y songe pas pour la commune où l'on crain-
drait de telles conséquences; la propagation et la

création des caisses d'épargne scolaires n'en seront pas
entravées.

Histoire.

Nous avons, en parlant d'enseignement moral, insisté
pour qu'il fût donné à l'aide de contes et d'historiettes,
et nous avons dit pourquoi. On pourra souvent tirer de
l'histoire les récits qui serviront d'appui et de conclusion à nos leçons, car l'histoire constitue à nos yeux la
plus démonstrative des morales en action : il n'y a pas
de conte, pas de légende qui puisse surpasser l'histoire
en intérêt. La sanction de la loi morale peut manquer
dans la vie d'un individu, les récompenses et les punitions ne pas se produire au moment désirable ; dans la
durée de la vie d'un peuple, il n'en est plus ainsi ; en
l'étudiant, on arrive toujours à constater que toute vio-
lence a sa réaction, toute injustice sa fin, toute aspira-
tion légitime sa réalisation. Ne fût-ce que pour cette
raison, il faudrait que notre programme comprît des
notions d'histoire ; mais ce n'est pas la seule : ces enfants
des écoles deviendront des hommes, par conséquent des
citoyens ; comme tels, ils auront des devoirs à remplir,
il faut qu'ils sachent comment ils doivent les remplir,
comment aussi leurs pères ont conquis leur liberté,
*à travers quelles épreuves la nation en est arrivée à
l'état actuel,* et quelle tâche est la leur pour arriver à
une dignité toujours plus grande et à un perfectionnement toujours plus complet et plus étendu. Comment
coopéreront-ils à l'œuvre de leurs aïeux, s'ils ignorent
d'où ils viennent et où ils vont ?

Enfin il n'y a pas d'autre enseignement que celui de
l'histoire pour apprendre aux enfants à aimer leur pays
et à préparer en eux de vrais patriotes.

Malgré tant et de si excellents motifs pour justifier la nécessité de faire figurer l'histoire parmi les matières du programme obligatoire de nos écoles, la loi de 1850 l'en avait bannie. Ceux auxquels on la doit craignaient sans doute cet examen dans le passé si propre à éclairer le présent et à préparer l'avenir. Cette lacune n'a été comblée qu'en 1867. Durant dix-sept ans, l'esprit restrictif qui avait présidé à la confection de la loi du 15 mars a pesé sur le programme, et sur l'un des points les plus importants, si l'on songe que la Constitution du 'pays repose tout entière sur le suffrage universel.

C'est sans doute à l'interruption imposée et maintenue avec un soin aussi jaloux que scrupuleux, qu'il faut attribuer le peu de résultats constatés encore aujourd'hui en histoire dans nos écoles. Nos efforts doivent tendre à nous remettre promptement au niveau qu'il est indispensable d'atteindre en ce qui concerne l'enseignement historique ; nous ne pouvons rien pour le passé, aux bibliothèques, aux bonnes lectures qu'elles doivent offrir à réparer le mal. Mais le présent et l'avenir sont à nous. Il était inique de placer l'homme fait en présence de devoirs dont pas un mot n'avait été dit à l'école, et de plus ce pouvait être désastreux ; que cette pensée préside à notre enseignement en histoire comme elle a présidé à nos leçons en morale.

Nous n'avons pas à former des érudits ; par conséquent, il ne s'agit pas pour nous d'enseigner l'histoire dans ses détails ; le temps nous manquerait pour suivre les événements dans tous leurs développements ; ce qu'il importe de voir, c'est l'histoire dans son ensemble et ses traits principaux. Quelle est donc la méthode qui peut nous convenir pour nous mettre à même d'atteindre ce but ? Celle, à notre avis, qui consiste à nous tenir à égale distance d'un enseignement qui comprendrait trop de faits, et de leçons ne procédant que par résumés décousus.

En suivant la première voie, on resterait de longs mois sur les temps mérovingiens et les rois fainéants, qui ne méritent que l'oubli. Que retiendraient nos élèves de partages si multipliés, de noms si divers, d'une géographie si instable? Ce serait une perte de temps, et on n'aborderait qu'insuffisamment l'étude des époques qu'il importe le plus de connaître.

En ne s'en tenant, d'autre part, qu'aux résumés détachés, il serait difficile de ne pas tomber souvent dans l'épisode qui n'est pas de l'histoire. On n'aurait plus ainsi l'enchaînement des effets aux causes, on donnerait sûrement des idées fausses, peut-être irait-on même jusqu'à passionner ses auditeurs, ce qu'il faut éviter : les faits se tiennent dans la façon d'agir des peuples comme dans celle des individus, ce n'est donc pas le hasard qu'il faut invoquer, mais les responsabilités.

Donc un enchaînement s'impose ; mais, encore une fois, évitons les détails, comportons-nous comme ces auditeurs intelligents qui, après avoir assisté à une longue conférence, peuvent en quelques mots en donner un résumé qui en est bien toute la substance.

C'est pour obéir à ces principes que nous nous permettrons d'indiquer ici le programme des leçons que comporte l'enseignement de l'histoire dans nos écoles primaires. Nous essayerons de justifier les divisions auxquelles nous nous sommes arrêté par quelques indications sommaires au fur et à mesure que nous donnerons notre exposé.

De plus nous avons cru devoir mentionner les ouvrages que les maîtres consulteront avec fruit pour eux-mêmes. S'ils peuvent se les procurer, ils apprécieront combien notre conseil est efficace et quelles jouissances réelles ils éprouveront à pénétrer plus complètement dans le passé avec les auteurs qui savent en parler avec tant d'attrait et de compétence.

Ire LEÇON. — Les Gaulois et les Francs jusqu'à Clovis. — 1500 avant J.-C., 481 après J.-C. — Les premiers habitants des Gaules. — Leur origine. — Les mœurs, coutumes et religion des Gaulois. — Conquête romaine. — Occupation romaine. — Établissement des barbares en Gaule. — Bataille de Châlons (451 après J.-C.).

Ouvrage à consulter : *Traduction des Commentaires de César.*

IIe LEÇON. — Clovis jusqu'à Dagobert Ier. — La monarchie franque. — Quelques mots sur les fils de Clovis. — Frédégonde et Brunehaut. — Faits principaux : Soissons, Tolbiac, Vouillé, loi salique, caractère de Clovis, traité d'Andelot.

Ouvrages à consulter : *Grégoire de Tours.* — *Récits mérovingiens,* par Augustin Thierry. — *Essais sur l'histoire de France,* par Guizot.

IIIe LEÇON. — Dagobert jusqu'aux principaux maires du palais (628-687). — Un mot sur la condition des personnes et des terres. — L'homme libre, le colon, l'esclave. — Assemblée des champs de mars et de mai. — Comment s'est formée l'aristocratie militaire.

Ouvrages à consulter : *Chroniques de Frédégaire.* — *Vies de Dagobert, Saint-Léger et Pépin le Vieux,* dans la *Collection des mémoires relatifs à l'histoire de France.*

IVe LEÇON. — Les trois principaux maires du palais : Pépin d'Héristal, Charles Martel, Pépin le Bref (687-752). — Faits principaux : Bataille de Testry, bataille de Poitiers. — Causes de la prédominance de l'Austrasie sur la Neustrie. — Comment Pépin s'empara du trône.

— Ce qui advint du dernier mérovingien. — L'Église sanctionnant l'usurpation.

Ouvrages à consulter : *Mémoires historiques de Mignet.*

Ve LEÇON. — Charlemagne (768-814).— Charles guerrier, Charles législateur.—Charles fondateur des écoles. — Bornes de l'empire de Charlemagne.

Ouvrages à consulter : Éginhard, *Vie de Charlemagne.* — Gaillard, *Histoire de Charlemagne.*—Guizot, *Histoire de la civilisation.*

VIe LEÇON. — Les premiers successeurs de Charlemagne (814-843). — Louis le Débonnaire. — Ses querelles avec ses fils. — Bataille de Fontanet. — Le traité de Verdun. — Bornes du royaume de France.

Ouvrages à consulter : *Vie et actions de Louis le Pieux* par Thégan. — *Histoire des dissensions de Louis le Débonnaire,* par Nithard.

VIIe LEÇON. — Invasion des Normands, derniers Carlovingiens. — L'Édit de Mersen (847). — Les Normands; Robert le Fort. — Siège de Paris (885-886). — Déposition de Charles le Gros (888). — Établissement définitif des Normands. — Traité de Saint-Clair-sur-Epte (911) —Mort du dernier Carlovingien (987).

Ouvrages à consulter : Depping, *Histoire des expéditions maritimes des Normands.— Chroniques de Frodoard.* — *Lettres sur l'histoire de France,* par Augustin Thierry.

VIIIe LEÇON. — Les quatre premiers Capétiens (987-1108). — Avènement de Hugues-Capet. — Quel était en réalité son pouvoir.— Robert.— Son excommunication. — Henri Ier. — Première maison de Bourgogne. — La Trève de Dieu. — Philippe Ier. — Sa querelle avec Guillaume le Conquérant.

Ouvrages à consulter : *Chronique de Raoul Glaber,*

livres II et V. — *Poème d'Adalbéron sur le règne de Robert.* — *Chronique de Hugues de Fleury.*

IXe LEÇON. — La féodalité. — Rappeler les traités d'Andelot, les édits de Mersen, de Kiersy-sur-Oise qui ont constitué la société féodale. — Hiérarchie féodale. — Les grands vassaux. — Suzerain et vassal. — Leurs devoirs réciproques. — Hérédité des bénéfices et des fonctions publiques. — Droit de guerre privée. — Un mot sur un château féodal. — Les misères de ce temps, duquel on pouvait dire que ce n'est pas avec de l'eau, mais avec des larmes que Dieu mouilla la terre dont il fit le premier homme.

Ouvrages à consulter : *Histoire de la civilisation en France,* par Guizot. — *Histoire des classes agricoles,* par Dareste. — *Histoire des classes ouvrières,* par Levasseur.

Xe LEÇON. — Rôle de l'Église au moyen âge. — Comment l'Église est entrée dans le système féodal. — Sa puissance. — Origine de cette puissance. — Comment elle la conserva. — Les lettres et les arts dans l'Église. — Hincmar, saint Érigène, Lanfranc, saint Anselme.

Ouvrages à consulter : *Les précédents.* — *Le cartulaire de Saint-Pierre de Chartres,* par Guérard.

XIe LEÇON. — Les croisades. — L'an mil. — Pierre l'Ermite. — Concile de Clermont. — Départ des croisés par deux routes. — Bataille de Dorylée (1097). — Prises d'Antioche (1098), de Jérusalem (1099). — Fondation d'un royaume français en Palestine.

Examen rapide des autres croisades, de celles spécialement où la France a pris part. — Résultats des croisades.

Ouvrages à consulter : *Histoire des Croisades,* par Michaud. — Villehardouin. — Joinville. — *Collection des*

mémoires relatifs à l'histoire de France, par M. Guizot,
où toutes les chroniques du temps ont été réunies.

XIIᵉ LEÇON. — De Louis le Gros à Louis VIII (1108-
1223). — Affranchissement des communes. — Partici-
pation de Louis VI à ce mouvement. — Appui des milices
communales. — Combat de Brenneville (1141). —
Louis VII. — Son divorce. — Les conséquences. —
Suger. — Philippe II. — Rivalités de la France et de
l'Angleterre. — Bouvines (1214). — Administration de
Philippe.

Ouvrages à consulter : Suger, *Vie de Louis VI.* —
Guillaume, *Vie de Suger.* — *Vie de Philippe-Auguste*,
par Ricord et Guillaume le Breton.

XIIIᵉ LEÇON. — De Louis VIII à Philippe le Bel (1223-
1285). — Les Albigeois. — Septième et huitième croisade. — Administration de saint Louis. — Établissements de saint Louis. — Corporations. — Appels
royaux. — Un mot sur l'état des campagnes. — Philippe III. — Les Vêpres siciliennes. — Un mot sur les
ordres religieux. — Les lettres, l'architecture.

Ouvrages à consulter : *Mémoires de Joinville.* — *Vie
de saint Louis*, par le Nain de Tillemont. — *Histoire de
saint Louis*, par Félix Faure et par Wallon. — *Histoire
de la Croisade contre les Albigeois*, par Pierre de Vaulx-
Cernay.

XIVᵉ LEÇON. — De Philippe le Bel à Philippe de Valois
(1285-1328). — Caractère de transition de la royauté
comme pouvoir. — Agrandissement du domaine royal.
— Guerre de Flandres. — Furnes (1297). — Mariage
d'Édouard avec une fille de Philippe. — Seconde guerre
de Flandres.—Courtray (1302).—Mons-en-Puelle(1304).
— Lutte avec la papauté. — États généraux (1302). —
Les Templiers (1307). — Un mot des ordres de cheva-

lerie. — Un mot également sur les trois successeurs immédiats de Philippe.

Ouvrages à consulter : *Chroniques de Guillaume de Nangis. — La France sous Philippe le Bel*, par Edgard Boutarel.

XVe LEÇON. — Guerre de Cent ans. — Première partie, de 1328 à 1364. — Causes de la guerre. — Affaire de Flandre. — L'Écluse (1340). — Affaire de Bretagne. — Invasion d'Édouard III. — Crécy (1346). — Siège de Calais. — Acquisition du Dauphiné et de Montpellier. — Le roi Jean. — Nouvelle expédition des Anglais (1355). — Poitiers (1356). — États généraux de 1356-1357. — Un mot de la grande ordonnance qui paraît en 1357. — La Jacquerie (1358). — Étienne Marcel. — Les résistances populaires : le Grand Ferré, Ringois d'Abbeville. — Brétigny (1360). — Seconde maison de Bourgogne.

Ouvrages à consulter : *Chroniques du sire Jean de Froissard. — La Jacquerie*, Lucas. — *Les États généraux*, Rathery.

XVIe LEÇON. — Deuxième partie de la guerre de Cent ans, de Charles V (1364) au traité de Troyes (1420). — Bertrand du Guesclin. — Bataille de Cocherel. — Fin de la guerre de la succession de Bretagne. — Traité de Guérande. — Les grandes Compagnies. — Confiscation de la Guyenne. — Dernière expédition du prince Noir. — Succès de la politique de Charles V. — Charles VI. — Les oncles du roi. — Guerre de Flandre. — Folie du roi. — Assassinat du duc d'Orléans. — Les Armagnacs et les Bourguignons. — Bataille d'Azincourt. — Assassinat de Jean-sans-Peur. — Traité de Troyes.

Ouvrages à consulter : *Histoire de Charles VI*, par un moine de saint Denis. — *Mémoire de Pierre de Fenin. — Histoire de messire Jean de Boucicault.*

XVIIe leçon. — Du traité de Troyes à Louis XI (1420-1461). — Ce que c'est que le traité de Troyes. — Quel événement le précéda et en favorisa la conclusion. — Un mot du concile de Constance. — Siège d'Orléans. — Jeanne d'Arc. — Revers des Anglais. — Traité d'Arras. — Ordonnance d'Orléans (1439). — Création d'une armée permanente (1445-48). — Conquête de la Normandie. — Expédition en Guyenne. — Pragmatique-Sanction de Bourges. — Jacques Cœur.

Ouvrages à consulter : Quicherat, *Procès, condamnation et réhabilitation de Jeanne d'Arc.* — *La France au XVe siècle ou Jacques Cœur et Charles VII*, par M. P. Clément. — *Charles VII.*

XVIIIe leçon. — Louis XI (1461-1483). — Fin du moyen âge. — Prise de Constantinople par les Turcs. — La Ligue du bien public. — Bataille de Montlhéry (1465). — Traités de Saint-Maur et de Conflans. — Entrevue de Péronne. — La Guyenne donnée au frère du roi. — Mort du frère du roi. — Beauvais ; Jeanne Hachette. — Trève d'Amiens. — Le Téméraire en Lorraine et en Suisse. — Bataille de Nancy (1477). — Abaissement des grands. — Extension de la puissance royale. — Résultats de ce règne. — Caractère de Louis XI. — Parlements, ports. — Imprimerie.

Ouvrages à consulter : *Louis XI*, par Michelet. — *Histoire de Charles VII et de Louis XI*, par Bazin. — *Les ducs de Bourgogne*, par M. de Barante.

XIXe leçon. — Guerres d'Italie. — Charles VIII et Louis XII (1483-1515). — Minorité de Charles VIII. — Les États généraux de 1484. — La dame de Beaujeu. — Le duc d'Orléans. — Mariage de Charles VIII. — Un mot sur la situation de l'Italie à la fin du xve siècle. — Concessions de Charles VIII à ses voisins pour se livrer

à son expédition de Naples. — Fornoue. — Louis XII.
— Le Milanais. — Espagnols et Français dans le royaume de Naples. — Traité de Blois (1504-1505). — Ligue
de Cambrai. — Agnadel. — Ravenne. Novare. — Journée des éperons, — Le cardinal Georges d'Amboise. —
Bayard. — Introduction du mûrier et du maïs en France.

Ouvrages à consulter : *Histoire de Charles VIII*, par
Cherrier. — *Histoire d'Italie*, Zeller. — *Panégyrique
du Chevalier sans Reproche*, par Bouchet. — Leroux de
Lincy : *Vie d'Anne de Bretagne*. — Jean de Saint-Ge
lais : *Histoire de Louis XII*.

XXe LEÇON. — François Ier, suite des guerres d'Italie
(1515-1547). — Un mot de l'état de la France au commencement du xvie siècle. — Marignan. — Concordat
de 1516. — Lutte de la France contre la maison d'Autriche.

Ire période. — 1521, invasion de la Champagne. —
Trahison de Bourbon. — L'invasion de 1523-24. — Bataille de Pavie. — Traité de Madrid.

2e période. — Sac de Rome (1527). — Lautrec à
Naples (1528). — Traité de Cambrai (1529).

3e période. — Seconde invasion de la Provence (1536).
— Trêve de Nice (1538).

4° période. — Siège de Saint-Dizier (1544). — Paix de
Crespy. — Fondations de François Ier. — La Réforme.

Ouvrages à consulter : Gaillard, *Histoire de François Ier*. — Mignet : *Rivalité de Charles-Quint et de
François Ier*. — *Journal d'un bourgeois de Paris sous le
règne de François Ier*.— *La Chronique du roi François Ier*
(1515-1547).

XXIe LEÇON. — Suite de la lutte de la France contre
la maison d'Autriche. — Henri II (1547-1559). — Embarras intérieurs. — Révolte en Guyenne. — Les pro-

testants. — Conquête de Metz, Toul et Verdun (1552).
— Siège de Metz (1552-53). — Abdication de Charles-
Quint (1556). — Bataille de Saint-Quentin (1557). —
Reprise de Calais (1558). — Traité de Cateau-Cambrésis
(1559). — Mort du roi. — Résultats des règnes de François Ier et Henri II. — La Renaissance. — Chambord,
Fontainebleau, Saint-Germain, Chenonceaux. — Phili-
bert Delorme, Jean Goujon, Jean Cousin, Bernard Pa-
lissy.— Lettres : Amyot, Marot, Rabelais et Montaigne.

Ouvrages à consulter. — *Mémoires des contemporains
Vieilleville, Salignac, La Châtre, Boyvin. — Commentaires de Rabutin.*

XXIIe LEÇON. — Les trois fils de Henri II. — Guerres
de religion (1559-1589).

La réforme avec Calvin. — Conjuration d'Amboise.—
Le chancelier l'Hôpital. — Guise et Condé. — Le mas-
sacre de Vassy. — Le siège de Rouen. — La mort de
Guise. — Paix et édit d'Amboise. — La disgrâce de
l'Hôpital. — La bataille de Jarnac. — La bataille de
Moncontour. — La Saint-Barthélemy. — La Ligue. —
Les prétentions des Guises. — Traité de Joinville entre
Guise et Philippe II. —Traité de Nemours entre Henri III
et Guise. — Bataille de Coutras. — Journée des barri-
cades (1588). —Assassinat des Guise à Blois.—Alliance
de Henri III et de Henri de Navarre. — Siège de Paris.
Assassinat de Henri III.

Ouvrages à consulter. — *Mémoires de Vieilleville, de
Salignac et de la Châtre. — La grande Histoire du président de Thou.— Marie Stuart,* par Mignet. — *Histoire
de la Réformation française,* par F. Paux.

XXIIIe LEÇON. — Henri IV (1589-1610). Comment
Henri IV était le successeur des Valois. — Levée du
siège de Paris. — Campagne de Normandie. — Arques

et Ivry. — Siège de Paris. — Levée du siège, due à Farnèse. — Siège de Rouen. — Les Seize. —. Les États généraux de la Ligue. — La satire Ménippée. — Conversion du roi.— Soumission des Ligueurs. — Fontaine française. — Édit de Nantes. — Traité de Vervins. — Gouvernement de Henri IV. — Sully. — Agriculture. — Commerce. — Conspiration. — Plan de réorganisation de l'Europe. — Assassinat du roi.

Ouvrages à consulter. — *Économies royales de Sully.* —*Journal de l'Estoile.*—Mathieu: *Histoire de Henri IV. Les lettres de Pasquier.*

XXIVe LEÇON. — Louis XIII, de 1610 à 1624. — Régence de Marie de Médicis. — Concini. — Réaction des grands dans le sens féodal. — États généraux de 1614. — Mort de Concini et de sa femme. — Albert de Luynes. — Les Ponts-de-Cé. — Guerre avec les protestants. — Siège de Montauban. — Mort de Luynes.

Ouvrages à consulter. — *Négociations du président Jeannin. — Histoire de Louis XIII,* Bazin. — *Histoire politique dés réformés en France.*

XXVe LEÇON. — Louis XIII de 1624 à 1643. — Ministère de Richelieu. — Abaissement des protestants. — Leur organisation républicaine. — Siège et prise de la Rochelle. — Paix d'Alais. — Abaissement des grands. — Castelnaudary. — Exécution de Montmorency. — Cinq-Mars et de Thou. — Politique étrangère. — Lutte contre la maison d'Autriche. — Période française de la guerre de Trente ans. — Bernard de Saxe-Weimar, d'Harcourt, Guébriant, Sourdis. — Mort du cardinal. — Le Palais-Royal, la Sorbonne, le Luxembourg. — Mort du roi.

Ouvrages à consulter. — *Histoire de Louis XIII,* Bazin. — *L'administration du cardinal Richelieu,* Caillet.

XXVIe leçon.—Louis XIV de 1643 à 1661.— A l'extérieur, continuation de la période française de la guerre de Trente ans. — Condé à Rocroy, Fribourg, Marienthal, Nordlingen et Lens. — Traité de Westphalie. — Les dispositions de ce traité qui nous concernent. — Mazarin. — Administration intérieure. — La Fronde parlementaire. —La jeune Fronde. — Victoire de Turenne aux Dunes. — Traité des Pyrénées. — Mort de Mazarin.

Ouvrages à consulter : *Les Misères de la Fronde*, par Feillet. — *Mazarin*, par Bazin. — *Mémoires de la Rochefoucauld, Retz, Omer-Talon.*

XXVIIe leçon. — Louis XIV. — Les guerres du règne.

1° De la dévolution (1667). — Traité d'Aix-la-Chapelle (1668). — Cause de cette guerre. —Conquête de la Flandre. — Conquête de la Franche-Comté.

2° Guerre de Hollande (1672). — Paix de Nimègue (1678), ses causes, ses faits principaux. — Conquête de la Franche-Comté. — Turenne en Alsace. — Senef. — Victoires navales. — Bataille de Cassel. — Gênes et Alger punis.

3° Ligue d'Augsbourg (1686). — Traité de Riswick (1697), causes de cette guerre. — Faits principaux. — Incendie du Palatinat. —Campagne en Savoie et en Piémont, dans les Pays-Bas, Fleurus, Steinkerque, Nerwinden. — Campagne maritime.

4° Guerre de la succession d'Espagne (1700). — Traités d'Utrecht et de Rastadt (1713-1714). — Faits principaux. — Campagne en Italie, en Allemagne, aux Pays-Bas. — Campagne en Espagne.

Ouvrages à consulter : *Siècle de Louis XIV*, par Voltaire. — *Négociations relatives à la succession d'Espagne*, par Mignet. — *Mémoires de Saint-Simon.* — Le *Journal de Dangeau.* — *Lettres de la Princesse palatine.*

XXVIIIe leçon. — Administration intérieure. — Idées personnelles du roi sur le gouvernement. — Colbert et les finances. — Colbert et l'agriculture et l'industrie. — Colbert et les travaux publics. — Colbert et la marine marchande et militaire. — Louvois et les réformes dans l'armée. — Vauban et la fortification des frontières. — Séguier et les ordonnances du règne. — De Lionne et la diplomatie. — Mort de Colbert. — Révocation de l'édit de Nantes. — Influence toute-puissante de Mme de Maintenon. — Gouvernement absolu et despotique de Louis XIV.

Ouvrages à consulter : *Mémoires de Louis XIV.* — *De l'administration sous Louis XIV*, par Chéruel, Boyer de la Suzanne. — *Les Intendants de la généralité d'Amiens.* — Bailly, *Histoire financière.* — *La Dîme royale*, par Vauban.

XXIXe leçon. — La cour, les lettres et les arts sous Louis XIV. Corneille, Molière, Boileau, la Fontaine, Racine, Bossuet, Fénelon, etc. — Le Poussin, Claude le Lorrain, Lebrun, Mansard, Perrault, Lesueur. — Versailles, le Val-de-Grâce, la colonnade du Louvre, les Invalides, etc. — Les grands hommes de guerre et les grands marins ont dû être suffisamment mis en relief dans les récits relatifs aux faits de guerre. Mais c'est surtout cette réunion de penseurs, d'écrivains, d'artistes qui a fait donner le nom de siècle de Louis XIV à son règne.

Ouvrages à consulter : *Mémoires de Pellisson.* — Valcknaër, *Vie de Mme de Sévigné.* — Nisard et Demogeot, *Histoire de la littérature française.*

XXXe leçon. — Louis XV, de 1715 à 1723. — État de la France à l'avènement de Louis XV. — Régence du duc d'Orléans. — Guerre avec l'Espagne. — Désordre dans les finances. — Law et son système. — Comment il aboutit à une catastrophe. — Dubois. — Peste à Marseille. — Mort de Dubois et du duc d'Orléans.

Ouvrages à consulter : *Correspondance inédite de Dubois. — Histoire de la Régence,* par Lemontey. — *Louis XV,* par Jobez.

XXXIe LEÇON. — Louis XV, de 1723 à la guerre de Sept ans (1756). — Ministère de Bourbon. — Mariage du roi. — Fleury succède à Bourbon (1726). — Guerre de la succession de Pologne (1733-1735). — Pourquoi nous y prenons part. — Nos adversaires et nos alliés dans cette guerre. — Plelo à Dantzick. — Campagne sur le Rhin. — Campagne en Italie. — Traité de Vienne. — Guerre de la succession d'Autriche (1741-1748). — Les causes. — Comment nous y prenons part. — Prise de Prague. — Bataille de Dettingen. — Bataille de Fontenoy. — Opérations navales. — Traité d'Aix-la-Chapelle (1748).

Ouvrages à consulter : *Journal du règne de Louis XV* par l'avocat Barbier, années 1718-1763. — *Mémoires de Villars, de Duclos.*

XXXIIe LEÇON. — Guerre de Sept ans. — Fin du règne (1756-1774). — Causes de la guerre de Sept ans. — Principaux faits sur le continent. — Conquête de Minorque. — Capitulation de Closterseven. — Rosbach, Revelt. — Le chevalier d'Assas. — Revers aux colonies. — Lally aux Indes. — Vaudreuil et Montcalm au Canada. — Funeste influence de Mme de Pompadour. — Revers sur mer. — Traité de Paris (1763). — Choiseul. — Désordre dans l'administration. — Décadence politique et militaire de la France. — Suppression des jésuites (1762). — Destruction des parlements (1771). — Pacte de famille. — Lettres de cachet. — Voltaire, Montesquieu, Rousseau et les encyclopédistes. — Les mœurs licencieuses de la cour.

Ouvrages à consulter : *Histoire philosophique du règne de Louis XV*, de Tocqueville. — La *Correspondance de Louis XV et du maréchal de Noailles*, par Michelet.

XXXIIIe LEÇON. Louis XVI, de 1774 à 1789. — État de la France à l'avènement de ce prince. — Ministère de Turgot. — Réformes que voulait le nouveau ministère. — Faiblesse du roi. — Renvoi de Turgot. — Necker. — Guerre d'Amérique. — Lafayette et Rochambeau. — D'Orvilliers, d'Estaing, de Grasse, le bailli de Suffren. — Traité de Versailles (1783). — Ce que nous gagnions. — Ministère de Calonne. — Les notables. — Ministère de Brienne. — Deuxième ministère de Necker. — Convocation des États généraux.

Ouvrages à consulter : Dareste, *Histoire des classes agricoles*. — Bailly, *Histoire financière de la France*. — Boiteau, *État de la France en* 1789.

XXXIVe LEÇON. — 5 mai aux 5 et 6 octobre 1789. — Ouverture des états généraux. — Serment du Jeu de paume. — Nécessité de donner une constitution à la France. — Causes principales qui ont amené la Révolution. — Prise de la Bastille. — La cocarde tricolore. — Abolition des privilèges. — Opposition de la cour. — Excès. — Émigration de la noblesse.

Ouvrages à consulter : *Histoire parlementaire de la Révolution*, par Buchez. — *Histoire de la Révolution*, par Thiers.

XXXVe LEÇON. — D'octobre 1789 au 1er octobre 1791. — Travaux de l'Assemblée constituante. — Déclaration des droits de l'homme. — La monarchie devient constitutionnelle. — Création des départements. — Les biens nationaux. — Réformes judiciaires. — Réformes financières. — Constitution civile du clergé. — Fuite du roi. — Constitution de 1791. — Clubs.

Ouvrages à consulter : Les mêmes.

XXXVIe leçon. — La Législative du 1er octobre 1791 au 21 septembre 1792. — Embarras intérieurs. — Embarras extérieurs. — Comment il est paré aux difficultés intérieures. — Ministère girondin. — Comment l'Assemblée indique au roi de répondre aux puissances qui menacent la France. — Désaccord du roi et de l'Assemblée. — Manifeste du duc de Brunswick. — Journée du 10 août. — Prise de Longwy. — Massacres de septembre 1792. — Victoire de Valmy. — Défense de Lille.

Ouvrages à consulter : Les mêmes. — *Mémoires de Mallet-Dupan.*

XXXVIIe leçon. — La Convention (21 septembre 1792-27 octobre 1795).

1° La Convention et ses actes à l'intérieur. — Jugement et condamnation de Louis XVI. — État des partis dans l'Assemblée. — Création du Comité de salut public. — Marat, Danton, Robespierre. — Proscription des Girondins. — La loi des suspects. — La commune de Paris et les Girondins. — Permanence de l'échafaud. — Supplice de Marie-Antoinette et de Mme Élisabeth. — Exécution des Hébertistes et des Dantonistes. — 9 thermidor constitution de l'an III. — Résumé des principales créations de la Convention.

Ouvrage à consulter : Mignet, Barante, Henri Martin, Michelet.

XXXVIIIe leçon. — La Convention : 2° Les faits à l'extérieur et les faits de guerre à l'intérieur. — Faits de guerre à l'extérieur. — Campagne de 1793.— Carnot organisateur. — Au Nord, perte de Condé et de Valenciennes. — Au Nord-Est, de Mayence. — Victoire de Houchard à Hondschoote. — Victoire de Jourdan à Watignies. — De Hoche à l'est des Vosges. — Reprise de Toulon. — La Vendée. Causes de l'insurrection. — Cathelineau, Stofflet, Bonchamp, d'Elbée, la Rochejaquelein, Charette. — Prise de Saumur par les Chouans. — Leurs victoires à Châtillon, Vihiers, Chantonay, Coron, Montaigu, Laval. — Défaites à Saint-Symphorien, Mortagne, Cholet, au Mans, à Savenay. — Campagne de 1794. — Jourdan au Nord. — Dugommier au Sud. — Paix avec la Prusse et l'Espagne. — Quiberon. — Journée du 13 vendémiaire.

Ouvrages à consulter : Les mêmes, et Dareste de la Chavanne.

XXXIXe leçon. — Le Directoire (27 octobre 1795. — 10 novembre 1799). — Situation à la fin de 1795. — Nouveau gouvernement. — Campagne d'Italie. — Montenotte, Millesimo, Dego, Lodi, Castiglione, Arcole. — Création de la République cisalpine. — Campo-Formio. — Campagne sur le Rhin. — 18 fructidor. — Mort de Hoche. — Expédition d'Égypte. — Les Pyramides. — Aboukir. — Le mont Thabor. — Saint-Jean-d'Acre. — Mauvaise administration du Directoire. — Revers en Italie et en Allemagne. — Brune à Bergen. — Masséna à Zurich. — Journée du 30 prairial. — 18 brumaire.

Ouvrages à consulter : Les mêmes.

XLe leçon. — (10 novembre 1799. — 18 mai 1804). — Constitution de l'an VIII. — Le Consulat. — Composition du gouvernement nouveau. — Réorganisation intérieure. — Marengo. — Hohenlinden. — Paix de Lunéville. — Paix d'Amiens. — Le Concordat de 1801. — Les conspirations royalistes. — Machine infernale. — Complot de Cadoudal. — Expédition de Saint-Domingue.

— Rupture de la paix d'Amiens. — Politique extérieure du gouvernement.

Ouvrages à consulter : Les mêmes. — *Histoire de Napoléon et de la France*, Thibeaudeau.

XLIe LEÇON. — Empire (18 mai 1804.— 6 avril 1814). — Couronnement. — Légion d'honneur. — Camp de Boulogne. — Campagne d'Austerlitz. — Traité de Presbourg. — Campagne de Prusse. — Traité de Tilsitt. — Les travaux publics sous l'empire. — Campagne de Portugal. — Invasion de l'Espagne. — Campagne de 1809. — Traité de Vienne. — Mariage avec Marie-Louise. — Campagne de Russie. — Campagne de 1813. — Campagne de France. — Abdication.

Ouvrages à consulter : Les mêmes. — *Mémorial de Sainte-Hélène*. — *Les Mémoires de la duchesse d'Abrantès*.

XLIIe LEÇON. — La Restauration (6 avril 1814). — La Charte. — Fautes du gouvernement. — Retour de l'île d'Elbe. — Les Cent-Jours. — Waterloo. — Seconde abdication (23 juin 1815). — Sainte-Hélène. — 2e Restauration (22 juillet 1815). — Réaction royaliste.— Assassinat du duc de Berry.— Alliance du trône et de l'autel. — Expédition d'Espagne. — Avènement de Charles X. — Le milliard aux émigrés. — Les procès de presse. — La congrégation. — Expédition de Grèce. — Ministère Martignac. — Ministère Polignac.— Expédition d'Alger. — Les ordonnances. — Révolution de 1830.

Ouvrages à consulter : *Histoire des deux Restaurations*, Vaulabelle. — *La Restauration*, par Vieil-Castel, Lamartine, Nettement. — *Campagne de Waterloo*, par Charras et Quinet. — *Histoire de Paris*, par Dulaure.

XLIIIe LEÇON. —Louis-Philippe (9 août 1830.—24 février 1848). — Ministère Laffitte. — Le procès des ministres de Charles X. — Ministère Casimir Périer. — Le choléra à Paris (1832).—Insurrection à Lyon, à Paris. — Premier ministère Thiers.— La duchesse de Berry. — Attentats contre le roi. — Ministère du 1ᵉʳ mars 1840. — Mort du duc d'Orléans. — Prise d'Ald-el-Kader. — Les mariages espagnols. — Politique intérieure. — Les banquets. — Révolution.

Ouvrages à consulter : *Histoire de dix ans*, Louis Blanc.

XLIVᵉ leçon. — République de 1848. — Gouvernement provisoire. — Assemblée constituante. — Journées de juin. — Présidence de Louis Bonaparte. — La Législative (49-51). — Réaction cléricale. — La loi du 15 mars 1850. — Le coup d'État du 2 décembre 1851.

Ouvrages à consulter : *Histoire de la Révolution de 1848*, Garnier-Pagès.

XLVᵉ leçon. — Second empire. — Alliance du bonapartisme et du clergé. — L'empire autoritaire.— Déportations après le coup d'État. — Guerre de Crimée. — Traité de Paris. — Orsini. — Loi de sûreté générale. — Guerre d'Italie. — Villafranca. — Expédition de Syrie, Chine, Cochinchine et du Mexique. — Transformation de l'empire autoritaire en empire libéral. — Travaux publics et institutions diverses. —Immoralité de la cour. — La princesse de Metternich. — Guerre de Prusse. — Wœrth-Sedan. — 4 septembre 1870.

Ouvrages à consulter : *Histoire du second Empire*, par Taxile Delord.

Voilà en quarante-cinq leçons un programme de notre histoire. Ce n'est point sans motif que nous sommes arrêté à ce nombre. Nos écoles sont fermées durant sept semaines scolaires par an environ ; si nous supposons que l'ensemble de chaque leçon prenne une semaine pour être résumé, nous avons autant de leçons que de semaines, par conséquent nous pouvons durant l'année voir toute l'histoire. C'est ce qui n'a pas lieu aujourd'hui pour la majorité de nos écoles au moins. Souvent, après la rentrée de Pâques, variable comme l'on sait, il nous arrive de voir qu'on a atteint seulement la période de la guerre de Cent ans, rarement le règne de Louis XIV, et bien moins encore l'époque de la Révolution. L'année finie, on recommence avec l'année qui suit, de sorte que presque jamais les élèves n'ont vu toute l'histoire ; or, quand ils liront, ce sera bien plus souvent sur la période moderne que leur attention sera appelée que sur les commencements de l'histoire. Cette façon de procéder n'est donc pas pratique, il s'en faut. Nous avons voulu donner la possibilité, la facilité même de parcourir l'histoire dans son ensemble. Nous avons insisté sur les événements plus rapprochés de nous, spécialement sur la période qui commence à 1789. Nous ne disons pas que notre programme est irréprochable, nous affirmons seulement qu'il est meilleur que celui qui est suivi ; aux maîtres à le modifier s'ils y trouvent des parties défectueuses. Pour indiquer comment nous entendons qu'on l'applique, voici sur la même partie trois leçons modèles, une pour chaque cours.

LEÇON A LA TROISIÈME DIVISION.

CAUSES QUI ONT AMENÉ LA RÉVOLUTION FRANÇAISE.

En terminant notre dernier récit, je vous ai dit que je vous exposerais dans notre prochaine leçon les causes qui ont amené la Révolution de 1789. Il faut que ces causes soient graves, nombreuses, parfaitement fondées pour justifier les changements qui allaient se produire. Voyons s'il en est bien ainsi. Nous ne ferons pour vous que les indiquer, plus tard nous nous développerons davantage.

Les causes auxquelles on peut attribuer la Révolution sont nombreuses, mais toutes peuvent se ramener à deux :

Premièrement, l'inégalité dans la répartition des impôts ;

Deuxièmement l'inégalité devant la justice.

Une partie des Français payait seule les impôts qui étaient affectés bien plus aux dépenses d'un seul homme, le roi, et d'un petit nombre d'autres, les nobles et les prêtres, qu'aux besoins de l'universalité de la nation. Il y avait là une grande injustice. Comme le roi n'avait aucun compte à rendre, on aurait été traité de factieux si l'on eût cherché à savoir comment avait été employé l'argent donné. Si, en retour de ces taxes nombreuses perçues sur le peuple, le roi et les nobles s'étaient seulement montrés reconnaissants à l'égard de ceux qui payaient ; mais il n'en était point ainsi, seuls ils s'étaient arrogé tous les droits :

Seuls ils pouvaient obtenir les places d'officiers dans les armées ; seuls ils avaient droit aux grandes charges publiques ; seuls ils pouvaient porter les armes et s'en servir, parfois hélas ! avec impunité ; seuls ils avaient droit aux honneurs ; ils commandaient, les autres, les manants, comme on les appelait, obéissaient. Le roi était investi de toute la puissance que peut avoir un homme : il avait droit de vie et de mort sur tous ses sujets.

En justice, le roturier avait bien rarement raison contre le noble et le seigneur, son droit fût-il des mieux établis et des plus évidents.

Voilà de grands et d'insupportables abus, voilà de criantes injustices, voilà enfin une situation qui ne pouvait indéfiniment se prolonger, bien qu'elle eût duré des siècles, parce que c'était la violation de ces grands principes de morale qui tôt ou tard doivent triompher : excédés enfin, nos pères ont secoué le joug ; il faut les en bénir, leurs revendications étaient légitimes, ils nous ont épargné de terribles épreuves.

LEÇON A LA DEUXIÈME DIVISION.

Dans notre dernière leçon, nous nous sommes arrêtés à la Révolution française. Avant de raconter son histoire, voyons ce que c'est que la Révolution et pourquoi elle a eu lieu.

La Révolution de 1789 est le changement radical qui s'opéra à la fin du xviiie siècle dans la constitution politique, civile et religieuse de notre pays.

La monarchie française existait depuis quatorze siècles. Des progrès, assurément, s'étaient accomplis durant ce long espace de temps, mais c'était surtout au profit de quelques-uns, du roi particulièrement, qui, après les luttes que vous connaissez avec les grands, avait fini par vaincre et abattre la féodalité et était devenu tout-puissant. Les nobles avaient perdu en indépendance, mais ils formaient la cour, un reflet de la gloire du prince leur donnait du prestige, et c'était, comme le clergé, une classe privilégiée.

Seule la condition du peuple ne s'était pas très sensiblement modifiée. S'il n'était pas tenu dans l'abjecte servitude du moyen âge, il était loin d'être libre, et en revanche il supportait toutes les charges ; seul il devait l'impôt au roi et au clergé, les traitants l'écrasaient et le pressuraient sous toutes les formes et sous tous les prétextes. Son argent allait à la cour et était employé aux dépenses du roi et des seigneurs, bien peu était affecté aux besoins de la nation.

Des réclamations s'étaient élevées, comme nous l'avons vu, dans le sein des États généraux. Lorsque la royauté était éprouvée ou affaiblie, elle faisait quelques concessions, mais toutes ces concessions n'avaient été qu'éphémères ; d'ailleurs, depuis près de deux cents ans, les États n'avaient point été rassemblés. Le roi n'avait donc pas de compte à rendre et sa puissance était absolue. Si les nobles s'étaient montrés plus humains, moins orgueilleux ; s'ils n'avaient pas cru que la soumission du peuple faisait d'eux des êtres supérieurs, peut-être les manants et les roturiers eussent-ils supporté les charges qui les accablaient ; mais il n'en était point ainsi.

Les nobles, qui se seraient crus déshonorés s'ils s'étaient livrés à un travail quelconque, restaient oisifs, c'est-à-dire inutiles ; il n'y avait qu'en temps de guerre qu'ils payassent de leur personne, mais à la condition qu'ils fussent tous officiers. L'homme du peuple ne pouvait qu'être soldat et tué obscurément.

Le noble seul pouvait remplir aussi les charges importantes comme gouverneur de province, intendant de généralités ou conseiller du roi ; seul il avait droit de chasse sur les terres cultivées par le paysan qui payait l'impôt. Si ce paysan eût été pris à chasser lui-même pour détruire le gibier qui faisait tant de tort à ses récoltes, on l'aurait sévèrement puni : il se serait vu couper la main ou même condamner à mort.

Pour justifier l'étendue de ses privilèges, le noble invoquait sa naissance : né noble, il était né pour commander. L'action toute passive de venir au monde ne peut cependant constituer le moindre mérite. Leurs ancêtres, objectaient-ils, avaient rendu de grands services, il était naturel qu'ils en fussent honorés. Les services

rendus au pays ont droit à nos sentiments de reconnaissance et de respect ; mais les pères ayant été récompensés, n'était-ce pas assez ? Était-ce surtout une raison
pour traiter le manant comme s'il n'eût pas été un homme ?
Un mot, un signe du roi pouvait lui ravir sa fortune, sa
liberté, et même la vie.

Toutes ces violences et toutes ces injustices finirent
par excéder le peuple. Consulté à l'occasion de l'élection
des députés aux États généraux, il demanda des réformes
complètes ; les grands principes de morale étaient violés
d'une façon permanente par l'état de choses de ce temps,
il voulut que la constitution désirée fût basée sur ces
principes ; il ne dit pas aux nobles : vous serez nos
esclaves comme nous avons été les vôtres, non, il leur
dit : soyez nos égaux, nous ne connaissons pas les représailles.

Voilà, mes enfants, les causes de la Révolution de 1789,
qu'on vous présentera peut-être sous d'autres aspects,
en dénaturant les faits et en calomniant la nation.
N'écoutez pas ceux qui qualifient ainsi cette date mémorable : c'est sur des ruines dues à la corruption et aux
privilèges que s'est édifiée l'œuvre de régénération dont
vous apprendrez de plus en plus à connaitre les bienfaits.

LEÇON A LA PREMIÈRE DIVISION

OU PREMIER COURS.

Dans le cours de nos précédents récits, dans le dernier notamment, vous avez entrevu que l'état de choses
ne pouvait durer. Depuis assez longtemps déjà des
symptômes avant-coureurs d'une grande crise existaient
et s'augmentaient sans cesse : « A moins que Dieu n'y

mette la main, avait écrit Mme de Tencin, il est impossible que l'État ne succombe. »

Lorsque Louis XVI monta sur le trône, on était à la veille d'une révolution. Sans la guerre de l'indépendance d'Amérique, elle eût éclaté beaucoup plus tôt; mais la nation, qui entraîna le gouvernement à y prendre part, parce qu'elle sentait instinctivement que c'était une revanche des traités de 1763, la nation ajourna ses revendications. La guerre finie, les difficultés de la situation n'avaient point diminué, au contraire; il fallut les examiner, les aborder de front et les résoudre. C'est la solution de ces difficultés qui constitue ce qu'on appelle la Révolution.

Les causes qui la provoquèrent sont aussi nombreuses que les abus qui existaient, auxquels il faut joindre une crise financière sans issue. Pour la facilité de l'exposition, nous partagerons ces causes en deux grands groupes :

1° L'inégalité dans la répartition des impôts;

2° L'inégalité dans les droits des différentes classes composant la nation.

Énumérons une fois de plus quelles étaient ces classes. Il y en avait quatre. La première se composait d'un seul homme, le roi; cet homme, faible comme le reste des humains, était entouré d'un tel prestige, revêtu d'une telle autorité, investi d'une telle puissance, qu'on aurait cru que c'était presque une divinité. Louis XIV, l'un d'eux, s'était, vous le savez, comparé au soleil. Les courtisans étaient intéressés aux splendeurs du trône et à faire du roi une sorte d'idole : un orateur sacré lui avait dit en pleine chaire, devant le Dieu qu'il prêchait et en présence du cercueil d'un des membres de sa famille, que « presque tous les rois étaient mortels. » C'est ce même Louis XIV qui avait prononcé, sans éton-

nement et sans effroi, ces mots : « L'État, c'est moi. »
Et l'État c'était bien lui, il était vraiment le maître
absolu des hommes et des choses.

Les nobles venaient après le roi, c'était la deuxième
classe. Ils avaient pour caractère distinctif un orgueil
implacable. D'où leur venait cet orgueil, était-ce de leur
mérite? Pour quelques-uns cela était vrai, mais ceci ne
constituait que l'exception pour la presque totalité; la
supériorité dont ils pouvaient se prévaloir près du
peuple venait de leur naissance, et quand parmi eux il
s'en trouvait qui avaient pour ancêtres des croisés,
c'était un des titres qui les plaçait au premier rang de la
hiérarchie des ducs, des comtes et des marquis. Était-ce
suffisant pour justifier leurs incroyables privilèges et
les droits qu'ils s'étaient arrogés? Était-ce suffisant pour
justifier l'infériorité du peuple, les souffrances qui lui
étaient imposées, les dénis de justice dont il était sans
cesse l'objet? Et ils étaient chrétiens, ces nobles, et ils
étaient dévots! Chrétiens, où étaient leurs sentiments
de charité? Comment pratiquaient-ils la morale?

Le clergé, qui composait la troisième classe, comprenait tous les prêtres. Ils se prétendaient les égaux des
nobles; mais le clergé et la noblesse souvent se jalou-
saient, leurs privilèges respectifs constituaient parfois
des intérêts opposés; cependant il était un point sur
lequel nobles, prélats et abbés s'entendaient, c'était
pour exiger du peuple les impôts dont ils vivaient.

La quatrième classe enfin se composait du reste de la
nation. Ce reste comprenait l'immense majorité des
Français. Vous avez vu que c'était la partie taillable et
corvéable à merci. C'était bien la partie taillable, en
en effet, elle payait toujours, payait sans cesse : au roi,
l'impôt sous les formes les plus multiples; au seigneur,
les redevances sans nombre; au clergé, la dîme sur

toutes ses récoltes ; de l'argent, toujours de l'argent. Et cet argent était mal employé, nous l'avons constaté bien des fois, de sorte qu'à bout de ressources l'État se trouvait, en 1789, au bord d'un abime. Il fallait l'empêcher de sombrer. C'est pour cela qu'après des tentatives de toute sorte qui échouèrent, il fallut en arriver à avoir recours à la nation, représentée par ses députés ; on convoqua les États généraux. On s'était résigné avec beaucoup de peine à prendre cette mesure : on sentait que les États, le tiers particulièrement, n'accorderaient des ressources qu'en échange de garanties qu'on redoutait extrêmement de voir demander ; on voyait le désaccord, on savait qu'entre les castes privilégiées et le peuple il existait des divergences profondes. Le tiers cependant n'avait point d'idée de suprématie égoïste : il demandait la justice et l'égalité ; il ne pensait à être ni noble ni roi, il voulait être citoyen et disait *nous*.

La constitution qu'il créa et qui sera impérissable, reste le plus grand monument qu'ait élevé un peuple à la justice, au droit et au devoir.

Si l'on vous dit que la constitution faite, le peuple souverain, trop jeune encore pour user de son pouvoir, en abusa, il est facile de répondre qu'il ne faut jamais confondre quelques hommes avec tout un peuple. Nous déplorons les excès, nous condamnons les violences ; mais nous condamnons toutes les violences, aussi bien celles qui se sont produites à l'aurore de la liberté que ces excès qui, sans bruit, sans tumulte, sans prétexte, ont caractérisé plusieurs siècles de monarchie absolue.

Géographie.

Dès qu'un programme d'études comprend l'enseignement de l'histoire, on est conduit à y faire entrer celui de la géographie : les deux doivent être associés sans pouvoir être séparés. Par nos leçons d'histoire, nous sommes nécessairement amenés à parler à nos élèves des autres peuples ; la terre s'étend donc au loin. Il faut bien alors que nous sachions où ces peuples sont placés, où sont placées les bornes de notre héritage, où commence le domaine d'une autre nation.

Mais comment allons-nous initier nos élèves à ces connaissances? Nous procéderons comme nous avons fait pour l'enseignement des autres matières, nous prendrons pour base de notre première leçon ce que sait l'enfant. Mais que sait-il en géographie avant qu'on lui en ait jamais parlé? Il a fait de la géographie pratique, il est venu en effet chaque jour de la maison paternelle à l'école; en venant il a pu voir le ruisseau couler, un train passer, un bateau voguer sur la rivière ou le lac. Il aura vu d'autres villages au loin, il aura remarqué une vallée et la montagne qui la domine. Voilà incontestablement des connaissances géographiques. Commençons par les classer. Pour cela, devons-nous d'abord donner des noms à toutes ces choses et les définir, pour que les enfants retiennent et la suite des noms, et les définitions présentées? Que diraient ces mots à l'esprit de l'élève? Il est, à notre avis, bien préférable de leur dire : « Regardez et dites ce que vous voyez. »

Mais regarder où? Autour de soi d'abord, et sur la carte ensuite. Voilà le premier pas à faire. Quand je me reporte à mes souvenirs d'enfance, je me rappelle combien une carte me semblait être un grimoire incompréhensible; aussi je préférais de beaucoup apprendre par cœur dans un livre ; je me croyais débarrassé et très sûr de moi quand je pouvais réciter imperturbablement la longue et stérile nomenclature de noms qui faisaient l'objet de la leçon. C'est ainsi qu'on enseignait la géographie alors; rarement il était question de cartes, celles dont on disposait d'ailleurs étaient mal faites et beaucoup trop petites.

Quelle différence sous ce rapport, et quels progrès nous avons heureusement faits à cet égard! Toutefois, bien que nous ayons aujourd'hui de nombreuses cartes à notre disposition, et que ces cartes soient généralement bien faites, les enfants, un peu plus, un peu moins, ont l'appréciation que nous avions tous à leur âge, concernant les cartes, et cela se conçoit : à première vue, la carte est un livre sur lequel ils ne peuvent même pas épeler, comment les intéresserait-il ? Notre premier soin doit donc consister à leur donner une idée plus conforme à la réalité et à les placer de bonne heure devant la carte.

Mais la carte n'est pas la réalité, dira-t-on, et c'est vrai; aussi n'est-ce pas devant la carte toute faite qu'il faut mettre l'enfant, mais devant la carte à faire. Commençons par lui faire confectionner celle qui représentera la position des choses qu'il connaît, nous aurons la réalité et les signes au moyen desquels on est convenu de la représenter.

Voici d'ailleurs comment j'entends que peut se donner la première leçon de géographie à l'école, aux commençants.

Le maître. — Mes enfants, nous allons nous occuper de géographie. Vous verrez combien cela va vous intéresser. Henri, où sommes-nous en ce moment?

Henri. — En classe, Monsieur.

Le maître. — Pourriez-vous représenter la classe sur le tableau? Il ne s'agit pas de la dessiner telle que vous la voyez et avec tout ce qu'elle renferme; ce serait trop difficile pour vous, et puis cette étude nous détournerait de celle à laquelle nous voulons plus spécialement

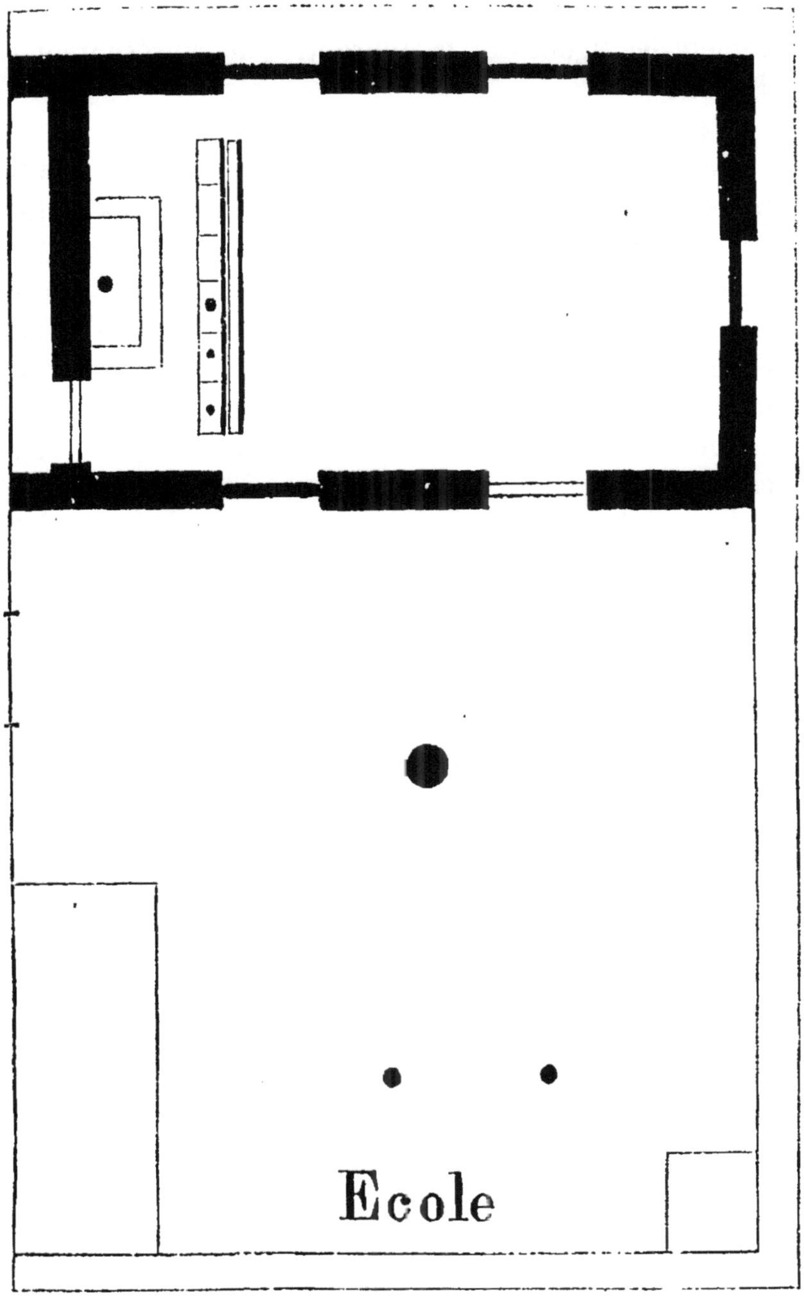

Fig. 1.

nous consacrer à l'heure actuelle. Nous tracerons seulement les lignes qui la figurent. Que représentent ces lignes ?

Henri. — Un carré long.

Le maîrte. — C'est cela. Allez au tableau et faites-nous ce carré long (l'enfant trace la figure). La classe a des portes et des fenêtres ; indiquez-les en donnant aux lignes qui se trouvent entre les intervalles des portes et des fenêtres, plus de grosseur (c'est ce que fait l'enfant). — Bien. Maintenant, quelle est la place qu'occupe l'estrade ? Elle est installée de ce côté, et sa place sera encore figurée par un carré long. — Tracez-le (ce qui est fait).

Le maître. — Louis, remplacez Henri au tableau. Tracez-nous la première table, c'est toujours un carré long (la table est tracée). Indiquez votre place à cette table par un point (l'enfant fait ce point, un peu gros, bien entendu. Du reste, voir la figure 1 ci-derrière). — Eh bien, savez-vous ce que vous venez de faire ? Le commencement d'une carte. Chacun de vous, n'est-il pas vrai, pourrait la compléter en indiquant la place qu'occupent les autres tables, et à ces tables la place qu'il occupe. Nous aurions ainsi une carte de la classe nous faisant connaître le nombre de tables qu'elle renferme et celui des élèves assis à chaque table. Nous allons sortir et nous placer dans la cour. Remarquez bien comment elle est disposée ; nous rentrerons ensuite pour l'ajouter à nos premières indications, de même qu'elle est ajoutée en réalité à la classe. Louis, tracez-nous la cour. C'est un carré. Indiquez la porte d'entrée par deux points suffisamment espacés sur le côté où elle existe. — Bien. Tracez le puits ; il s'indique par un gros point noir.—Le préau, c'est un carré long. Faites-le à la place qu'il doit occuper. Tracez également la figure qui représenterait les lieux d'aisances. — Indiquez-nous aussi où se trouve notre portique pour le gymnase. Ce sont deux points figurant les deux poteaux.

Ceci exécuté, nous avons ce qu'on appelle le plan de la classe et de ses dépendances. Notre première carte est faite et notre première leçon finie. Demain nous continuerons.

— Henri, vous rappelez-vous notre leçon d'hier? Nous allons la continuer. Vous êtes venu de chez vous ce matin ; pourriez-vous, sur le tableau, à côté de ce que nous avons fait déjà, *indiquer votre maison? Figurez-la par un gros trait, en la plaçant dans la position qu'elle occupe relativement à l'école. — Bien. Comment avez-vous fait pour venir en classe?*

Henri. — J'ai suivi le chemin.

Le maître. — Figurez-le par une ligne (c'est ce que fait l'élève). Le chemin ne vient pas directement de votre maison à l'école, vous êtes obligé de faire un détour ; indiquez-le (l'enfant figure le chemin). Ainsi, mes enfants, vous le voyez, notre carte s'étend ; nous savons maintenant où se trouve la maison de Henri et nous connaissons le chemin qu'il parcourt pour se rendre en classe. Émile, Paul et Jules vont nous indiquer également la position de leur maison et nous tracer sur le tableau le chemin qu'ils suivent pour venir chaque jour à l'école. Notre carte ainsi se complète et s'étend peu à peu. (Voir fig. 2.)

Mais le village ne se compose pas seulement des demeures de ces quatre élèves et de l'école, il y en a beaucoup d'autres. Si nous les figurions avec la même grosseur et en laissant entre elles le même espace, notre tableau serait beaucoup trop petit. Il faut que nous diminuions nos distances et aussi les figures qui représenteront chaque maison du village, tout en conservant les

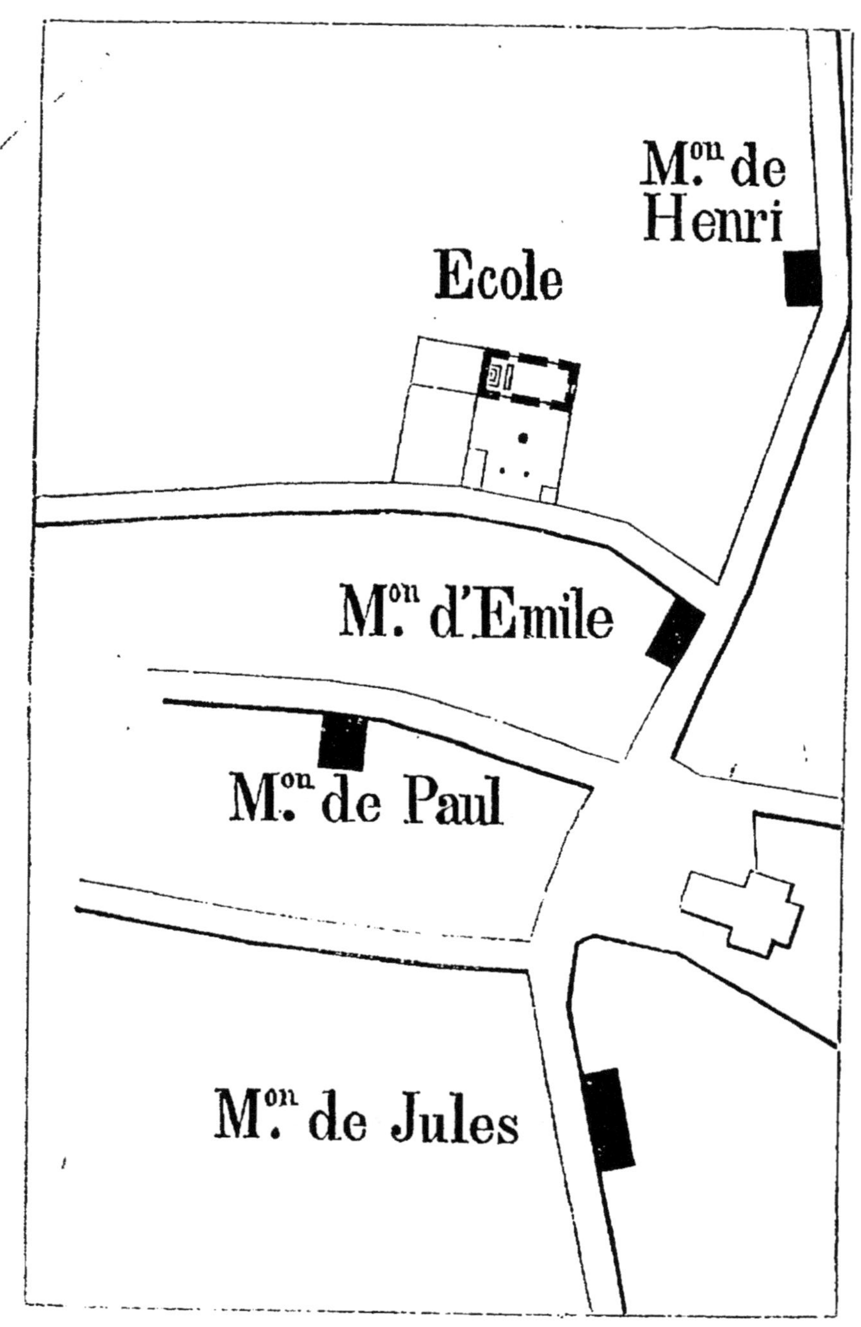

Fig. 2.

positions que chaque groupe doit garder. (Le maître
guide les élèves dans le tracé très sommaire qu'il s'agit
de faire ici.)

Voici à peu près comment pourrait être présentée notre
petite commune. (Voir la fig. 3.) Mais notre commune
n'est pas seule, il y a tout autour de nous d'autres villages et d'autres communes plus importantes que la
nôtre. Il y a, par exemple, le chef-lieu de notre canton,
où vous êtes allés bien souvent.

Où se trouve-t-il situé par rapport à nous? Jules,
répondez.

Jules. — Il est à droite de notre village.

Le maître. — Voilà, mon enfant, une expression que
l'on n'emploie pas en géographie. On en a trouvé d'autres beaucoup plus vraies. Vous avez tous vu le soleil,
n'est-ce pas, et vous avez remarqué qu'il apparaît toujours du même côté et disparaît également toujours du
côté opposé? Le côté où le soleil apparaît, où il se lève,
comme on dit, se nomme levant, est ou orient. Le côté
où il disparaît et se couche, selon l'expression consacrée,
se nomme couchant, ouest ou occident. Ces différentes
positions occupées par le soleil ont été prises pour indiquer les positions occupées par les villages, les communes et les villes ; ainsi, maintenant, vous pouvez me
dire de quel côté se trouve situé Vernon, notre chef-
lieu de canton, par rapport à nous : est-ce du côté où le
soleil se lève, ou bien du côté opposé ?

Jules. — C'est du côté où le soleil se lève.

Le maître. — Oui, au levant, par conséquent. —
Quelle est la commune qui se trouve pour nous située
du côté opposé ? — Vous ne voyez pas d'ici ; c'est
Villez-sous-Bailleul. Mais ce ne sera pas seulement
pour Vernon que nous dirons qu'il est situé au levant,
nous le dirons de toutes les localités et de tous les

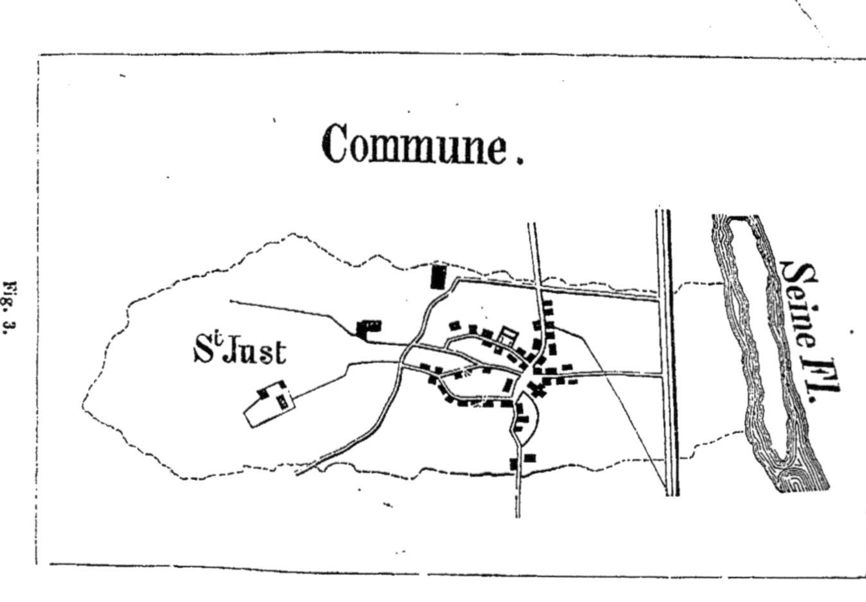

Commune.
St Just
Seine Fl.
Fig. 3.

lieux placés du même côté. Nous dirons de même que tout ce qui se trouve du côté de Villez est placé au couchant, si loin d'ailleurs que nous nous transportions de ce côté par la pensée ; mais que dirons-nous pour les villages situés du même côté que Saint-Pierre-d'Autils ou de ceux qui seront placés du même côté que Douains ? Nous aurons besoin d'indications nouvelles pour déterminer leur situation par rapport à nous. Ces indications existent. Entre le point où le soleil s'est levé et celui où il s'est couché, il s'en trouve un très grand nombre. Pour l'instant, nous ne nous occuperons que de deux qui sont placés à égale distance du levant et du couchant : l'un s'appelle le nord, l'autre le midi. Le nord est situé du côté où se trouve placé Saint-Pierre ; le midi du côté opposé, celui où est placé Douains. Ainsi, nous dirons : Vernon est au levant de Saint-Just, Saint-Pierre au nord, Villez au couchant et Douains au midi.

Allons maintenant au tableau et indiquons la position des communes dont nous venons de parler par rapport à Saint-Just. Nous faisons figurer ces communes par un simple point que nous faisons seulement plus gros pour Vernon. Nous ne pouvons mentionner d'autres indications pour chaque localité, ou nos cartes seraient trop grandes. Maintenant que nous avons indiqué la place qu'occupent les quatre localités que nous avons fait figurer sur notre commencement de carte, il nous est facile de remarquer qu'en traçant la place de ces quatre communes, nous avons en quelque sorte fait le tour de Saint-Just ; nous avons Vernon à droite, Villez à gauche, Saint-Pierre devant nous et Douains derrière. Toutes les cartes sont tracées en tenant compte de ces quatre points qu'on appelle les quatre points cardinaux, et dans chaque carte ils occupent la place suivante : le levant à droite, le couchant à gauche, le nord en haut et le midi en bas.

Comme il importe beaucoup que nous n'oubliions pas la position de ces quatre points, nous allons rentrer en classe et les tracer sur le plafond de l'école. C'est ce qu'on appelle déterminer l'orientation. (Voir la carte ci-contre, fig. 4.)

Nous procéderions de la même façon pour faire connaître et tracer très sommairement, très simplement, l'arrondissement et le département.

Voilà la façon dont il convient, selon nous, d'initier les enfants à la géographie. Ces premières leçons données, il importe de revêtir, si je puis parler ainsi, les choses de leur nom, accompagnées des définitions simples qui doivent être données.

Ainsi, nous avons la rivière à Vernon et le chemin de fer. La ville et le fleuve sont dominés par la côte, un bois en ombrage les flancs, une cataracte descend du sommet. C'est devant ces choses qu'il nous faut donner les définitions, elles se graveront immédiatement dans l'esprit des enfants. Pour celles qui ne peuvent être vues, rien ne les fera mieux apprendre que les figures qu'on pourra mettre sous les yeux des élèves. Que le maître exige comme devoir plus ou moins bien fait, d'abord de reproduire ce qui a été vu dans la nature, ensuite ce qui est vu sur les atlas, on arrivera promptement à leur inculquer les éléments qu'il s'agit de leur rendre familiers. Dans les pays de montagnes, rien ne sera plus propre à leur faire comprendre le relief du sol que les cartes en relief, cartes qu'il est assez facile de faire dans toute école.

Quand tout ce qui entoure est bien connu, on passera à la géographie générale. Pour cette étude, le globe est indispensable : c'est sur le globe, en effet, que les enfants pourront se rendre compte de la répartition des terres et des mers. C'est à propos de cette étude que viendront

NORD
OUEST
Fig. 4.
EST
MIDI
N
O
E
S
Canton
Seine Fl.
St Pierre d'Autils
Villez
S. Just
Ste Colombe
S. Marcel
La Chapelle
Vernon
Mercey
Houlbec
S. Vincent
Chambray
Rouvray
la Heunière
Douains
Eure R.

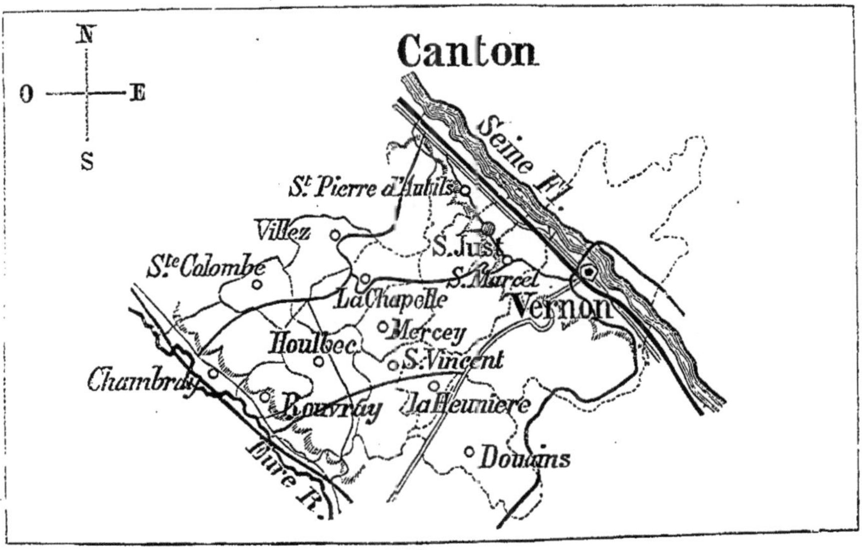

les définitions relatives aux cercles de la sphère. Il faut faire toucher du doigt l'importance qui s'attache à la connaissance de la longitude et de la latitude.

Après avoir acquis ces notions de géographie générale, il faudra revenir à la France, qu'on étudiera au point de vue physique d'abord, en la partageant comme elle l'est naturellement en bassins. Au reste, pour nous borner dans nos indications, nous allons donner ici le programme d'études pour chaque cours. Ce programme est calqué sur celui des écoles du département de la Seine qui nous a paru excellent.

COURS ÉLÉMENTAIRE

L'école, la rue, le quartier, la commune. — Le chef-lieu de canton. — Les quatre points cardinaux. — Les communes qui nous entourent, l'arrondissement, le département. — Les champs, les bois, les rivières, les montagnes, ce que c'est de voyager par terre, par eau. — Carte sommaire des environs. — Nomenclature géographique. — Expliquer les principaux termes de la nomenclature géographique. — Montagne, chaîne de montagnes, plateau, vallée, lac, fleuve, rivière; mer, golfe, baie, détroit, île, presqu'île, cap.

Le golfe. — Démonstration familière de la forme de la terre. Les terres et les eaux. — Les cinq parties du monde. — Les grands océans. — Les plus grandes chaînes de montagnes et les plus grands fleuves de la terre. — Les trois grandes races humaines.

France. — Bornes. — Principales chaînes de montagnes. — Les cinq grands fleuves. — La capitale. — Les villes les plus importantes.

COURS MOYEN

Retour sur les notions de cosmographie élémentaire avec quelques développements. — Axe, pôles, grands et petits cercles, équateur, méridiens, degrés. — Comment on trouve la longitude et la latitude d'un lieu.

Distinction de la géographie physique et de la géographie politique. — Principaux termes de la géographie politique. — Province, district, comté, etc.

Grandes division du globe : Asie, Afrique, Amérique, Océanie. — Description très sommaire des côtes. — — Système général des montagnes. — Grands fleuves. — États et villes principales. — Colonies et établissements européens. — Principaux objets d'échange avec l'Europe.

Europe. — Géographie physique. — Ligne de partage des eaux et montagnes qui s'y rattachent. — Volcans, fleuves, rivières principales, lacs.

Géographie politique. — États du Nord, du centre et du Sud. — Capitales, raisons diverses de leur établissement. — Nations latines, germaniques, slaves. — Langues principales. — Religions. — Gouvernements. — Population. — Principales productions du sol et de l'industrie. — Ports de commerce principaux.

France. — Géographie physique. — Tracé des frontières et des côtes. — Ligne de partage des eaux. — Montagnes qui s'y rattachent.—Bassins des grands fleuves.— Leurs principaux affluents.—Les grands canaux. — Les chemins de fer.

Géographie politique. — Ce que c'était qu'une ancienne province. — Ce que c'est qu'un département, un arrondissement, un canton, une commune, une division militaire, un archevêché, un évêché, une cour d'appel, une académie. — Ce que c'est qu'une route nationale, départementale, un chemin de grande communication, un chemin vicinal.

Les anciennes provinces, les départements. — Chefs-lieux. — Étudier la place des départements sur la carte à l'aide du cours des fleuves et des rivières ou la direction des montagnes dont ils portent le nom. — Algérie. — Ses divisions. — Indication des autres colonies françaises.

Industrie et commerce. —Zones de culture et production. — Grands centres d'industrie. — Voies de commerce entre la France et les cinq parties du monde.

COURS SUPÉRIEUR

Revision générale des matières du cours élémentaire et des matières du cours intermédiaire.

France.— Géographie physique.— Notions très sommaires sur le climat et la formation géologique du sol. — Ligne de partage des eaux. — Chaînes de montagnes et ramifications principales. —Fleuves et rivières divisés par bassins.— Tracé des frontières.— Description des côtes.

Géographie politique. — Anciennes provinces. — Époques, circonstances de leur réunion à la couronne. — Départements, chefs-lieux, sous-préfectures. — Origine et but de la division en départements. — Concordance de l'ancienne et de la nouvelle division.

Géographie agricole et industrielle. — Division de la France en grandes régions physiques. — Région des forêts, région des céréales, région des principales cultures industrielles.—Régions de la vigne, du pommier à cidre, du houblon, de l'olivier, du mûrier. — Régions

favorables à l'élevage. — Les grands marchés agricoles.
— Géographie industrielle. — Carrières et mines principales. — Régions des grandes usines. — Régions de
l'industrie du chanvre, du coton, de la laine, de la soie.
— Industries diverses. — Principales villes manufac-
turières.

Géographie commerciale.—Voies de communication .
fleuves, rivières, canaux, chemins de fer. — Leurs relations avec les grandes voies du continent européen.—
Voies de communication maritime entre la France et les
différentes parties du monde. — Ports de commerce,
importations, exportations.

Colonies. — Algérie : Limites, montagnes, cours
d'eau, provinces, villes principales. — Productions. —
Autres colonies.

Divisions administratives, départements, arrondisse-
ments, cantons, communes. — Divisions universitaires,
militaires, maritimes, judiciaires, ecclésiastiques, financières. (Douanes, enregistrement, postes, télégraphes,
banque de France, etc.). — Raison d'être de ces divisions. — Administration centrale. — Gouvernement.—
Population.

Un dernier conseil en terminant ; ce sera, sous une
autre forme, la répétition de ce que nous avons dit déjà,
mais cette insistance nous paraît nécessaire : une nomenclature de noms se rapportant aux États, aux villes,
aux fleuves, aux montagnes, etc., ne serait pas plus de
la géographie que le plan de l'architecte n'est la maison
qu'il veut construire. Il importe que les élèves n'hési-
tent point sur la position. Pour arriver à ne pas prendre
le Pirée pour un homme, il n'y a pas deux moyens, mais
un seul, et un seul souverain et infaillible, c'est l'étude
et le tracé des cartes ; l'œil aide ainsi à la mémoire, la
position et la situation rappellent le nom, et réciproque-

ment. Donc, jamais de leçon sans carte, ayez la carte, toujours la carte, on n'en usera suffisamment qu'en en abusant presque.

§ 9

Dessin

Le dessin dans nos écoles ne peut être qu'un dessin tout à fait élémentaire. Il est bien évident que nos élèves ne sont pas destinés, pour la plupart, à devenir des artistes. Ce qu'il faut demander à cet enseignement, c'est moins la culture de l'art que l'appréciation exacte des proportions. Aussi nous ne leur donnerons ni modèles de grande valeur artistique, ni sujets d'une difficile exécution. Nous voudrions qu'au sortir de l'école, chaque enfant pût tracer sur le papier, d'une manière exacte, les objets qui l'entourent. Donc, nos modèles tout trouvés séront les choses qui nous environnent. Je dis les choses elles-mêmes, et non des figures de ces objets tracées à l'avance, soit sur du papier, soit au tableau.

La première des leçons de dessin doit se faire en même temps que la première des leçons de choses. A mesure que l'enfant expliquera ce qu'il voit, il sera tenu de le dessiner au tableau pendant que les autres le reproduiront sur leur ardoise. Comme la leçon de chose est la première que l'enfant reçoit en arrivant en classe, l'enfant apprendra à dessiner dès son arrivée à l'école.

Voici quelques exemples de la manière de faire :

Le maître saisit un encrier et le montre à toute la classe. Il y a un élève au tableau.

Le maître. — Jean, quel est cet objet?

Jean. — Monsieur, c'est un encrier.

Le maître. — De quelle matière est-il composé ?

Louis. — Il est en verre [1].

Le maître. — Que contient-il ?

Jacques. — De l'encre [2].

Le maître. — Comment est-il fait ?

André. — Il est plus large en bas qu'en haut.

Le maître. — Oui, c'est afin qu'il ne puisse pas se renverser facilement. — Eh bien, dessinez cet objet. Vous indiquerez par un trait l'endroit où l'on voit le niveau de l'encre.

Tous les élèves dessinent l'encrier. Il faudra que les enfants aient à cet effet une ardoise quadrillée de très petits carrés. Le tableau spécialement destiné au dessin sera également rayé. Les élèves reproduiront à peu près le dessin suivant.

DESSIN DES ENFANTS

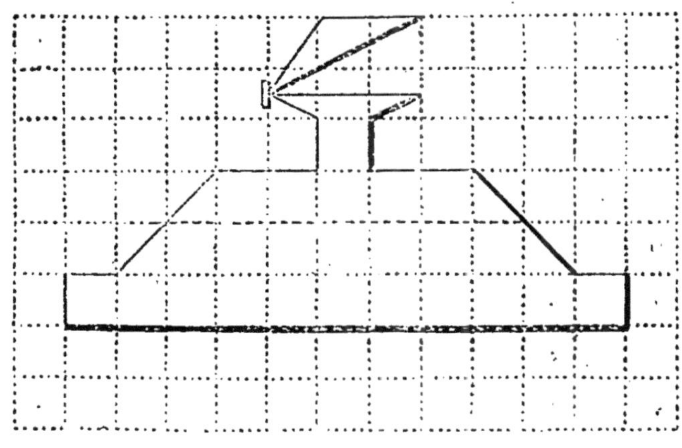

Encrier n° 1.

1. A ce sujet, questions complémentaires que nous n'indiquons pas ici et qui font partie de la leçon de choses plutôt que de celle de dessin : Qu'est-ce que le verre ? Comment le fait-on ? Ses usages ? Etc.

2. Qu'est-ce que l'encre ? Comment la fait-on ? Ses usages ? Etc.

Ce que les maîtres devront exiger des élèves, c'est la symétrie. Les deux côtés de l'encrier devront être exactement semblables, et c'est l'inexactitude qu'il faudra surtout corriger.

Pour les élèves plus forts, nous ne changerons pas nos modèles ; mais nous demanderons une plus grande ressemblance avec le modèle, des coins arrondis, les détails plus accentués. Ainsi, voici le même encrier pour le deuxième cours.

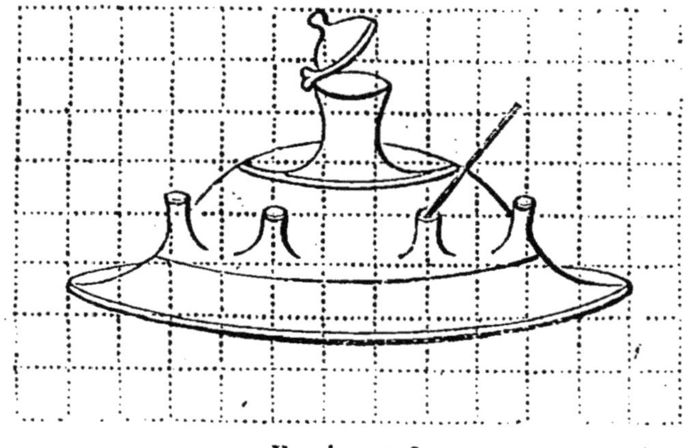

Encrier n° 2.

Pour les plus forts, le dessin devra être parachevé. Tous les moindres détails notés, quelques notions d'ombre termineront leur culture sous ce rapport.

La méthode que nous recommandons, celle qui consiste à dessiner à l'aide de petits carrés, repose sur la théorie des figures semblables. Il sera très facile à l'élève d'obtenir le double, ou le triple, ou le quadruple de son dessin, en augmentant les carrés et en les construisant doubles, triples, etc., des premiers.

Nous donnons ci-dessous le même encrier pour le premier cours.

Encrier n° 3.

Il faut faire trouver aux enfants les règles générales du dessin comme nous leur avons fait trouver les autres règles dans les différentes branches des autres connaissances. Nous allons donner une leçon modèle indiquant la méthode à suivre.

Le maître. — Mes enfants, nous allons aujourd'hui dessiner ce cube que vous voyez. Henri, un cube a combien de côtés?

Henri. — Six.

Le maître. — Très bien. Ces côtés sont-ils égaux?

Henri. — Oui, Monsieur, sans quoi ce grand dé que vous nous montrez ne pourrait pas être un cube.

Le maître. — Très bien. Combien voyez-vous de côtés, Jacques?

Jacques. — Monsieur, j'en vois trois.

Le maître. — Les voyez-vous tous trois de la même grandeur?

Jacques. — Non, Monsieur. J'en vois un en face de moi, qui me paraît avoir à peu près sa grandeur ordinaire; mais le côté d'en haut et le côté de gauche semblent tout petits.

Le maître. — On vient pourtant de dire que tous les côtés d'un cube sont égaux.

Pierre. — Oui, Monsieur; mais vous nous avez déjà dit souvent que les objets se peignaient sur notre rétine, non point tels qu'ils étaient, mais tels qu'on les verrait s'ils étaient tous sur un seul plan.

Le maître. — Bien. Mais lorsque nous représentons les objets sur le papier, nous ne pouvons les peindre que sur un seul plan. Nous devons donc les peindre comme nous les voyons et non point comme ils sont.

Paul, comment ferez-vous pour dessiner ce cube?

Paul. — Je le représenterai comme je le vois, c'est-à-dire que je ferai très grand le carré qui me fait face, puis très petit le carré d'en haut et celui de gauche.

Le maître. — De plus, de quel côté vient la lumière ?

Jules. — Elle vient de la gauche.

Le maître. — Donc, vous devez faire très clair le carré de gauche, et plus ou moins noirs les autres, selon que l'objet est plus ou moins éclairé.

Eh bien, mettons-nous à l'œuvre.

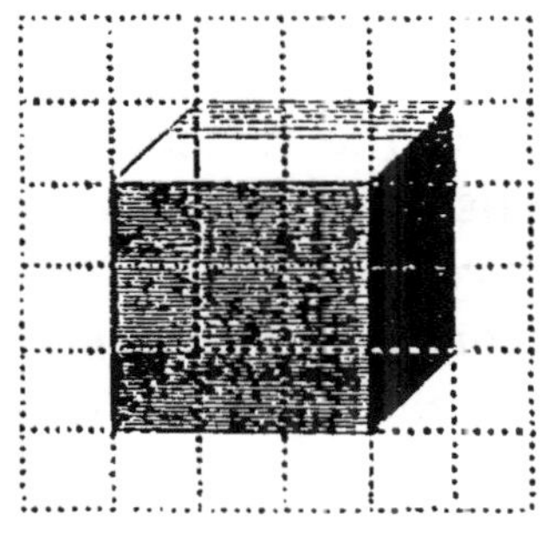

Cube.

Le maître. — Eh bien, nous devrons dessiner de même tous les objets qui offrent une forme cubique et tous ceux qui ont des carrés ou des rectangles pour faces, et souvenez-vous que nos yeux voient tous les objets sur un même plan. Comme nous devons les reproduire sur un seul plan, il est évident qu'on doit peindre les objets tels qu'ils paraissent. Au contraire, les sculpteurs les représentent tels qu'ils sont en réalité.

Ce dont il faut se pénétrer dans l'enseignement du dessin, c'est de mettre l'enfant à même de pouvoir exécuter, une fois qu'il sera devenu ouvrier, l'objet dessiné quand le dessin sera coté.

Exemple : Voilà un laboureur qui a cassé une des traverses de sa herse ou le brancard de sa voiture. S'il

a appris à dessiner comme nous l'entendons, il doit
pouvoir reproduire la figure de l'objet à remplacer et la
coter convenablement. Le charron auquel il l'enverra
devra, de son côté, pouvoir, avec les mesures et le modèle
reçus, confectionner l'objet sans avoir besoin de se
déranger. Économie de temps, donc pour les deux, voilà
de la pratique. Ne demandons pas plus actuellement. Si,
par exception, quelques-uns de nos élèves montraient
des dispositions extraordinaires, il serait de notre devoir de les encourager ; mais, ce sera rare, et nos écoles
ne pourront leur donner que des notions élémentaires.
Aux écoles spéciales seules incombe la tâche de développer les talents naissants qui se produiraient ; à nous
seulement de les faire connaitre.

Quoique nous n'ayons pas dit un mot du dessin géo-
métral, il est incontestable qu'on en doit faire à l'école.
C'est pourquoi nous donnons ci-dessous le programme
officiel concernant la matière. Les quelques indications
contenues dans notre leçon modèle peuvent d'ailleurs
s'appliquer aux leçons que le programme comporte.

DESSIN LINÉAIRE

Tracé des lignes droites, perpendiculaires, horizon-
tales, parallèles ;

Leur division en parties égales ou proportionnelles à
des lignes ou à des nombres donnés ;

Tracé des figures géométriques formées par des carrés,
des rectangles, des triangles, des parallélogrammes et
des trapèzes ;

Tracé des lignes courbes, cercles, courbes, à plusieurs
centres et volutes :

Tracé des polygones inscrits dans un cercle ;

Formation des solides, cubes, pyramides ;
Usage des échelles ;
Règles élémentaires de la perspective.

DESSIN D'ORNEMENT

Rudiments d'ornements, tels que :
Les filets parallèles différents de mesure et d'écarte-
ment ;
Les rinceaux linéaires ;
Les dentelures de mesure égale formées par des lignes
droites et contournées ;
Les rosaces et leurs variétés, et autres ornements
empruntés à l'architecture, tels que dentelures, rin-
ceaux, feuillages, etc. ;
L'étude des contours et des profils d'objets tels que
moulures, balustres et vases ;
Enfin, l'étude de l'ornement proprement dit.

DESSIN D'IMITATION

La copie des modèles dessinés, gravés, lithographiés,
placés sous les yeux des élèves ;
La représentation perspective d'objets artificiels, ou
naturels placés dans l'espace ;
Le dessin des plantes, fruits, feuillages ;
L'étude des parties et de l'ensemble de l'homme et des
animaux.

§ 10

Gymnastique

L'école ne doit pas seulement s'occuper de l'intelligence, de l'esprit et du cœur, elle doit aussi avoir une

sollicitude éclairée pour tout ce qui regarde le corps et son développement. C'est pour cette raison que la gymnastique est inscrite comme matière obligatoire dans notre programme. Nous sommes presque des réfractaires à cet égard, je veux dire que la nécessité de l'enseignement de la gymnastique ne pénètre que fort lentement dans notre esprit. Cependant l'enseignement en est obligatoire depuis longtemps déjà : un décret du 3 février 1868 a introduit cette matière dans le programme des écoles, des collèges et des lycées. Plus récemment une loi a prescrit que la gymnastique serait enseignée dans toutes les écoles. La loi venant après le décret indique qu'il faut insister sur ce point. C'est avec raison. La gymnastique constitue en effet le complément indispensable de l'éducation : le développement du corps réclame, chez l'enfant surtout, des soins et des attentions qu'il serait dangereux de négliger. Cependant l'obligation d'enseigner la gymnastique était à peine inscrite dans nos programmes, qu'elle a rencontré des critiques et des contradicteurs. C'est le sort de toute innovation. Puis, il y a des esprits rebelles à tout progrès : ne trouve-t-on pas encore en France des gens qui regrettent qu'on apprenne à lire et à écrire au peuple, prétendant qu'on est mieux servi par des domestiques illettrés? Nous avons vu cette étrange opinion émise au sein d'une commission d'un conseil général à laquelle on demandait de se prononcer en faveur de la construction d'une école normale de filles. C'est là le parti du passé, avec lequel nous n'avons rien à démêler; mais d'autres adversaires se sont joints à ces féodaux; ils se sont égayés aux dépens des maîtres, mais ils n'ont pu trouver que de stériles plaisanteries pour arguments : ils ont prétendu que c'était transformer nos lycées en casernes, nos élèves en soldats et les maîtres d'école en sergents instructeurs. Si le maniement du fusil a été ajouté aux exercices de gymnastique proprement dits, pourrait-on s'en plaindre aujourd'hui que chaque citoyen est appelé à faire partie de l'armée? Quant aux exercices gymnastiques, ceux dont il est question pour nos écoles n'ont aucun rapport avec ceux de l'armée. Dans l'armée la gymnastique a pour but d'habituer ceux qui s'y livrent à des exercices difficiles, et même, jusqu'à un certain point, dangereux : on veut mettre par là le soldat en état de surmonter des obstacles en lui rendant familières les apparences du péril. Dans nos écoles, on cherche seulement à développer les forces du corps et à en rétablir l'harmonie; c'est un exercice hygiénique et non un moyen de produire des prodiges d'agilité et de hardiesse.

A propos de nos écoles rurales surtout, nous entendons faire encore cette objection : Mais c'est une inutilité, dit-on; est-ce qu'au village l'enfant n'a pas l'air et l'espace? Est-ce qu'il ne trouve pas dans la marche que lui impose souvent son éloignement de l'école, dans les services qu'exigent de lui ses parents, dans ses jeux, à défaut de tout autre exercice corporel, une gymnastique naturelle cent fois préférable à celle qu'on va introduire dans les écoles pour la lui imposer? Cette objection est spécieuse peut-être, mais elle n'est sûrement pas fondée. Sans doute, à la campagne, l'enfant a l'air et l'espace qui manquent si souvent à ceux des villes, particulièrement à ceux des centres manufacturiers, mais avec cela pense-t-on que la gymnastique soit sans utilité dans une école de village? Que veut-on d'ailleurs? surtout réglementer les jeux pour commencer : est-ce mal, est-ce trop? On donnera ainsi plus de souplesse et de légèreté au corps, n'est-ce pas un excellent résultat à atteindre? L'homme qui joint l'adresse au courage ne jouit-il pas d'un réel et précieux avantage? Qu'il se trouve en présence d'un incendie, d'une inondation, d'un accident grave, ne peut-il pas porter de prompts secours là où l'inhabile ne peut souvent que former de stériles vœux? L'agilité permet à l'homme de cœur d'accomplir, sans s'exposer plus qu'un autre, des actes d'audace et d'intrépidité, de ces actes d'héroïques sauvetages que la foule applaudit et que l'État récompense.

On peut assurer encore que la gymnastique aura pour avantage de donner aux futurs conscrits des communes rurales un plus grand assouplissement des membres, une démarche plus dégagée, des dispositions à tirer meilleur parti des forces que la nature a mises en eux. Au point de vue pédagogique, l'enfant modérément fatigué rentre en classe avec un besoin de repos favorable aux dispositions studieuses qu'il importe que l'on rencontre en lui.

Enfin quand on crie à l'innovation en ce qui concerne la gymnastique, on n'est point dans le vrai. Rien de moins nouveau que de comprendre des exercices corporels dans l'ensemble des connaissances données à la jeunesse, et s'il n'était prétentieux à propos de nos écoles rurales de parler de la Grèce et de Rome, de l'Égypte et de la Perse, il serait facile de démontrer jusqu'à quel point, chez ces peuples, on tenait au développement harmonieux des forces corporelles. Un Spartiate qui n'aurait point concouru dans ces jeux où le prix appartenait au plus agile et au plus adroit, aurait été considéré comme un ilote. Et cependant ces nations ont su former des hommes! Il n'est point nécessaire au reste d'aller chercher nos exemples dans l'antiquité; regardons ce qui se passe autour de nous; chez nos voisins les Suisses et les Allemands, la gymnastique est enseignée dans la plus modeste de leurs écoles; l'Allemagne et la Suisse ne sont point des nations arriérées au point de vue de l'enseignement primaire.

Rien donc de mieux justifié que la mesure qu'on vient de prendre.

Arrivons à l'application.

Au début, les instituteurs devaient tout trouver en eux-mêmes; aujourd'hui il n'en est plus ainsi. Tous les maîtres sortis des écoles normales ont reçu des leçons de gymnastique qui les rendent parfaitement aptes à donner à leur tour cet enseignement à leurs élèves; le ministère, d'autre part, a fait adresser à tout directeur d'école communale un manuel qui sera le guide de chacun dans l'enseignement à départir. Ce guide contient le programme des exercices qu'il s'agit de faire exécuter, pour le moment, aux élèves de nos écoles. Il est divisé en deux parties distinctes : l'enseignement sans appareils et l'enseignement avec agrès. Son titre II ne comprend même que les exercices militaires. Pour tous les exercices de la première partie, les maîtres doivent être compétents; pour ceux de la deuxième, les élèves de l'école normale vont le devenir, car on va les initier sûrement à ces manœuvres, qui d'ailleurs sont simples et ressemblent comme marches à celles qu'on peut faire exécuter aux élèves de nos écoles; quant au tir, il faut là une compétence, une habitude du maniement des armes à feu qui ne peuvent s'acquérir qu'avec de la pratique et les conseils de quelqu'un d'expérimenté. Si, dans une commune, se trouve quelque ancien sous-officier de l'armée, c'est à lui que ce complément d'instruction devra être confié. Le maître, pour le moment, se contentera d'enseigner tous les exercices compris dans le Manuel du numéro, 1 au numéro 133.

On n'attend pas que nous les énumérions ici, nous

ne pourrions que répéter ce qui est contenu dans le manuel, ce qui est évidemment inutile.

Maintenant quand et comment s'exécuteront ces exercices?

Le livre d'instructions n'en dit rien; l'article 7 du règlement d'application venant du décret de 1868 répond à cette question : C'est le conseil départemental qui fixe, sur la proposition de l'inspecteur d'académie, le nombre des leçons à donner aux élèves. L'emploi du temps doit donc avoir prévu l'heure à laquelle elles auront lieu, ainsi que la durée de chacune. Nous n'avons donc rien à dire sur ce point. Comment les élèves seront-ils divisés pour prendre part aux exercices? Rien n'est encore parfaitement déterminé à cet égard. L'instruction du § 3, dernier alinéa du Manuel, recommande de ne point dépasser le nombre 30 par peloton d'enfants commandés par un seul maître, le maximum devant être de 15 sur chaque rang.

Pour beaucoup d'écoles, il sera facile aux instituteurs de se conformer au conseil donné; pour celles dans lesquelles un bien plus grand nombre d'enfants participe aux exercices gymnastiques, quelques indications ne seront peut-être pas superflues.

Évidemment, dans ces écoles, et peut-être même dans toutes, il faudra former des sections; il y a dans les exercices gymnastiques à tenir grand compte de l'âge et de la force corporelle des enfants; exiger des faibles et des plus jeunes ce qu'on obtiendra très facilement des plus forts et des plus âgés, serait exiger l'impossible et compromettre dès les commencements les résultats de l'enseignement. Un enfant, en effet, qui viendra se plaindre d'un excès de fatigue causé par les exercices gymnastiques est un enfant auquel certains mouvements ne devront pas être imposés. Le maître est à même d'apprécier. Mais il n'y a pas que les faibles par accident, tempérament ou constitution, il y a des enfants de six à neuf ans dans toute école. Va-t-on leur imposer des leçons aussi longues qu'aux enfants de onze à treize ans, par exemple? Ce serait aussi peu raisonnable que peu pratique : ainsi la division en sections s'impose ; c'est encore au maître qu'il faut laisser le soin d'établir ces sections; il saura mieux que n'importe quel règlement former les divisions qui conviennent dans son école, pour que l'enseignement de la gymnastique y soit profitable.

Combien devront durer les exercices? C'est l'emploi du temps qui contiendra cette indication. Il faut que le temps consacré aux leçons soit suffisant pour que l'enseignement profite et ne soit pas prolongé de façon à amener trop de fatigue. Au cours des exercices, le maître saura apprécier quand un léger repos sera devenu nécessaire et quand il sera bon de laisser quelques instants de liberté aux élèves. Sans ces précautions, les exercices gymnastiques ne deviendraient plus un jeu aimé, désiré, bien accueilli, mais une contrainte, quelque chose qu'on redouterait. Il faut éviter cet écueil.

Encore quelques mots.

L'objection suivante m'a été faite par un très grand nombre de maîtres : les familles, m'ont dit ces instituteurs, qui trouvent déjà que chaque classe ne dure que trop peu, voient de mauvais œil que les exercices gymnastiques soient pris sur les heures qui doivent être consacrées à chaque séance. Pour les parents, ces exercices ne constituent pas une leçon, mais un amusement. C'est du temps perdu et rien de plus ; c'est un moyen que le maître d'école emploie pour rester le moins longtemps possible dans sa classe. Des plaintes se sont produites à cet égard.

Plus d'une bonne réponse peut être faite à cette objection : la première, c'est que les familles n'ont point à s'immiscer dans les règlements de l'école; l'autorité prescrit, l'instituteur applique; les familles ne sauraient être admises à discuter sur un pareil terrain. Mais je sais qu'il est difficile, pour ne pas dire impossible, de faire comprendre à un père et à une mère qu'ils n'ont rien à voir à telle ou telle mesure qui concerne leur enfant. Eh ! mon Dieu, nous en sommes tous là, et je n'ai pas la force de blâmer cette prétention; aussi je suis assez porté à conseiller au maître de tenir compte de semblables observations, non pour les admettre, mais pour en profiter, afin d'éclairer les familles sur cette partie de l'application du programme. Les maîtres, pouvez-vous leur dire, ont des obligations ; il faut qu'ils les remplissent. Les enfants sont intéressés, très intéressés à être initiés aux exercices gymnastiques; c'est les préparer ainsi à devenir plus promptement de meilleurs soldats; s'il est un moyen de réduire la durée du service militaire, c'est assurément celui-là. Cet argument touchera les moins accessibles, et l'intervention des familles cessera.

Des maîtres enfin m'ont encore fait l'observation suivante : Comment nous, instituteurs de cinquante ans, qui n'avons jamais fait de gymnastique, commencerons-nous à donner des notions que nous n'avons pas et que, malgré notre bon vouloir, nous ne pourrons pas enseigner par l'exemple? Il faut de l'agilité, une souplesse qu'on n'a plus à notre âge pour faire les moindres démonstrations; nous devrions au moins être dispensés.

Est-ce possible pour les enfants? Assurément non. Cependant, on ne peut pas demander l'impossible à un instituteur. Avec le Manuel et du bon vouloir, je crois qu'il est facile de tout concilier : le maître, quel qu'il

soit, peut toujours apprendre les commandements ;
ensuite, il sera bien malheureux s'il ne trouve pas dans
sa classe un grand élève dont il fera un moniteur-
instructeur qui exécutera et commandera sous sa surveillance ; au besoin, il pourrait demander durant un ou
plusieurs jeudis le concours d'un collègue plus jeune et
plus apte à dresser ce moniteur.

Ainsi, il n'y a pas une école d'où la gymnastique
puisse être proscrite ; les maitres doivent être convaincus
qu'en cette matière ils ont à remplir un de leurs importants devoirs ; ils sont éducateurs, ils ne peuvent pas
négliger ce qui se rapporte au corps chez leurs élèves.

§ 11

Agriculture

Une loi qui vient d'être votée rend obligatoire, dans
un délai de trois ans, l'enseignement de l'agriculture
dans les écoles primaires. Cela ne veut pas dire qu'on
ne soit pas pressé ; mais avant d'exiger des instituteurs,
il fallait qu'ils fussent à même de répondre à l'exigence ;
dans trois ans, ceux qui ont passé par les écoles normales auront suivi les leçons d'un professeur spécial ;
ils pourront à leur tour enseigner.

Mais pour tous les autres ? dira-t-on. Il ne faut pas
qu'on se montre à leur égard demesurément inquiet : ce
n'est pas d'hier qu'on a songé à comprendre l'agriculture au nombre des matières obligatoires du programme ;
il n'y a pas une école normale en France qui n'ait son
jardin ; par conséquent, les instituteurs qui y ont été
formés ont reçu, avant que la loi en fit une obligation,
des notions d'agriculture et d'horticulture suffisantes
pour enseigner eux-mêmes. Dans les concours, on a pu

voir sur divers points des écoles primées pour les résultats acquis, des maîtres récompensés pour leurs succès. Donc, l'obligation inscrite ne surprend personne. Comment l'appliquer? C'est pour nous le point intéressant. Je serai bref, bien que la matière méritât de longs développements; mais en l'absence de programme officiel (il n'a pas encore paru pour nos écoles), je dois me borner à donner des indications générales sur la façon dont il est bon d'entendre cet enseignement de l'agriculture.

Les enfants qui fréquentent nos écoles étant pour la plupart des fils de fermiers et de petits cultivateurs, eux-mêmes, plus tard, devant se livrer en très grande majorité à la culture, quoi de plus naturel que d'essayer de leur inculquer les notions d'un art qu'ils pratiqueront toute leur vie? Si nous pouvions, à l'école primaire, faire pour tous les enfants ce qu'on fait pour les enfants des agriculteurs, notre système d'éducation serait bien près de réaliser le *desideratum* qu'on doit se proposer en éducation : joindre à l'enseignement intellectuel des leçons de travail manuel.

En attendant que nous puissions en arriver à ce double enseignement, restreignons-nous à l'exposé des notions agricoles. L'agriculture, on l'a dit bien souvent, est la mère des autres industries; elle tient sa prépondérance de la nécessité même; sa place dans l'instruction primaire est toute conquise; c'est une de ces branches d'enseignement qui forcent la porte des programmes.

L'école rurale peut beaucoup pour l'enseignement agricole, à cause du milieu dans lequel elle est placée; il est en effet facile aux maîtres de joindre la théorie à la pratique, et réciproquement. Nos écoles de village fonctionnent, on peut dire, au milieu du théâtre même des travaux champêtres; les élèves qui les suivent sont, comme je le disais plus haut, fils de cultivateurs; beaucoup d'entre eux participent, dans une certaine mesure, à l'exploitation que dirige la famille ; ils sont pâtres souvent durant leur temps de liberté ; ils connaissent les travaux des champs comme l'on connaît ce que l'on voit tous les jours ; en leur parlant de culture, on leur parlera donc d'un sujet familier ; ils devront apporter à ces leçons plus d'attention qu'à aucune de celles qui leur sont données.

A son enseignement théorique, le maître peut joindre celui de la pratique, c'est une sanction qu'il n'a pas toujours aussi frappante, aussi concluante, aussi matérielle pour la plupart de ses leçons.

A propos d'enseignement théorique, il importe de s'entendre sur ce point : à l'école primaire et en matière agricole, il faut, on le comprend, se bien garder d'avoir une méthode théorique dans l'acception du mot ; un enseignement théorique frise la science ; n'en faisons pas, à mon avis, ou faisons-en le moins possible à l'école, en agriculture. Nous ne sommes pas prêts à atteindre la perfection sur ce point ; ce serait donc du temps perdu.

Les enfants savent ce que c'est qu'une charrue, qu'une herse, que du blé, du sainfoin, de la luzerne, des pommes de terre, etc., mais ils ignorent une foule de termes techniques qui se rencontreraient forcément dans un enseignement un peu élevé ; cela les brouillerait avec leurs modestes connaissances ; ils se dégoûteraient probablement des leçons et perdraient la confiance qu'il importe que le maître leur inspire, en agriculture spécialement. Tout le monde a donc intérêt à ce que les termes des leçons de la classe ne diffèrent pas sensiblement de ceux de la ferme. Vos élèves ont le temps de savoir que le plâtre est en chimie un sulfate de chaux, que la chaux est un protoxyde de calcium et le sel de cuisine un chlorure de sodium ; que la partie la plus nutritive du blé est le gluten, et que le gluten réuni à l'amidon constitue le pain par la cuisson ; que la marne enfin est un composé de calcaire et d'argile, et que l'argile renferme de la silice et de l'alumine. Ce qui leur importe, c'est de bien connaître les propriétés de ces corps, leur emploi en agriculture, leurs effets fertilisants et l'intérêt qu'il y a à en faire usage.

L'enseignement sera surtout efficace si les maîtres cherchent à répondre aux besoins qui se manifestent autour d'eux. Dans une contrée où domine la plaine, il faudra parler plus particulièrement de céréales, de prairies artificielles, et d'espèces bovines et ovines en bestiaux. Dans une région à terrain mouvementé, ce sera d'élevage, de prairies naturelles, d'irrigations, de drainage. Si l'école ne reçoit que des fils de vignerons, ce qu'il leur faut, c'est ce qui se rapporte surtout à la culture de la vigne ; enfin, dans une contrée couverte de bois, il sera indispensable de donner des notions suffisamment pratiques sur l'aménagement des forêts, les essences qui les composent, les profits qu'on en peut tirer, ainsi que sur le rôle si important des forêts en agriculture.

Il est bien évident, néanmoins, que tout en s'appliquant à dispenser les connaissances qui seront le mieux utilisées par les élèves, le maître ne peut oublier que son enseignement repose sur des données générales qui en sont la base et le fondement. A quelque genre de culture qu'on se livre, il est indispensable de connaître la nature du sol sur lequel on a à opérer ; il importe au plus haut degré que les élèves soient familiarisés avec cette connaissance de la nature du sol, et, pour y arriver plus sûrement, je ne vois pas de meilleur moyen que de les mettre en mesure de distinguer, sur le sol même, dans quelle division tel ou tel champ doit être classé.

Pour cela je recommanderai, le jeudi, ce que j'appellerai des promenades agricoles ; les enfants seront ainsi mis en présence de la difficulté, qui doit être bien mieux résolue dans le champ que partout ailleurs. La comparaison leur sera ensuite plus facile. Que le maître exige, une fois la classification bien déterminée, qu'il soit rapporté en classe un spécimen des terrains reconnus et classés ; ce sera une des collections les plus indispensables du musée scolaire, et, comme elle sera l'œuvre des enfants, ils prendront grand intérêt à l'entretenir et à la compléter.

Après la connaissance du sol, il faut passer naturellement à celle des plantes agricoles.

Elles se divisent en deux grandes catégories, elles se rapportent aux besoins de l'homme et à ceux des animaux. Il sera très efficace de profiter de l'excursion hebdomadaire que je conseille pour mettre les enfants à même de bien distinguer le sol où se convient chaque plante ; on arrivera facilement à frapper leur esprit sur ce point en leur faisant comparer l'état de végétation de la même plante sur un sol calcaire et sur un sol argileux. La conclusion pratique qu'on obtiendra par cette comparaison leur sautera aux yeux. On les aura convaincus, par le plus puissant des arguments, qu'à chaque sol il faut avant tout la plante qui convient.

Ces observations amèneront naturellement à parler des modifications qu'il est possible de faire subir au sol, c'est-à-dire à parler des amendements. C'est là un point important sur lequel il faut que vous insistiez. Les terres franches sont rares : ici, c'est le calcaire qui domine ; là, c'est l'argile ; ailleurs, c'est le sable ; une modification est donc indispensable. Cette modification s'opère par l'addition des amendements ; vous êtes donc amenés à en parler, ainsi que du sous-sol, qui joue un si grand rôle en agriculture. Le sous-sol vous conduit à parler du drainage. Un instituteur qui aurait la bonne fortune de contribuer à un drainage à ciel ouvert ou souterrain pratiqué dans des conditions économiques verrait sa réputation d'homme utile gagner beaucoup et, par suite, la confiance qu'il doit inspirer au point de vue spécial où nous nous plaçons ici.

Après avoir donné ces notions sur le sol, vous direz un mot de l'assolement. Vous savez qu'on entend par assolement la façon dont sont réparties les plantes sur les différentes soles d'une ferme; l'assolement repose sur ce principe qu'à une plante épuisante doit succéder une plante améliorante.

Mais comment parler de l'assolement avec quelque efficacité à l'école? Si l'on s'en tient à la théorie, elle ne dira rien; il faudrait donc, comme toujours, qu'on eût une pratique éclairant la théorie; mais comment pratiquer à l'école en ce qui touche l'assolement? En transformant une partie du jardin en champ d'expériences agricoles, plus ou moins, selon l'étendue de terrain dont on dispose; on n'aura, c'est certain, qu'un assolement en miniature, mais on pourra l'établir dans toutes les règles. Ceci, pour moi, a une importance considérable et voici pourquoi : En France, 120 litres de semence donnent environ 16 hectolitres de blé; en Angleterre, c'est le double presque; un hectolitre en produit 28; en Belgique, 25; en Lombardie, 23. D'où cela vient-il? Comme climat, nous sommes favorisés; cette différence à notre désavantage vient de ce que la petite culture qui exploite 23 millions d'hectares sur 28 a encore des méthodes arriérées : on y imite ce qui s'est toujours fait, on s'y défie du progrès et des nouveautés. L'exemple de la grande culture ne tente pas le petit cultivateur, il s'en faut : Si monsieur un tel réussit, c'est qu'il dépense dix fois ce que nous pourrions dépenser, disent ses voisins; on ne saurait penser à faire comme lui; s'il ne réussit pas, au contraire, c'est que ses méthodes ne valent rien, parce qu'elles ne sont pas les leurs. Et en tenant ce langage, ils croient être dans le vrai, parce que, s'il est un préjugé profondément enraciné dans l'esprit et la conviction des paysans, c'est qu'on n'est vraiment agriculteur que quand on met la main à l'œuvre; dans leur appréciation, l'intervention matérielle prime, et de bien loin, tout ce que peuvent le savoir, la pratique des saines méthodes et tous les bons procédés nouveaux.

C'est cette erreur qu'il faut combattre, là est l'ennemi; mais comment, dira-t-on? En mettant la main à l'œuvre, en prêchant d'exemple dans le jardin et le champ d'expériences. Pour réussir, j'engage les maîtres à méditer le conseil suivant, qui vient de Mathieu de Dombasle : « Pour faire mieux que les simples cultivateurs, il faut d'abord commencer à faire comme eux, dit-il, afin d'arriver ensuite progressivement à l'amélioration des méthodes. Si on les heurte en critiquant tout, on se les aliène; ils ne veulent plus examiner. » Donc, commencer par expérimenter les méthodes des petits cultivateurs parait être le premier pas à faire, si l'on tient à donner un enseignement qui soit goûté. C'est ainsi qu'on leur fera toucher du doigt qu'il est mauvais de faire succéder quatre ou cinq céréales de suite, par exemple, sur le même terrain sans alterner par une récolte sarclée; ils verront qu'à la fin on n'a qu'une tige écourtée, supportant un épi nain qui rend infiniment peu d'un grain tout à fait inférieur en qualité. La terre n'est cependant pas lasse comme le prétendent les ignorants; la preuve, c'est qu'elle se couvre promptement de plantes parasites; mais les principes siliceux du sol qui constituent en grande partie la paille s'épuisent après avoir fourni à plusieurs récoltes successives. Comme c'est par la paille qu'est fourni l'épi, une tige insuffisante ne peut donner de bon grain.

Cet appauvrissement de certaines parties constitutives du sol n'est point, heureusement, un mal sans remède : les amendements permettent de reconstituer le sol, comme nous l'avons vu; l'énergie productive lui est rendue par des engrais. Dans la petite culture, on emploie comme engrais, surtout le fumier de ferme. A propos d'engrais, que n'aurez-vous pas à dire et à démontrer dans votre champ d'expériences? D'abord sur la qualité et la nature du fumier. Les engrais n'agissent que par les gaz qui s'en dégagent; quelles remarques importantes n'aurez-vous pas à présenter à vos élèves sur ces fumiers exposés près des écuries au grand air, au soleil, à la pluie, au vent, aux poules, à la moisissure! Quelle différence entre la qualité fertilisante de ce fumier et celle du fumier bien fait, bien soigné, bien à point, noir, onctueux; une voiture de celui-ci en vaut quatre de celui-là, et l'on a une triple économie de main-d'œuvre. Dites bien qu'on ne récolte pas en raison de la terre qu'on a, mais du fumier qu'on fait : Qui double son fumier, double son champ, a dit Jacques Bujault. Il vous sera facile de le démontrer dans votre jardin.

Des engrais aux bestiaux la transition est toute naturelle. C'est une partie qui est en progrès, quoiqu'il y ait encore de pauvres étables dans la petite exploitation. On n'est point encore suffisamment pénétré de ce précepte d'Olivier de Serres : « De laide vache, veau plus laid; bétail jeune doit sauter. » On veut encore calculer le bénéfice sur le nombre de têtes; ce n'est point sur cette donnée que doit se composer une écurie, mais sur cette autre dont on ne s'écarte qu'à son préjudice : le nombre de têtes doit être en rapport avec la quantité de fourrage qu'on récolte. Deux vaches mal nourries coûtent bien plus qu'une seule qui l'est abondamment, et cependant elles ne donnent guère plus de lait ni plus de fumier et perdent de leur valeur au lieu d'augmenter. Voilà des principes sur lesquels l'instituteur doit insister fortement. C'est un point dont l'importance augmente chaque jour : aujourd'hui, sous la République, le souhait formulé il y a deux siècles par Henri IV est en partie réalisé : le paysan peut mettre chaque dimanche la poule au pot; en d'autres termes, l'habitant des campagnes à notre époque en est arrivé à avoir une alimentation saine et abondante dans laquelle la viande entre pour une part notable. L'amélioration est encore bien plus sensible, bien plus accentuée chez l'ouvrier des villes : il y a là toute une révolution dans l'ordinaire des artisans; plus de repas sans ces mets gras et substantiels qui constituent maintenant le fonds de la nourriture quotidienne du grand nombre. Il faut s'applaudir de cette transformation, c'est un grand et précieux progrès, car on sait le proverbe : *Mens sana in corpore sano.* Faisons des souhaits pour qu'avec ce bien-être ne vienne pas la mollesse, qui serait l'abus. La culture peut donc produire de la viande, elle en trouvera la consommation; voilà pourquoi il importe que l'école donne des conseils à cet égard.

En parlant de bestiaux, il est impossible de ne point donner quelques conseils moraux aux enfants en ce qui concerne les animaux domestiques. Pénétrez vos élèves de cette pensée que les animaux sont les serviteurs de l'homme, mais que s'ils lui ont été donnés pour l'aider dans ses travaux, pour le servir, le nourrir, quelques-uns pour le garder et le défendre, on ne saurait voir sans un vif sentiment d'indignation qu'on les maltraitât;

au reste, une loi dont un exemplaire est affiché dans l'école punit ceux que des sentiments naturels de douceur ne retiendraient pas.

Si l'on ne doit composer son écurie qu'en tenant grand compte du fourrage qu'on récolte, on peut être sûr également que la qualité a une non moins sérieuse influence que la quantité.

« Tels fourrages, tels bestiaux », a dit Virgile dans ses *Bucoliques*, il y a deux mille ans. Il importe donc d'avoir des prés dans une exploitation agricole. Oui, si l'on veut avoir du blé; car le pré nourrit le bétail, le bétail donne le fumier, le fumier le grain, et le grain de l'argent, a dit M. de Gasparin.

L'instituteur dans son cours élémentaire insistera sur les prairies, qui se divisent, comme l'on sait, en prairies naturelles et en prairies artificielles.

Les premières sont celles qui sont produites par la nature toute seule et que, pour cette raison sans doute, les cultivateurs abandonnent trop complètement à la seule sollicitude de leur mère. C'est là une erreur agricole qu'il faut contribuer à dissiper. Ces prairies sans doute sont établies sur les meilleurs fonds, mais tout vieillit à la longue, même les bons prés. Des soins sont donc indispensables aux prairies : ils se rapportent à trois points principaux : l'irrigation, la destruction des mauvaises herbes et l'assainissement.

L'irrigation appelle toute la sollicitude du cultivateur. Si une eau propice, chargée d'une terre limoneuse, est capable de suppléer à la meilleure fumure, en revanche une eau acide, rouilleuse, ferrugineuse est souverainement nuisible. Ces différentes qualités se reconnaissent aux effets : l'eau favorable donne une herbe fine, odorante, savoureuse, nutritive; une mauvaise eau développe au contraire la végétation de plantes pernicieuses,

telles que le jonc, la prêle, la renoncule ou bouton d'or,
poison pour l'homme et les animaux.

Irriguer une prairie n'est pas la noyer, par conséquent,
point d'eaux stagnantes; ce n'est pas non plus faire
passer à sa surface une eau torrentueuse qui emporte les
détritus au lieu de déposer une vase fertilisante; irriguer, c'est répartir également l'eau sur toute l'étendue
du pré. Il faut pouvoir se promener en pantoufles dans
le pré arrosé le lendemain du jour où a cessé l'arrosage.

Cinq mille mètres cubes suffisent en général par hectare pour un triple arrosage. Il n'y a qu'un bon système
de rigoles qui puisse donner une irrigation convenable.
L'établir ne sera jamais un obstacle pour un instituteur,
par conséquent, il sera rarement embarrassé pour expliquer à ses élèves la façon dont les rigoles doivent être
pratiquées dans les prés.

Les prairies artificielles sont celles que crée le cultivateur pour suppléer au manque de prairies naturelles
et lui permettre d'élever un plus grand nombre de bestiaux. Les luzernes et les sainfoins produisent en fourrage autant que les meilleurs prés, et quand ces fourrages
sont soignés, bien préparés et rentrés dans de bonnes
conditions, ils sont pour les animaux de l'étable aussi
appétissants et aussi nutritifs que le meilleur foin.

Les prairies artificielles exigent des soins comme les
prairies naturelles : il faut les débarrasser des plantes
sauvages et les plâtrer. Cent kilogrammes suffisent en
moyenne par hectare. Tout le monde sait comment
Franklin a introduit le plâtrage aux États-Unis. L'établissement des prairies artificielles rencontre heureusement
de plus en plus des partisans en culture ; on comprend
cet axiome : Qui veut du blé et du bétail doit avoir des
fourrages ; puis, au lieu de fatiguer le sol, le travail et le

capital, les prairies artificielles ménagent au contraire beaucoup le temps, la dépense et le travail.

Ce sont là des idées principales dans les notions qui doivent être départies : elles sont pratiques, justes et vraies.

Je n'hésiterais pas, si j'avais l'honneur d'avoir à donner des leçons d'agriculture, à aborder deux points qui me paraissent devoir être exposés et bien expliqués : je veux parler du fermage et de la comptabilité agricole. Ce sont deux points importants de l'économie rurale : on n'aura jamais, en effet, d'essais fructueux s'ils ne doivent profiter à celui qui les tente, et l'on ne se rendra un compte exact des résultats des tentatives que par la comparaison des recettes aux dépenses.

Le sol est exploité par les cultivateurs dans l'une de ces trois conditions : ils sont fermiers, métayers ou propriétaires.

Des propriétaires, il n'y a que peu à dire parce qu'ils forment l'exception, ensuite parce que ce ne sont point les plus rebelles aux améliorations. Restent donc le fermier et le métayer. Les agronomes sérieux pensent qu'avec le métayage, il n'y aura jamais de progrès suffisamment rapides en culture. Le métayage est à leurs yeux un moyen bâtard d'exploitation et voici pourquoi : le propriétaire qui doit veiller à sa métairie trouve dans cette surveillance ou un ennui, des dérangements et de la fatigue et ne surveille pas, alors ses intérêts en souffrent; ou il tracasse le métayer par une surveillance méticuleuse, et celui-ci, gêné, fait peu et mal; alors ce sont les intérêts agricoles qui sont compromis. Partout où l'agriculture est florissante, ce système est proscrit; on y a substitué celui du fermage. Les baux à ferme ont, en effet, un incontestable avantage, ils relèvent le fermier de l'asservissement du métayer, lui rendent son indépendance et invitent toutes ses facultés à se déployer sous la pression toute-puissante de l'intérêt personnel. Le fermier n'a plus peur des essais, aussi il consulte, il regarde, au besoin il étudie et forcément améliore, de sorte que le bail à ferme enrichit à la fois le fermier et le propriétaire, dont les intérêts ne sont plus distincts.

Pourquoi alors, dira-t-on, le métayage n'est-il pas absolument proscrit et qu'est-ce que l'enseignement de l'école peut avoir d'influence pour provoquer des modifications à cet égard? Si le métayage n'est pas proscrit, cela tient à des habitudes et des usages dans certaines contrées, et aussi à la timidité des propriétaires et des cultivateurs, qui redoutent l'essai d'un autre mode d'exploitation dans la crainte de diminuer le rendement de la ferme; mais cela tient surtout, et avant tout, à ce que les métayers ne présentent pas aux propriétaires les garanties de savoir, d'expérience et d'aptitudes suffisantes pour qu'ils consentent à les voir transformer en fermiers. L'enseignement de l'école justement peut les y préparer ; n'est-ce pas un très grand service à rendre et un beau rôle à remplir ?

La nécessité d'une comptabilité dans une exploitation agricole est aussi évidente que celle du capital qu'il a fallu consacrer à la marche de l'exploitation ; l'une découle de l'autre. L'école doit donc en donner les éléments, mais les éléments simples, dégagés de toute complication et de tout terme non usité dans le langage des champs. Deux livres suffiront : celui du débit et celui du crédit; qu'une balance entre ces deux comptes soit faite chaque mois afin d'éclairer constamment le cultivateur, ce n'est rien comme temps et c'est indispensable pour savoir où l'on en est et où l'on va. La balance annuelle indique les résultats des travaux de l'année. Se rendre compte ainsi, c'est éviter les déceptions. L'illustre Mathieu de Dombasle engage les cultivateurs à ne jamais perdre de vue cette nécessité de la comptabilité qui relève avec soin les opérations de la halle et des marchés où se vendent les produits, car, dit-il, c'est là en dernière analyse que se résument les opérations de la culture. En général, c'est un défaut du cultivateur, il ne se rend pas assez compte ; j'en ai vu (*a*) comparer les produits d'une culture de betteraves avec une autre d'avoine ; l'erreur était des plus grandes : cette dernière est des plus épuisantes ; après l'avoine, il faut du fumier, ou pas de récolte ; après la betterave, qui puise dans l'atmosphère avec ses larges et nombreuses feuilles, il reste les deux tiers de l'engrais enfoui ; un labour et très peu de fumier donnent ensuite un blé superbe.

Je viens de passer rapidement en revue les points sur lesquels il importe d'insister à l'école primaire, en enseignement agricole. Je n'ai pas eu un autre but que celui de donner les points de repère principaux qui devaient être comme les assises sur lesquelles toutes les notions à départir reposeraient.

Il me resterait à parler d'horticulture, et ce ne serait point inutile assurément, mais j'en suis empêché par l'absence de programme et surtout par cette considération que les instituteurs à la campagne sont, un peu par nécessité, un peu par goût, tous plus ou moins horticulteurs. Je leur dirai seulement : Classez vos connaissances, acquérez celles qui peuvent vous manquer, pratiquez avant tout ; faites voir que vos arbres fruitiers sont des modèles comme taille et direction ; qu'on

(*a*) L'auteur a été membre dans plusieurs départements de commissions pour la prime d'honneur des concours agricoles. Plus d'une fois il a été nommé rapporteur pour l'attribution de la prime. Il a donc vu de près, et pendant des périodes de plusieurs années, des exploitations dans la grande, la petite et la moyenne culture.

vienne voir le jardin de l'école pour le coup d'œil flatteur qu'il offre, le choix des légumes qu'il présente, pour tous les soins enfin dont il est l'objet, vous aurez convaincu par le plus puissant des enseignements, celui de l'exemple, que vous êtes apte à parler culture. Ne craignez plus ensuite pour vos leçons, on peut assurer qu'elles seront efficaces.

J'ai, à propos d'agriculture et de gymnastique, entendu des maîtres faire cette objection : Que d'exigences et comment y suffire ? Nous avions déjà beaucoup à faire avant l'introduction des deux nouvelles matières, ce sera bien pis avec cette addition : à la fin, on nous demandera tant, que nous ne pourrons plus rien donner.

Le programme comprend deux nouvelles matières, c'est vrai, mais a-t-on de ce fait ajouté une minute aux six heures de classe de chaque jour ? Non. Donc ce n'est point là élever d'exigences à proprement parler. On fractionne davantage le temps consacré à l'enseignement ; il y a, si l'on veut, une autre distribution du temps ; mais ce n'est que cela. Voyons, trois heures, ou à peu près, d'immobilité imposées aux enfants le matin, et autant le soir, n'était-ce pas une torture leur infliger ? Ils passent subitement des champs en classe, c'est-à-dire de milieux les plus opposés. J'admets que l'on captive leur attention pendant un certain temps, mais jamais trois heures de suite, jamais deux, jamais une même. Avec des exercices gymnastiques et un enseignement agricole qui les amènent dans la cour et le jardin, on rompt avec cette passivité corporelle de la classe, si contraire à la nature de l'enfant. Au point de vue pédagogique, on favorise le besoin de remuer qu'éprouvent les élèves, on s'adresse à leurs diverses aptitudes : on doit réussir. Donc, l'objection faite n'a pas de fondement.

Les maîtres se consacreront à l'application du nouveau programme avec confiance, résolution et sincérité, et ne douteront pas des résultats qui couronneront leurs efforts.

Et s'ils avaient besoin d'être encouragés dans cette voie nouvelle, ils ont plus d'un puissant sujet d'émulation pour les engager à la suivre.

Avec la gymnastique, ils préparent les conscrits à trouver moins durs leurs débuts comme soldats au corps ; n'est-ce donc rien ?

Avec les notions d'agriculture, ils peuvent contribuer à faire aimer la vie des champs, et, par voie de conséquence, à produire la vie à bon marché, ce *desideratum* du pauvre, cette vive préoccupation de l'homme politique, ce problème à la solution duquel l'agronome et l'économiste se consacrent tout particulièrement. Les maîtres sont vraiment là les artisans d'un progrès dont la réalisation est appelée par les vœux de tous.

§ 12

Travaux à l'aiguille

Si l'agriculture est une partie spéciale et importante de l'enseignement pour les garçons, les travaux à l'aiguille sont une partie nécessaire et spéciale pour les jeunes filles.

Nécessaire, en effet, parce que le rôle de la femme dans chaque position de la vie est d'animer la maison par sa présence active et d'apporter à tous un peu de bien-être par son travail. Comment remplirait-elle ce double rôle si elle restait oisive, et si l'aiguille lui semblait être un objet lourd, fatigant ou tout au moins ennuyeux ?

C'est une chose spéciale, parce que si l'homme est con-

sidéré comme le maître au logis, la femme doit en être
la fée : à elle appartient la tâche de distribuer à chacun
les œuvres de ses doigts agiles, et de mériter ce titre
qu'évoque la charmante apparition d'une femme simple,
assise, faisant glisser activement l'aiguille entre ses
doigts, tantôt dans des vêtements d'homme, tantôt dans
de petits habits d'enfants, parés ou confectionnés par les
mains de leur mère. Eh bien, c'est vous, institutrices,
qui êtes chargées de préparer ces jeunes filles que l'on
vous confie, à leur rôle de femme. Le but est si beau,
que pour des cœurs jeunes et enthousiastes, la tâche
apparaît sans obstacles. Cependant, ne vous le dissi-
mulez pas, avant d'arriver au but, il y a du chemin à
parcourir et plus d'une difficulté à vaincre.

L'institutrice a ses joies, pourtant : en voyant une
femme qu'elle a élevée se consacrer avec plaisir à l'accomplissement de tous ses devoirs, elle se dit avec
bonheur : Voilà mon œuvre. Alors elle oublie ce qu'il
lui en a coûté pour arriver au but.

Cependant, ce n'est qu'après avoir semé qu'elle a
recueilli ; elle a pu apprécier combien le fardeau était
lourd durant tout le temps de l'éducation ; la tâche a été
rude, plus d'une fois décourageante ; aussi, pour la bien
remplir, il a fallu l'envisager, non comme un métier,
mais comme une mission, et une mission grande et noble
comme le but à atteindre. Chez la maîtresse, c'est souvent le mot sacrifice qu'elle a dû prononcer, et c'est en
se sacrifiant qu'elle a trouvé le secret de ses succès.
Mais, dira-t-on, le travail à l'aiguille n'est point une
partie morale de l'éducation, c'est bien plutôt le côté
plus exclusivement matériel ; car au fond, il ne faut que
de l'adresse pour diriger les travaux de couture. De
l'adresse, soit ; mais pense-t-on qu'une petite fille dans
la main de laquelle est mis un ourlet en lui montrant

comment elle doit tenir son aiguille, comment son point doit être couché, et aussi invisible que possible dans l'étoffe, pense-t-on, dis-je, que la seule crainte d'encourir une punition fasse travailler convenablement cette enfant?

Non, elle ne s'y mettra qu'après un certain temps et lorsque le travail sera devenu une occupation presque routinière à laquelle elle peut se livrer sans apporter beaucoup d'attention. Pourquoi cela? Parce que souvent on ne lui aura présenté les premiers essais que sous le côté ennuyeux.

Mais si la maîtresse a eu la bonne pensée de dire à son élève : Nous allons faire une surprise à votre maman, je vais vous montrer à faire un ourlet, et, pour le jour de l'an, vous lui offrirez un fichu que vous aurez ourlé vous-même; appliquez-vous, car vous ne voudriez pas présenter comme étrennes un ouvrage fait sans goût, que toute la maison verra, que les voisines examineront et dont votre maman se parera. Alors l'ourlet revêtu de ce mot magique, une surprise, semblera à l'enfant moins ennuyeux à faire; et si elle se décourage les premières fois, démontrez-lui patiemment que la vie n'est qu'un long perfectionnement; que chaque jour on acquiert quelque chose; que demain elle fera mieux; que vous, qui faites bien les ourlets maintenant, vous en avez fait beaucoup avant de savoir comme aujourd'hui. Vous aurez plus de succès que par la première méthode, n'en doutez pas. Eh bien, les réflexions que vous aurez faites, à propos de ce travail, ne constituent-elles pas la partie morale? ces réflexions ne transforment-elles pas les difficultés aux yeux de l'enfant? et ne conviendrez-vous pas qu'il ne suffit point seulement d'avoir de l'adresse pour enseigner le travail à l'aiguille?

C'est en matière d'éducation surtout qu'il faut prendre de chaque chose le côté le plus agréable, pour faire oublier ou pour dissimuler les réalités pénibles ; les nécessités de la vie en amènent assez avec elles, et les enfants s'y trouveront assez tôt initiées. Je conseille donc l'application suivie de ce principe dans l'enseignement de nos travaux de couture ; si les maîtresses l'oubliaient, chaque chose nouvelle pour les élèves pourrait être un nouveau sujet d'ennui, de fatigue ou de découragement ; ce sera la routine qui dominera les efforts matériels des doigts. Alors un surjet ne sera pour vos petites filles qu'un surjet, c'est-à-dire un ouvrage difficile qui consiste à assembler deux pièces d'étoffe par de tout petits points pressés, qui vous font piquer les doigts et punir lorsque la tâche est mal faite.

Armez-vous donc de patience, dirons-nous aux institutrices, car l'épreuve journalière du travail à l'aiguille demande, comme les autres branches d'enseignement, des soins constants, des efforts qui doivent être renouvelés à chaque instant de la leçon et qui recommencent pour chaque élève. Il est assurément inutile de recommander aux maîtresses de se perfectionner elles-mêmes dans cette partie, car elles savent que l'exemple est un auxiliaire plus puissant que la parole la plus éloquente, quand il s'agit de travaux manuels ; elles doivent travailler devant leurs élèves, afin qu'elles voient que la maîtresse qui leur enseigne a du goût et sait conduire son ouvrage, qu'elle fait aisément et vite. Là, comme pour les autres matières, il faut que la confiance des enfants dans le savoir de celle qui les guide s'impose ; elles éprouveraient une certaine admiration pour leur maîtresse, que cette admiration ne serait pas déplacée si elle reste dans de justes limites.

A ce propos, je dirai : Je n'aime point cependant une

institutrice qui se pose en idole devant ses élèves, qui
les accable de ses prétendues perfections, car ces prétentions exagérées comportent deux inconvénients redoutables : ou les jeunes filles dont l'esprit est plus
développé ne croiront plus à leur maîtresse et se moque-
ront de cette mise en scène ridicule, ou les moins avan-
cées, découragées et désespérées de ne pouvoir jamais
imiter cette maîtresse trop parfaite, qui fait si vite et si
bien sans se donner même la peine d'y apporter de l'attention, ne voudront plus tenter aucun effort sérieux.
Dans les deux cas, effet détestable.

Évitez donc ce travers, mais ne tombez pas non plus
dans l'excès contraire, qui consiste à être d'une humi-
lité déplacée devant les élèves. Les enfants commentent
la conduite de leur maîtresse dans la famille : il faut
qu'on vous respecte et non qu'on vous plaigne. Donc
si une institutrice doit se faire enfant avec les enfants,
elle ne doit jamais perdre la dignité de son caractère.
Mais abrégeons ces réflexions déjà répandues dans mon
livre, elles nous entraîneraient loin de notre sujet, et
j'ai hâte d'y revenir. Nous diviserons en trois parties le
programme de l'ensemble de nos travaux de couture :

1° Les travaux auxquels il faut astreindre les petites
filles de cinq à neuf ans;

2° Ceux qu'il convient d'enseigner aux élèves de neuf
à treize ans;

3° Le complément d'enseignement pour les jeunes
filles âgées de plus de treize ans.

À quelle heure doit-on se consacrer aux travaux de
couture?

Après la première rentrée de 1 heure à 2, les enfants
viennent de déjeuner; c'est l'heure à laquelle on aime
le délassement; on ne s'est pas replié à la discipline de
la classe, on a envie de causer un peu, de raconter les

petites nouvelles apprises à la table de la famille et on
a la tête un peu lourde peut-être pour pouvoir se livrer
immédiatement à l'étude. Le travail exerce les doigts
sans que l'esprit soit exclusivement occupé. C'est donc
le bon moment.

Tout en laissant une certaine liberté relative à toutes
ces petites bouches babillardes, de temps en temps, im-
posez silence si le diapason de ces voix s'élevait trop
haut : quand on apporte tant d'ardeur à une conversation suivie, on ne peut travailler avec autant d'attention. Exigez que toutes apportent de l'ouvrage.
Si vos recommandations n'étaient pas suivies à cet
égard, avant de punir les enfants, il faut que vous sa-
chiez s'il y a de leur faute ou non dans l'oubli qui se
produit. Voyez donc la mère. Celle-ci vous dira peut-
être qu'elle trouve cela une inutilité pour une enfant
aussi jeune, qu'elle gaspillera de l'étoffe, du fil, de la
laine, des aiguilles sans faire rien qui vaille, qu'il sera
temps l'année prochaine ; tout cela en réalité pour ne
pas se déranger et ne rien donner à l'enfant. Démontrez-lui avec douceur que si la petite fille ne prend point
dès maintenant l'habitude du travail, elle deviendra
paresseuse et que l'année prochaine elle se rebutera
plus facilement de son ouvrage ; dites de plus que, dans
votre classe, vous ne pouvez supporter une enfant oisive,
parce que ce serait d'un mauvais exemple pour les
autres. La mère se rendra le plus souvent à vos bonnes
raisons, et, quand elle constatera les résultats obtenus,
elle sera la première à vouloir que sa petite fille suive
vos leçons de couture.

Exigez que l'ordre, cette première qualité de la
femme, brille dans l'enfant, qu'elle place dans une petite
boîte en carton son dé, son fil, ses aiguilles et qu'elle
prenne soin de son ouvrage.

Laissez de côté, pour commencer surtout, ce qu'on appelle les ouvrages de goût : ils flattent plus que les autres, mais à l'âge qu'ont les enfants de ce premier cours, elles ne peuvent avoir le goût formé, toutes ces frivolités sont parfois difficiles à faire : si une petite fille qui s'est livrée à ce genre de travaux reçoit des éloges, trop souvent c'est à la maîtresse qu'ils devraient s'adresser. Faites-leur apporter des torchons d'abord, des essuie-mains et des serviettes ensuite que vous leur ferez ourler, en obligeant chacune de vos élèves à défaire sans pitié ce qui a été fait, quand les points seront trop longs, que l'ourlet sera fait de travers et qu'on verra de gros nœuds, de façon à ce qu'elles sachent bien qu'on ne passera sur rien.

Quand vos élèves seront arrivées à faire seules convenablement un ourlet, montrez-leur à marquer, non point sur quelque chose de fin tout de suite, mais sur un morceau de canevas. Faites-leur tracer les lettres avec des laines de couleur, ce travail les amusera, elles apprendront vite, c'est probable, alors il sera temps de leur faire marquer le torchon ourlé, puis l'un de leurs mouchoirs.

Les reprises peuvent venir ensuite. C'est là que les maîtresses ont besoin de toute leur patience : la reprise est difficile pour l'enfant; ces points contraires, ces jolis petits carreaux lui semblent un mystère difficile à découvrir; c'est aux institutrices à donner à l'élève la clef de la difficulté à résoudre. Il faut faire une reprise simple devant les élèves, assister ensuite à leurs essais et ne quitter cette partie si importante du travail à l'aiguille que lorsqu'elles ont réussi sur une pièce de toile quelconque et ensuite sur une paire de bas ou de chaussettes.

Il faut, à notre avis, commencer par exercer le talent

des enfants sur des bas de laine, la laine se prête davantage, les points sont moins fins et produisent meilleur effet que sur des bas de coton.

Pour varier les travaux et distraire vos élèves, apprenez-leur à tricoter : prenez d'abord deux aiguilles que vous garnissez de laine ; qu'elles soient grosses et rondes du bout, car les enfants pourraient se piquer en plaçant mal leurs aiguilles et en les dirigeant de travers ; exigez surtout qu'elles tiennent bien leurs doigts, qu'elles prennent convenablement leur laine et qu'elles n'écartent pas les coudes, ce qui est disgracieux et fatigant. Pour cet âge, tenez-vous-en d'abord à la vulgaire jarretière ; une fois que vos enfants sauront bien faire le point, elles pourront sans beaucoup de difficulté un peu plus tard confectionner elles-mêmes un bas.

Les petites filles qui commencent à tricoter font souvent tomber leurs mailles, et, de crainte qu'on ne les gronde, elles continuent leur tricot, les trous s'accumulent, et bientôt on ne peut plus relever toutes les mailles ; il faut alors défaire, casser la laine et en demander d'autre ; voilà ce que les mères appellent, avec raison, gaspiller sans faire rien qui vaille. Ne vous exposez pas à ces reproches ; soyez assez patiente pour examiner souvent le tricot, relevez les mailles et montrez aux enfants à les remettre sur leur aiguille.

Vous pourrez aussi apprendre à vos élèves les différents points de tapisserie ; mais si les familles ne tiennent pas à ce qu'elles se perfectionnent dans cette partie, laissez le canevas de côté. A la campagne, on porte maintenant surtout beaucoup de fichus au crochet, sur la tête, sur le cou, on les trouve toujours utiles ; enseignez à vos petites filles à faire un fichu, les mères seront flattées. Je crois qu'il est bon de s'arrêter pour ce cours aux différents travaux que nous venons d'énumérer. Occupons-nous maintenant du deuxième cours.

DEUXIÈME COURS

Fillettes de 9 à 13 ans.

Naturellement, si les enfants de cette catégorie sont en retard, elles doivent commencer comme les toutes petites filles par les travaux faciles : elles apprendront plus vite et vous pourrez les mener plus loin en peu de temps.

Elles devront être exercées à la couture proprement dite; il faut qu'elles sachent assembler des lés, faire assez finement une reprise dans le coton et la toile. Apprenez-leur à refaire le point du bas, ce qui est facile; en fait de tricot, vous leur montrerez à faire un bas, à le continuer et à le terminer, de façon à ce qu'elles puissent en faire un second toutes seules. Elles devront pouvoir border une robe, remettre le faux ourlet d'une jupe, raccommoder leurs vêtements. Dites-leur d'apporter les pièces de leur modeste garde-robe qui ont besoin d'être vues; vous leur montrerez à les restaurer convenablement. Si elles ont des chemises et des camisoles à faire, que ce soit elles qui les cousent proprement et solidement sous votre direction. Qu'elles apprennent à marquer finement tout le linge; celles qui auront plus d'aptitude pourront commencer à festonner pour garnir leur linge et à broder des lettres. Si leur position ne leur laisse pas assez de loisirs pour faire de belles et longues broderies, condamnez ce travail, à moins que les mères ne vous autorisent à le continuer. Quant aux ouvrages au crochet, à part le fichu, les mitaines, les manchettes et le cache-nez, ne leur donnez pas le goût de ces travaux frivoles qui fait perdre beaucoup de temps. Il ne faut pas que le crochet nuise à l'aiguille.

Un surjet est une chose difficile, parce qu'elle demande essentiellement à être bien faite. C'est à la maîtresse de juger quelles sont celles de ses élèves qui peuvent être capables de faire convenablement un surjet. Si dès les premiers points, une enfant a trop de peine, laissez cela pour plus tard : les travaux difficiles la rebuteraient et lui feraient perdre le goût du travail.

A l'âge où sont arrivées les élèves de notre deuxième cours, une fillette est souvent paresseuse; on appelle ce moment l'âge ingrat. Cette expression est juste; à douze ou treize ans, une fillette n'est plus une enfant et n'est pas encore une jeune fille; elle n'a donc les goûts ni de l'enfance ni de la jeunesse.

Les moyens qui pourront être employés dans quelques années ne peuvent pas réussir encore, le raisonnement n'est pas assez mûr chez elle, elle n'appréciera donc pas toute la sagesse de vos exhortations. Sans avoir des défauts bien déterminés ou des qualités bien dessinées, elle n'a guère que les restes un peu plus accusés des imperfections de l'enfance, sans manifester un penchant caractérisé pour telle ou telle chose. Elle n'a goût à rien, la nonchalance la domine, et c'est surtout lorsqu'il s'agit de travaux à l'aiguille qu'elle se montre plus apathique. Les remontrances maternelles souvent échouent; alors on s'adresse à l'institutrice, qui ne devra pas craindre d'exciter l'énergie endormie en imposant une tâche qu'il faudra absolument faire.

TROISIÈME COURS
Jeunes filles de 13 à 16 ans.

Pour celles-là, le travail à l'aiguille est un plaisir ou tout au moins un délassement; vous aurez donc moins de peine à leur enseigner ces différents travaux, que toute femme doit connaître à fond pour savoir diriger son ménage.

Inutile de dire aux maîtresses, que pour les aînées particulièrement, elles doivent exiger que chaque chose soit parfaitement faite; le surjet pour elles ne doit plus présenter aucune difficulté; les différentes parties de leur petit trousseau seront confectionnées par elles sous vos yeux; elles devront savoir faire des boutonnières, des chemises, des pantalons, des blouses, des robes, etc., monter une ceinture, mettre des morceaux, border un pardessus, raccommoder les gilets, remmailler des bas: tout le linge de la maison sera reprisé par elles, et les vêtements d'homme devront aussi passer par leurs mains.

Je vous conseillerai de vous abonner à un journal de modes qui vous fournira d'excellents patrons pour tout le linge de corps et pour les robes; vous pourrez, à l'aide de ces patrons, montrer aux jeunes filles á couper des camisoles et des chemises que vous leur ferez faire simplement sans tenir compte des garnitures du modèle qui pourraient les tenter. Leur seul ornement sera la bonne coupe, qui n'est déplacée nulle part, et la perfection de la façon. Dites-leur que ces fragiles broderies, ces riches dentelles s'usent et se déchirent vite, que les rudes lessives de la campagne ne sont pas faites pour ces minces tissus et qu'il ne convient pas à des jeunes filles d'avoir pour leur usage personnel un linge de luxe si différent de celui de leur mère. Toute leur recherche doit consister dans une grande propreté, le reste serait de la vanité; or, la vanité pour une femme est toujours mauvaise conseillère.

Il serait désirable que vos plus grandes élèves apprissent à couper une robe, un manteau, qu'elles sussent

les faire aller convenablement, car maintenant les façons
coûtent souvent plus cher que l'étoffe. Il est vrai que
les vêtements de vos élèves sont généralement simples,
mais malgré cela les ouvrières des villes savent si bien
augmenter le prix de toute chose, que, avoir recours à
elles, c'est toujours se résigner à des dépenses assez
sérieuses. Quant aux ouvrières de la campagne, elles
n'ont guère plus de talent que n'en pourraient avoir vos
élèves bien guidées par vous : la pratique et l'habitude
leur ont donné une expérience que la routine guide
beaucoup plus que le goût.

Rien n'est indifférent quand il s'agit des économies
que peuvent réaliser ceux et celles sur lesquels pèsent
les nécessités de la vie. Il n'est donc pas déplacé, à propos de travaux de couture, de parler de la coiffure de vos
jeunes filles. Elle est souvent ridicule, parce qu'elles la
surchargent d'ornements de mauvais goût. Elles achè-
tent généralement leurs bonnets, voire même des cha-
peaux, au marché de la ville, le samedi, pour être plus
à la mode. Pauvres enfants, elles n'en ont que les rebuts
de la mode. Cependant, elles payent ces coiffures un
prix exagéré. Je ne les engagerais cependant pas à
s'adresser à une modiste, car là encore, c'est trop cher.
Pourquoi n'essayeraient-elles pas de monter simplement
leurs bonnets elles-mêmes avec votre secours? Quelques
rubans, une fleur, une dentelle modeste, voilà de quoi
orner le plus charmant bonnet de jeune fille, si un peu
de goût et beaucoup de simplicité ont présidé à la confection de la coiffure.

Vous trouverez peut-être que c'est là demander beaucoup à l'institutrice, et j'en conviens volontiers; mais
aussi pense-t-on que la tâche de former des jeunes
filles qui seront un jour des mères de famille, doive seulement comporter des leçons sur le programme scolaire?

11.

Ce serait bien insuffisant : considérer la jeune fille comme une simple élève, c'est quelque chose, mais la préparer à son rôle au foyer domestique est autrement important. Former de bonnes mères, voilà le but à atteindre. C'est pourquoi nous allons nous permettre de donner encore quelques courtes indications sur ce point capital du rôle de la femme dans la famille.

Mais pour être logique, il faut dire un mot de la petite fille, faire connaitre ses défauts et ses qualités. Nous conclurons ensuite, et ce sera cette conclusion qui indiquera les principes qu'il convient de suivre dans l'éducation des petites filles. Dans la partie de cet ouvrage consacrée aux quelques notions de psychologie que nous avons exposées, nous avons fait connaitre les facultés de l'enfant. Nous n'avons donc pas à revenir sur ce point : la nature ayant partout le même fonds, ne diffère que par les nuances qui existent entre les deux sexes. Ce sont ces nuances que nous allons essayer de saisir pour nous guider dans notre tâche d'éducatrice.

Ordinairement, à la campagne principalement, on n'envoie guère les enfants en classe avant l'âge de cinq ans. Jusque-là, on s'est peu occupé d'eux comme éducation : quand ils ont impatienté par leur turbulence, leurs cris et leurs exigences, on leur a infligé une petite correction, ou on leur a accordé l'objet qu'ils désiraient. Cette habitude donne aux enfants une fausse idée de la justice maternelle : dès qu'ils ont senti qu'ils obtiendraient en insistant de n'importe quelle façon, ils se sont obstinés à vouloir. Ils nous arrivent donc avec des idées d'enfants volontaires, sans compter les autres imperfections. Se plier à la discipline de la classe va donc leur être réellement pénible. Pourtant, leur imposer la règle est votre premier devoir et doit être votre premier soin. La petite fille, généralement douce et

timide, s'habituera vite, par l'influence de l'exemple, à
imiter ses compagnes. Mais elle est babillarde, et son
babil, plein de gentillesse, a fait qu'on lui a laissé la
liberté de parler à tort et à travers. Grand défaut pour
une écolière, plus grand encore pour une femme. Ce
n'est pas tout à fait à tort que l'on qualifie ce sexe charmant d'indiscrétion. La fable de La Fontaine *Les Femmes
et le Secret* nous prouve que cette tendance n'existe pas
d'hier. Dans nos classes, ce défaut se manifeste d'une
façon sensible. Dès le jour de la rentrée, il m'est arrivé
de l'observer dans une école mixte, par exemple. Du
côté des garçons, je remarquais un silence presque complet, tandis que les petites filles chuchotaient à voix
basse, se faisant leurs réflexions sur la classe, la maîtresse, sur la toilette de leurs compagnes, trouvant enfin
mille occasions de parler. Dès le commencement, impo-
sez silence ; séparez les petites causeuses et condamnez-
les à un mutisme complet durant une certaine partie de
la récréation.

L'imagination de l'enfant, de la petite fille surtout, est
très vive ; quand elle n'a rien à dire, elle brode, invente
et arrange à son gré des récits fantaisistes, et tout cela
pour le plaisir de parler. C'est aux récréations particulièrement que ces thèmes s'exposent entre élèves.
Réagissez contre cette exagération, défiez-vous de ces
apartés empreints de mystère, de ces regards lancés à
des compagnes voisines pendant que les petites filles
se parlent entre elles. Séparez les groupes et informez-
vous de quoi il s'agissait : si vous acquérez la certitude
qu'on parlait des compagnes pour en médire ou s'en
moquer, vous ne devez pas hésiter à punir.

Les petites filles, quoique s'aimant entre elles, et tout
en étant disposées à s'obliger mutuellement, n'en cherchent pas moins à se dénigrer parfois et à se détacher

les unes des autres, en répétant ce que telle élève a dit d'une amie, même de la famille, en travestissant et augmentant le tout. Alors des querelles éclatent, les enfants portent plainte à la maison paternelle, et des familles, qui avaient été liées et unies jusque-là, rompent tout rapport sur des propos d'enfant. Et tout cela est causé par cette mignonne petite fille qui a le visage si calme et la bouche si gracieuse, qu'on ne pourrait jamais croire en la voyant que c'est elle qui a fait éclater cette petite guerre. Il n'y a pas d'autre moyen pour combattre ce défaut que d'essayer de faire goûter aux enfants le plaisir que procurent les sentiments qui naissent d'une amitié réciproque. Il faut louer celles dont le caractère les porte à nouer des liaisons cordiales avec leurs compagnes et flétrir la sécheresse de cœur et l'esprit de dénigrement, qui ne cause que des contrariétés et ne crée que des ennemis. La petite fille a encore un défaut grave que l'on rencontre beaucoup plus rarement chez le petit garçon : elle est dissimulée et rusée ; les filles sont pleines de timidité et de fausses hontes, leur dissimulation ne doit donc pas étonner.

Une femme peut seule, malgré un air innocent et candide chez une enfant, ne pas se tromper sur ses sentiments de sincérité. C'est un grand mal que cette dissimulation, et qu'il faut vigoureusement combattre. Le moyen, c'est de prouver à vos élèves qu'elles n'ont jamais besoin avec vous de finesse ni de ruses. Vantez la franchise et accoutumez-les à vous confier ingénument leurs inclinations ; si elles ont de la répulsion, du dégoût, même du dédain pour telle ou telle partie de leurs occupations, telle ou telle leçon, telle ou telle personne, il faut qu'elles soient portées à vous l'avouer ; vous raisonnerez avec elles. La finesse vient toujours d'un cœur bas, d'un esprit étroit, de sentiments sans générosité. On n'est fin que parce qu'on a quelque chose à cacher. La finesse provoque la défiance et attire le mépris. Ne craignez pas de faire honte à celles que vous surprendrez en flagrant délit de dissimulation, et soyez impitoyable pour refuser tout ce qu'on aura voulu obtenir de vous en s'y prenant par la ruse. N'allez pas applaudir surtout à ces marques d'esprit où il y a finesse et artifice; reprenez sincèrement ce travers, au contraire, et prouvez qu'on n'est habile près de vous que lorsqu'on est vrai.

Un des défauts encore naturels à la petite fille, c'est non seulement l'amour de la toilette, mais la coquetterie, qui est instinctive chez la femme et qui cause de si grands malheurs dans les familles.

Dès l'enfance, cette tendance se manifeste : la petite fille s'admire naïvement quand elle est parée d'une robe neuve et d'un bonnet frais ; elle a déjà mille petites façons de faire valoir sa toilette, et regarde volontiers d'un œil dédaigneux celle qui est moins bien favorisée.

Soyez simple pour vous-même, afin de prouver à vos élèves que vous rejetez dans votre ajustement tout ce qui s'appelle luxe ; démontrez que la propreté, la simplicité sont la première parure des femmes, et que l'amour de la vanité est un sentiment qui doit être exclu du cœur de la jeune fille qui veut qu'on l'estime et qu'on l'aime pour elle-même.

La petite fille, toute jeune surtout, est très curieuse. C'est un penchant de la nature dont vous pouvez tirer grand parti; il vient au-devant de vos leçons; mais la curiosité peut dégénérer en indiscrétion ; c'est le côté qu'il faut réprimer. Que les maîtresses ne perdent jamais de vue que ce sera surtout en donnant satisfaction au sentiment naturel de la curiosité qu'elles empêcheront de naître l'indiscrétion. Si l'on ne donne un aliment à la curiosité naturelle, bonne et naïve, on fera naître une curiosité pour les choses inutiles ou malsaines, vice si grand partout, mais particulièrement chez la jeune fille.

Une des tendances de la nature féminine, et que l'institutrice doit combattre avec ardeur, c'est le penchant vers l'esprit de parti et de contradiction. C'est ce double penchant qui rend une petite fille injuste, qui la porte à condamner telle chose parce qu'on en vante les agréments, et qui la fait opter pour telle personne sans qu'elle la connaisse bien et sans qu'elle ait réfléchi. Les femmes sont pleines d'aversions et d'affections qui n'ont aucun fondement. Ce défaut est difficile, non seulement à corriger, mais à réprimer, à cause de tout ce qui le forme. Le meilleur moyen est de montrer, le plus sensiblement qu'on le peut, le mélange de bien et de mal qui se trouve dans les choses qui nous inspirent de l'amitié ou de l'aversion. Une historiette bien choisie peut avoir d'heureux effets.

La jeune fille est molle, sensible et susceptible. Ces trois penchants se tiennent.

Il faut combattre ce qu'ils ont d'exagéré en s'adressant au jugement. Démontrez bien la nécessité, pour la femme, d'être toujours active; moquez-vous de cette sensibilité exagérée qui fait verser des larmes à tout propos, qui porte à faiblir, par exemple, devant l'aspect de la misère et de la souffrance; dites bien que la femme, qui est si dévouée par nature, doit s'habituer à la pensée de porter vaillamment ses peines.

La sensibilité agit beaucoup sur l'imagination; elle la porte à s'égarer souvent dans des rêveries dangereuses, spécialement pour des jeunes filles. Combattez ces rêveries, arrachez ces illusions, dût-il vous en coûter; vous épargnerez à vos élèves, plus tard, de cruelles déceptions; ne laissez pas d'ailleurs à ces songes brillants le temps de se poursuivre, regardez dédaigneusement ces aspirations vides de sens, c'est le seul moyen de mettre un terme à ces faiblesses de l'imagination, plus redoutables qu'on ne le croirait.

Voilà indiqués, plutôt qu'exposés, les penchants qui caractérisent généralement la nature de la femme. Si l'esquisse n'a rien de flatteur, c'est que la vérité seule a dirigé ma plume. Nous les avons indiqués afin qu'on fît disparaître ce qui est défaut, pour ne laisser que les qualités que nous voulons à la jeune fille, et qu'elle aura si son éducation a été bien dirigée.

Nous demandons la permission de passer rapidement en revue les qualités qui font tant aimer, tant apprécier et si souvent admirer la femme.

Elle est bonne et délicate ; elle rend volontiers service pour le seul plaisir de faire le bien. Elle secourt adroitement, devinant ce qui fait le plus défaut, et gracieusement fait accepter l'objet offert en disant une bonne parole.

Elle est tendre et douce, a toujours un sourire sur les lèvres pour sécher les pleurs, ce qui ne l'empêche pas de s'intéresser à la misère et de souffrir avec elle. Doucement elle calme une blessure profonde et sait trouver la parole qui convient pour faire renaître l'espérance et un peu de gaieté, sans afficher une joie qui pourrait blesser.

Elle est dévouée et a l'esprit du sacrifice ; elle se prive pour donner ; elle s'oublie pour penser aux autres, et dans toute occasion sait se placer la dernière.

Elle est aimante ; elle a dans le cœur des délicatesses que l'homme sent, mais qu'il ne comprend pas ; toujours elle donne son affection sans compter, et cette affection est vraie, calme, profonde et dure toute la vie.

Elle a une vertu instinctive et le sentiment du devoir, qu'elle suit toujours quand elle a été bien élevée.

Mais il faut qu'elle ait été bien élevée. De quelle importance n'est donc pas la tâche de l'institutrice, puisque c'est à elle qu'est remis le soin de former cet avenir?

C'est en combattant les défauts que nous avons signalés chez la petite fille que la maitresse rendra plus fortes, plus complètes et plus éclatantes les qualités que nous devions énumérer pour faire comprendre à l'éducatrice toute la grandeur de l'œuvre que la société attend de sa mission.

Il nous reste quelques mots à dire de l'économie dans le ménage et nos indications seront complètes.

§ 13

Quelques principes d'économie ménagère.

Rien n'est indifférent, nous l'avons dit déjà, quand il s'agit des économies que peuvent faire ceux sur lesquels pèsent les nécessités de la vie. Nous ajouterons qu'il est également indispensable de parler économie à ceux qui n'ont pas à se préoccuper au même degré des moyens de satisfaire aux besoins de chaque jour.

Par conséquent, dans toutes les écoles et pour toutes les conditions, on doit parler économie et ménage aux élèves qui les suivent.

Mais, dira-t-on, elles ne sont pas encore prêtes à devoir être instruites des choses qui sont du ressort de la femme de ménage; elles ne quittent pas l'école pour être placées à la tête d'une maison; il est par suite prématuré de donner les indications qui font l'objet de ce chapitre. Sans doute les jeunes filles quittent l'école de bonne heure; mais si l'institutrice a su leur inspirer

les sentiments de confiance et d'affectueuse estime qui
s'établissent si bien entre le maître et les disciples, la
plupart de ses élèves viendront la retrouver au moment
même où il sera question de mariage pour elles. Pourquoi, dans cette grave circonstance, la maîtresse hésite-
rait-elle à donner à ces jeunes filles les conseils que lui
dicteront si naturellement son expérience et son affection? Pourrait-on trouver déplacé qu'elle parlât d'une
chose aussi naturelle que le mariage? Ceux qui appré-
cieraient ainsi auraient une singulière idée du rôle de
l'institutrice. Ce n'est point de cette façon que nous
jugeons ; aussi nous n'avons pas craint de donner sur ce
point quelques conseils aux maîtresses.

C'est le côté, assurément, fort délicat de la mission
de l'éducatrice. Toutes celles qui ont dirigé de grandes
jeunes filles savent ce qu'il faut d'expérience pour trouver la parole qui provoque chez elles la réflexion et toute
l'étendue de l'idée du devoir ; combien il faut d'élo-
quence simple pour leur faire comprendre les grandes
lois de la société; combien il faut d'affection pour amener entre l'élève et la maîtresse cette confiance nécessaire afin de pouvoir guider convenablement celles qui
bientôt auront leur foyer à elles.

Aussi nous dirons aux institutrices que, sans négliger
aucune de leurs autres élèves, elles doivent s'attacher
davantage aux orphelines, à ces pauvres enfants qui
n'ont plus de mère pour les éclairer dans le choix si difficile à faire d'un mari. Elles viendront, en effet, à dix-
huit ou vingt ans, naïvement vous confier leurs espérances. C'est alors que vous aurez besoin de toute votre
expérience pour leur donner le conseil qu'elles viennent
chercher. Dites-leur bien que les avantages extérieurs,
tels que la richesse et la beauté, qui pourraient faire
pencher de ce côté leur tête si frivole encore, ne doivent

être que des accessoires; que ces dons qui, assurément, ne sont pas à dédaigner, ne font pas seuls le bonheur de la vie. Il faut, avant tout, une entente parfaite et la connaissance du caractère de l'homme à qui elles doivent dévouer leur vie. Faites-leur bien remarquer que dans ces rapports journaliers qui ont lieu avant le mariage, elles doivent être sérieuses pour ne pas donner à leur futur mari une idée désavantageuse de leur bon sens. Il importe qu'elles soient prudentes, mais non dissimulées; tout en s'observant, elles seraient coupables de recourir à l'hypocrisie pour cacher leurs défauts. C'est pourtant ce qui arrive trop souvent. On s'épouse ne se connaissant pas; on n'a donc aucune idée de la conduite à tenir pour ne pas se froisser. Après le mariage, le voile tombe, la désillusion succède à l'étonnement. Les âmes faibles ne cherchent pas à réagir pour conserver leur place au foyer; c'est un mal, car en cédant aussi facilement, une femme perd tout empire sur le cœur de son mari et devient inhabile à le détourner du mal ou à le pousser au bien. Les caractères plus fermes n'abandonnent pas volontiers leurs droits; mais si une femme énergique résiste sans talent, elle sort de son rôle, car avant tout, il faut que la femme règne par la douceur, la persuasion, une affectueuse patience.

Les époux se détachent l'un de l'autre et donnent ces exemples de contestations et de mésintelligence qui affligent la société. La vie se compose de ces concessions journalières qu'il faut savoir se faire; si on la comprend bien, jamais l'égoïsme n'aura sa place au foyer, il sera remplacé par ces dispositions qu'une affection mutuelle sait entretenir et accroître sans cesse.

Oui, c'est une chose sérieuse que le mariage; il faut un caractère mûri, un cœur fortifié, le sentiment profond du devoir, beaucoup d'abnégation pour remplir consciencieusement toutes les obligations qu'il impose.

Présentez toutes ces réflexions à ces jeunes filles sou-
riantes qui viennent toutes gaies vous apprendre qu'elles
vont bientôt quitter la maison paternelle pour entrer
dans la leur.

C'est le jeudi et le dimanche surtout que, durant une
promenade et pendant qu'elles travaillent près de vous,
vous pouvez leur tracer une ligne de conduite comme
futures femmes de ménage.

Mais, direz-vous, pourquoi toutes ces réflexions à propos d'économie domestique? encore une fois, peuvent-
elles être de notre ressort? Oui, parce qu'elles termi-
nent l'éducation. L'économie domestique, dont nous
allons parler, n'est que l'accessoire; elle peut s'apprendre
vite; mais ce qui serait irrémédiable si une jeune fille
s'engageait légèrement dans les liens du mariage, ce
serait les conséquences de son irréflexion. Elle doit
donc réfléchir lentement et longtemps, afin d'envisager
avec plus de maturité les devoirs de la femme ; elle doit
se faire un plan de conduite suivant ses remarques sur
le caractère de son futur mari ; elle sera ainsi préparée
à porter dignement son titre d'épouse.

Abordons maintenant ce que nous avons à dire sur
l'économie domestique. Les notions que vous avez à en
donner constituent un enseignement vraiment indispensable et qu'on a eu, selon nous, le plus grand tort
de négliger jusqu'ici ; car l'économie domestique, c'est
la science du ménage, l'industrie de chaque femme,
le génie de chaque mère, la richesse des pauvres et le
frein des riches.

Nous allons examiner rapidement en quoi elle consiste; il suffira pour cela de commenter la définition que
nous venons d'en donner. Elle est la science du ménage,
parce qu'elle est la base sur laquelle il faut s'appuyer

dans la direction générale d'une maison, parce qu'elle
guide dans la dépense, qu'elle conserve l'avoir et engendre l'épargne qui garantit la stabilité des fortunes et
les fait prospérer. Elle est l'industrie de chaque femme
parce qu'elle est surtout de leur domaine ; c'est dans les
détails qu'elles doivent s'appliquer à économiser, et
rien de plus efficace que ces économies faites sur ces
riens qui se répètent des milliers de fois et qui sont la
source d'un réel bien-être. Aussi une femme économe
trouve un véritable attrait à perfectionner la tenue de
sa maison sans que son mari et ses enfants s'en trouvent
moins bien.

Elle est le génie de chaque mère, car c'est par ses
procédés, son attention à tout, sa sollicitude jamais surprise qu'elle peut se permettre ces simples cadeaux
qui causent tant de joie sans grever le budget domestique.

Elle est la richesse du pauvre, qu'elle préserve de la
misère, et le frein du riche auquel elle dit : le revenu
dépensé intégralement porte à entamer les plus solides
fortunes, économisez pour ne pas déchoir et faire le bien
que votre richesse vous impose. Avec de l'économie, on
a nécessairement des qualités laborieuses et de l'ordre.
On sait par soi-même, on peut commander et faire prévaloir les méthodes les meilleures dans la direction d'un
personnel de domestiques nombreux. Commander, savoir se faire servir n'est pas une petite science, qu'on
le sache bien. Il faut initier nos jeunes filles à tous les
travaux qui sont du ressort de la femme.

Aussi le jeudi, quand elles reviennent à la maison
d'école, ce n'est plus à la classe que vous devez les emmener, mais au jardin, à la buanderie, à la cuisine, à la
lingerie. Au jardin, sans leur mettre en mains la bêche
ou la houe, outils qui ne conviennent pas à leur fai-

blesse, vous pourrez néanmoins leur donner quelques notions de jardinage, leur faire des remarques sur les différentes sortes de légumes et la manière de les cultiver; vous passerez ensuite aux fruits en leur disant comment on les récolte et comment on les conserve. Du jardin vous vous rendrez à la cuisine. Vous leur ferez observer combien les casseroles sont luisantes et comme tout y est propre et bien rangé. Vous leur direz quels sont les plats à préférer pour la préparation des mets; pourquoi il vaut mieux que la soupe, par exemple, se fasse dans une terrine de terre cuite que dans une casserole de fer étamé; pourquoi, après chaque repas, il importe d'ôter les restes, qui prendraient mauvais goût dans des plats d'étain. Quant à la cuisine en elle-même, après des conseils sommaires, indiquez-leur un bon livre de cuisine qui leur enseignera à la faire avec beaucoup de simplicité. A la lingerie, la première chose que vous faites remarquer, c'est la planche à repasser, tendue d'une vieille serviette bien propre et sans plis. Les mouchoirs sont pliés, les deux lisières du même côté; ils ne sont pas trop secs, c'est le bon moment pour les repasser. Mettez-leur le fer à la main et exigez qu'il ne soit pas trop chaud. Si vos jeunes filles avaient l'habitude de frapper avec ce pauvre instrument comme si elles lui en voulaient, arrêtez-les, on ne fait ainsi que de mauvaise besogne; les ourlets peuvent être parfaitement aplatis sans recourir à ces coups répétés. Tout le linge uni peut être facilement repassé avec un peu d'habitude. Quant au linge à l'empois, avec vos conseils, il faut de la pratique et de l'expérience. Dites-leur que l'amidon ne doit pas être trop fort, que pour commencer surtout, elles en emploient du cru plutôt que du cuit; qu'elles mettent leur linge à l'empois deux heures avant de le repasser, qu'elles se hâtent ensuite dès qu'il n'est plus mouillé, car l'amidon sèche et, à la fin, l'objet repassé n'est ni uni ni empesé, ce qui fait assez mauvais effet. Les fers chauds ne conviennent pas pour la flanelle et la laine qui se repassent à l'envers. Il faut là appuyer longuement, le linge sera mieux.

Faisons ensuite un tour à la buanderie avec votre élève, qu'elle voie couler la lessive, qu'elle sache la faire elle-même et employer avec proportion les cendres, les cristaux, le bleu et le savon. Engagez-la à raccommoder et à repasser la lessive dès qu'elle est prête, car si elle traîne, le linge n'est plus blanc, les accrocs s'augmentent et on a plus de peine à se remettre à l'ouvrage. Tout cela ce sont les réalités de la vie qui sembleront bien vulgaires ; mais ce côté prosaïque est une nécessité qui s'impose. Celles qui le trouveraient ennuyeux et rebutant feraient de tristes ménagères. Il faut donner à vos jeunes filles des idées vraies sur le rôle qui les attend. C'est en ne dédaignant aucun de ces détails si importants du ménage, qu'elles seront vraiment des femmes entendues. Les doigts sans doute auront des gerçures, les mains pourront être abîmées, mais si un baiser d'enfant s'appuie le soir sur la blessure, si le mari a une bonne parole, elles trouveront ainsi cette poésie de la famille qui a tant de charme quand on sait la goûter.

CHAPITRE IV

DE LA DISCIPLINE DANS LES ÉCOLES

Nous avons donné au commencement de ce livre, à l'occasion de l'énumération des qualités que nous jugions indispensables à l'instituteur, une définition de la discipline. Nous avons dit qu'elle est la mère et la trésorière du temps, le nerf du règlement et, quand il le faut, la vengeresse des infractions. Il serait facile d'étendre et d'amplifier cette définition ; nous nous en contentons.

Il faut une discipline dans l'école comme il faut une loi chez un peuple. Assez souvent on a comparé la réunion des petits enfants en classe à la réunion des hommes dans le monde. Il y a beaucoup de vrai ; il faut essayer de faire que la classe soit un petit monde en beau ; il faut nous attacher à ce que les injustices qui affligent les hommes n'aient aucun droit d'entrée dans la classe, pas plus que toutes les imperfections inhérentes aux institutions humaines. Ce qui cause les injustices et les imperfections, c'est le grand nombre de ceux que régit la loi et le grand nombre de ceux qui l'appliquent. A l'école, la plupart du temps, le même maitre applique la même loi aux mêmes élèves ; la tâche est plus facile. Cette loi, c'est le règlement.

Au milieu de dispositions diverses, le règlement a prévu quels étaient les moyens disciplinaires dont le maitre devait disposer.

Ils se divisent en deux parties distinctes : les récompenses et les punitions.

Les récompenses sont laissées à la discrétion du maitre ; les témoignages de satisfaction peuvent en effet prendre les formes les plus diverses selon l'action qu'il y a lieu de récompenser. Pour les punitions, le règlement a cru devoir les énumérer afin de maintenir le maitre dans une limite raisonnable et suffisante de répression. Nous serions bien tenté de dire que la meilleure école est celle où les punitions sont le moins fréquentes. Dans tous les cas, répétons aux instituteurs qu'à l'école, comme dans la société, la vraie et la seule punition qu'il faille infliger, c'est celle qui amène le repentir de l'élève et le désir de mieux faire à l'avenir. Il importe surtout que les punitions soient raisonnées et raisonnables, de plus, profitables à l'instruction et à la moralisation de l'enfant. Il n'en est malheureusement pas toujours ainsi : l'habitude et le désir d'être débarrassé promptement font souvent infliger une punition qui n'a aucun autre but que celui d'occuper l'enfant; mais ce n'est là qu'un des côtés du châtiment, le moins intéressant à coup sûr. Ainsi donner cinq cents lignes à un élève comme punition me paraît d'abord très exagéré comme tâche; et ensuite, si l'enfant fait cinq cents fois cette ligne, qu'est une semblable punition pour son instruction? Rien; pour la répression, guère plus; puis c'est une punition si matérielle, qu'elle est presque corporelle; or, les punitions corporelles, avons-nous besoin de le redire, sont bannies de l'école.

A notre avis, lorsqu'un élève s'est rendu coupable d'une infraction, le mieux est de s'adresser à ses sentiments, à sa raison, à son cœur d'enfant, non point sur un ton amer et avec l'intention de le blesser et de l'humilier, ou avec des menaces et des récriminations comme si l'on était offensé soi-même et qu'on voulût obtenir satisfaction d'un outrage personnel ; il faut, au contraire, montrer qu'on obéit à une nécessité impérieuse et qu'on est tout peiné; qu'on plaint l'élève plus encore qu'on ne le blâme, et qu'enfin on est affligé de voir qu'il n'a pas mieux profité des leçons qu'on lui a faites au cours de morale. Si la faute était très grave ou qu'il y eût récidive, il faudrait insister pour que l'élève comprît qu'on hésite à le laisser reprendre sa place au milieu de ses condisciples; qu'il ne mérite plus d'y être classé parce que la faute commise l'avilit et qu'il n'est plus à la hauteur morale des autres que, du reste, son funeste exemple pourrait gâter.

En résumé, il faut s'attacher à faire comprendre à l'élève sa faute, en quoi elle consiste, qu'elles en sont les conséquences, et pourquoi surtout c'est une faute. Il sera bon d'infliger comme punition, au lieu d'un long devoir écrit, quelques lignes à apprendre par cœur ayant particulièrement trait à la faute commise ou au devoir non accompli.

En aucun cas, nous n'imposerions une retenue sans l'accompagner d'un devoir à faire : l'immobilité est, je le sais, une forte, très forte peine pour l'enfant; mais qu'est-ce qu'une punition qui laisse l'élève dans l'oisiveté? N'est-ce pas presque le tenter et le mettre dans le cas de se rendre coupable de nouveau? Dans toutes les circonstances nos punitions seraient courtes; les prolonger, c'est leur faire perdre de leur valeur et de leur efficacité. Nous nous garderions de donner des devoirs de surcroît à domicile; dans combien de familles « les devoirs solés » peuvent-ils être bien faits. Tous les enfants ont iun domicile sans doute, mais tous y ont-ils le rédui indispensable pour travailler? Il faut une table, du jour, un peu d'espace; il y a des logements où ces ressources élémentaires font absolument défaut. Rendra-t-on l'enfant responsable de l'impossibilité dans laquelle il est placé quand le fait tient à une difficulté matérielle? On comprend facilement à quelles conséquences on s'exposerait.

Je vois les objections qu'on peut me faire; je vais les résumer et y répondre. Vous supposez, me dira-t-on, que les enfants se laisseront conduire mieux que des hommes; que les remontrances, la raison, l'exemple auront prise sur eux. S'il en était ainsi, ce ne seraient pas des enfants; mais des hommes faits, et non des moins raisonnables, mais c'est là un idéal, et ce n'est pas avec des données pour l'idéal que l'on agit et gouverne dans les réalités. Donnez-nous quelques conseils qui s'appliquent aux faits habituels dans nos classes, et prenons nos élèves comme ils sont et non comme il serait désirable qu'ils fussent.

Nous avons dirigé des enfants pendant dix ans, et les enfants d'une nombreuse et importante école; depuis dix-sept ans nous voyons des écoles comme inspecteur, et toujours nous avons observé que quand on s'écartait des principes que nous avons indiqués en discipline, on engendrait le désordre. Près de la majorité des enfants, quand il y a lieu de punir, il faut agir comme un père sage, intelligent et de sang-froid : c'est à prendre ou à laisser; un instituteur doit être un père. C'est là un sentiment qui doit dominer en lui, c'est sa première loi. C'est justement ce que nous lui avons recommandé : qu'il use d'exemples beaucoup plus que de sermons. Maintenant près des natures rétives et mauvaises qu'aucun conseil ne guide, qu'aucun avis ne persuade, qu'aucune discipline ne contraint, que faire, demandera-t-on ? Voir d'abord s'il n'est pas possible de trouver un défaut de la cuirasse où puisse se glisser un peu de raison; pour cela, il faut se mettre à la portée de ces déshérités par des paroles aidées de démonstrations prises autour d'eux, et, si malgré les efforts faits, les tentatives restent infructueuses, si ces élèves sont décidément des impénitents, il n'y a pas d'autre moyen à prendre que de s'en séparer : nous avons à préserver l'école du contact de ces gâtés. Ce sera heureusement une exception très rare. Plus tard, on pourra voir si la raison et le repentir sont venus.

Pour les élèves difficiles à gouverner, appelez la famille à votre aide, et ne croyez pas que ce soit là une impossibilité, que ce soit même toujours une difficulté. Je sais bien que, aujourd'hui, où, hélas! la population reste stationnaire dans nos meilleures plaines, le nombre d'enfants est si restreint dans chaque famille, que ces enfants sont choyés et adulés jusqu'à dominer au foyer domestique. Ce n'est plus l'enfant qui demande et obéit, c'est lui qui exige et commande. Le maître peut donc craindre d'être mal accueilli. Il faut qu'il brave cette crainte et surmonte ces appréhensions ; la démarche que nous lui conseillons constitue un de ses devoirs, il doit la faire. Le chef de famille aura été écolier sans doute, il comprendra bien mieux le rôle du maître, et sera prêt à donner le concours qu'on lui demandera dans l'intérêt de son fils. Voilà ce qui se passera la plupart du temps, et si des exceptions se produisaient, ce qui est possible, il n'en faut tenir compte que comme on tient compte de faits accidentels qui en somme n'ont pas d'influence appréciable sur l'ensemble.

«Traitons nos élèves selon leur âge, mettons-les à leur place et sachons si bien les y tenir qu'ils ne soient pas tentés d'en sortir, » nous obtiendrons beaucoup d'eux.

Les récompenses dans les écoles consistent généralement en bons points. Nous sommes loin de les désapprouver, nous en recommandons même vivement l'emploi, si ces bons points, au lieu d'être un simple petit carré de papier ou de carton, représentent une image retraçant un fait saillant et intéressant de notre histoire ou le portrait d'un homme de bien ; ce bon point a ainsi une portée morale et contient un enseignement qui en décuple la valeur. Malgré cela, nous mettons bien au-dessus des bons points le témoignage de satisfaction accordé par le maître et inscrit sur un billet de couleur, sur un livret, sur une médaille, selon le mérite de l'élève.

Pour des témoignages de satisfaction portant sur l'ensemble des devoirs d'une période donnée, huit jours par exemple, nous ne verrions aucun mal à ce qu'ils fussent décernés avec l'assentiment des élèves : il s'agit là, qu'on ne s'y méprenne pas, d'un point sur lequel ils peuvent se prononcer, car nous ne prétendons nullement les constituer juges des devoirs, mais leur faire

désigner celui de leur condisciple qui a montré le plus
de qualités studieuses durant la semaine écoulée.

Le maître pourrait, je suppose, procéder ainsi :

Mes enfants, quel est, à votre avis, l'élève de votre
division qui s'est montré le meilleur écolier, le meilleur
camarade, le plus studieux et le plus soumis durant
toute la semaine? Répondez franchement.

Les enfants. — C'est Émile.

Le maître. — Pourquoi?

Les enfants. — C'est parce que nous l'avons vu constamment appliqué, parce qu'il a toujours su ses leçons,
et que nous n'avons rien à lui reprocher à notre égard.

Le maître. — A mon tour, je loue Émile pour les
bonnes dispositions qu'il a montrées et pour sa conduite,
non seulement en classe, mais encore au dehors, chez
ses parents, avec ses frères et sœurs. Il a toujours partout appliqué les principes de morale que nous apprenons ensemble. Je vais donc lui accorder un témoignage
de satisfaction pour cette semaine.

Voilà, croyons-nous, une méthode de récompenser les
élèves, qui ne sera critiquée par aucun des intéressés.
Au surplus, elle repose sur des principes tout à fait
républicains. On se plaint, et avec raison, que les Français sont peu façonnés aux mœurs républicaines; il
semble que si nous leur donnions, dès l'école, certaines
habitudes propres à leur inculquer le respect des majorités, grâce à des votes répétés, l'on parviendrait à développer l'esprit démocratique plus facilement que par
aucun autre moyen.

Un exemple : A la fin du mois, on peut inscrire les
noms des meilleurs élèves au tableau d'honneur. Il peut
y avoir deux tableaux, un sur lequel on inscrit tous les
élèves dignes de cette récompense, et un autre sur lequel
n'est inscrit qu'un seul enfant de chaque division. Celui-

là pourrait être désigné par un vote secret sur des bulletins que ses condisciples déposeraient dans une urne. Une punition grave et rare sera de retrancher le droit de voter à tout enfant qui se sera rendu coupable de plusieurs fautes graves dans le mois. Tous les trimestres, on peut accorder un prix à l'élève qui, dans chaque division, a obtenu le plus d'inscriptions dues à ces votes. Dans le cas d'égalité d'inscription entre deux enfants, le nombre des témoignages de satisfaction déciderait de la lutte ; enfin, dans le cas d'égalité entre le nombre des bons points, si par hasard l'égalité existait encore, on décernerait deux prix *ex æquo*.

Il est facile de varier les récompenses et de les augmenter avec l'importance de la classe.

Ce système, dans lequel nous trouvons l'avantage d'exercer les enfants à l'apprentissage d'un de leurs devoirs de citoyens, peut, nous le comprenons, prêter à des critiques justifiées jusqu'à un certain point. C'est, nous dira-t-on, substituer l'esprit de mobilité des enfants à l'appréciation beaucoup plus réfléchie du maître, c'est compromettre la discipline, par suite les résultats de l'école. Il est donc préférable de ne point ainsi faire intervenir les élèves ; l'avantage qui en résulte n'est point du tout supérieur à l'inconvénient qui en découle. Nous répondrons simplement ceci ; en cette matière, comme sur tous les autres points, c'est une question de procédés, de mesure, de méthode et d'application. Un maître, qui saura dominer sa classe par l'autorité nécessaire, saura tirer un excellent parti du moyen que nous lui recommandons ; mais s'il n'est point au-dessus de sa tâche, il péchera par quelque côté, comme la fermeté, la bonté ou la patience ; nous défions alors qu'il trouve un moyen irréprochable de récompenser et de punir.

A propos de récompenses, les distributions de prix annuelles qui existent dans un grand nombre d'écoles ont autant de détracteurs que de partisans. C'est une provocation à la vanité, disent les premiers, c'est aussi une humiliation trop forte pour ceux qui n'obtiennent rien ; c'est pour les parents des élèves qui n'ont pas de succès une cause de mortification qui leur fait crier à l'injustice ; c'est l'avilissement des prix, si le maître, pour éviter les plaintes, récompense tout le monde. C'est aussi une perte de temps pour l'école plutôt qu'un moyen d'exciter au travail quand on résume les progrès de l'année par les fameuses compositions des prix. Enfin, sous le régime républicain particulièrement, il faut faire prévaloir dans l'esprit de l'enfant que le sentiment du devoir accompli doit être sa seule récompense. Il y a, c'est certain, beaucoup de fondement dans ces critiques qu'on pourrait encore multiplier. Mais d'autre part, les partisans de la mesure répondent ceci :

Oui, les récompenses publiques peuvent exciter la vanité, mais si elles sont bien conçues, ne peuvent-elles pas, tout en sollicitant la vanité, la redresser et l'avertir ? D'un autre côté, la récompense a plus d'une signification morale ; ne comporte-t-elle pas des devoirs et ne constitue-t-elle pas un réel engagement ? Il ne faut pas voir une prime à l'orgueil dans ces modestes récompenses, mais une sorte de classement, une promesse pour l'avenir. On dit publiquement à l'élève : « C'est bien, continue, et surtout prends garde de démériter. Il a fallu des efforts à l'école pour conquérir ce rang, il en faut aussi dans la société pour faire sa place. C'est la loi partout ; que ce soit à l'atelier, au régiment ou à l'école. »

Nous avouons que voilà également de bonnes raisons pour ne pas proscrire ces fêtes qui offrent une si grande attraction, et se prononcer entre deux opinions, qui ont pour elles toutes deux d'excellents arguments, devient difficile. Je suis d'avis que si nous étions assez parfaits pour accomplir notre devoir, parce que c'est le devoir, et nous interdire de faire le bien pour être payés et pour être vus, je me prononcerais bien volontiers contre les distributions des prix; mais dans l'état actuel, je ne dois pas oublier qu'il ne faut pas traiter les enfants mieux qu'on ne traite les hommes; nos distinctions honorifiques sont basées sur l'idée de la récompense du devoir, craignons peut-être, en renfermant trop étroitement le sentiment de la valeur acquise, de faire des orgueilleux, des égoïstes et des insensibles.

Au nombre des moyens d'émulation, on a classé ce qu'on appelle les concours cantonaux. On en a abusé dans certaines régions, puis partout presque ils sont tombés. Sous ce rapport, comme sous celui des distributions de prix, les meilleurs esprits sont partagés; les uns, voyant dans le concours un puissant élément d'émulation pour les maîtres et les élèves, demandent, dans l'intérêt de l'enseignement, à ce qu'on les fasse revivre; les autres, pensant que l'on s'abuse sur les effets des concours, penchent pour qu'on ne songe plus à recourir à ce stimulant.

Il y a, il semble, un juste milieu entre ces deux appréciations; c'est celui qu'il convient de prendre.

Les concours, ce n'est pas niable, ont l'avantage de vivifier un sentiment sans l'existence duquel tout languit promptement à l'école, celui de l'émulation; mais il ne faut ni surmener ni dévoyer cet indispensable aiguillon. Les facultés, pour se développer, doivent suivre une marche lente et raisonnée; si l'on franchit les intervalles, si l'on cultive spécialement une faculté aux dépens des autres, on fausse l'instruction, on peut porter au déclassement, on abuse de l'enfant. D'autre part, en arrachant pour ces joutes stériles les élèves à la sphère calme où le bon sens indique de les maintenir, on arrive à ceci: c'est de porter les maîtres à sacrifier la presque totalité des élèves pour soigner la partie intelligente de la classe, celle qui forme l'aristocratie des bien doués; l'ensemble de l'enseignement y perd. Enfin, pour les maîtres qui n'ont pas été heureux dans le concours, il y a péril réel; leur insuccès les indique avec éclat, et pour peu que quelqu'un ait à se plaindre de l'instituteur, ce plaignant a une arme de plus, il peut y avoir là un point de départ de sérieux embarras pour l'administration, sans qu'il y ait d'ailleurs de la faute du maître.

Est-ce à dire qu'on doive proscrire toute espèce de concours? ce n'est point ce que nous avons voulu démontrer : nous sommes l'ennemi des concours à grand effet, nous voulons que nos écoles restent constamment dans le milieu de tranquillité et de recueillement qui leur convient, le seul d'ailleurs favorable au travail; mais nous pensons aussi que des comparaisons établies entre les écoles offrent beaucoup d'intérêt. Un concours peut donc être efficace s'il est bien ordonné. Pour cela, il faut qu'il s'adresse au grand nombre au lieu de mettre en jeu l'amour-propre de quelques-uns seulement; que, par exemple, dans toutes les écoles d'un canton ou d'un arrondissement, on prenne l'ensemble des devoirs donnés aux élèves durant une semaine, on pourra constater combien, dans chaque école, relativement à la totalité des enfants, il se trouve d'élèves en état de présenter des résultats satisfaisants sur l'ensemble du programme; on recherchera à quelle cause est dû le succès ici, pourquoi on réussit moins bien là; alors le mobile du concours devient une pensée d'utile perfectionnement.

Dans ce cas, nous l'approuvons hautement autant que nous le proscrivons s'il s'agit de donner satisfaction à un sentiment de stérile vanité.

Ces concours d'ailleurs, depuis que les examens du certificat d'études ont pris une place si rapidement conquise dans nos institutions scolaires, ne paraissent plus avoir la même raison d'être. Le certificat d'études est le baccalauréat de l'école primaire; c'est la sanction la meilleure prouvant que le programme a été suivi; c'est en définitive ce qu'on se proposait par tous les autres moyens; on en a un bien simple et bien pratique auquel les parents commencent à attacher un grand prix, il n'est pas besoin de recourir à d'autre. Préconisons celui-là présentement, l'avenir nous indiquera ce qu'il faudra y ajouter plus tard.

Un des moyens de discipline scolaire qui sont le plus efficaces est l'emploi du livret. Le maître doit se mettre en communication avec la famille, il faut qu'il voie les parents; s'il dirige une école nombreuse, les visites fréquentes sont impossibles, faute de temps, et cependant il importe que la famille soit tenue au courant des faits de l'école. On ne voit pas d'autre moyen d'arriver à ce but que d'entretenir une correspondance avec elle. Le livret est justement ce moyen de correspondance. Les parents ne l'ouvrent pas, nous a-t-on dit bien souvent, à quoi peut-il alors servir? Qu'il y ait des parents indifférents et insouciants, on ne saurait le nier, puisqu'il y a encore beaucoup d'ignorants, mais tous n'en sont pas là; ce n'est pas la majorité qui témoigne d'autant d'insouciance; d'ailleurs le maître dispose-t-il d'un meilleur moyen pour entretenir des relations indispensables avec les familles? Pour notre part nous n'en connaissons aucun qui vaille mieux que le livret. Nous en recommandons l'usage, parce que nous avons pu en apprécier les excellents effets dans beaucoup d'écoles. La tenue de ce petit livre exige peu d'écritures, car nous pensons qu'il suffit grandement qu'il soit hebdomadaire; nous avons même vu beaucoup de classes où le livret était bi-mensuel; on s'en contentait et on n'avait point à s'en plaindre. L'important c'est que les familles sachent ce qu'est leur enfant comme élève. Dans les lycées et collèges le bulletin (c'est une sorte de livret si l'on veut) est trimestriel et l'on trouve que cette communication est suffisante, ce qui évidemment ne serait pas le cas dans l'enseignement primaire.

Nous avons parlé plus haut des promenades agricoles. A propos de discipline, nous avons aussi à parler des grandes promenades. En effet, depuis quelques années — et à notre avis il y a là un grand progrès — les excursions scolaires ont été introduites à titre de récompenses dans notre système d'éducation. Elles ont une influence décisive; mais d'abord qu'est-ce qu'une excursion scolaire? Nous ne dirons pas que c'est un voyage d'agrément, bien que l'imprévu, la nouveauté, l'inconnu, l'intérêt, certain charme et beaucoup de plaisir doivent ou peuvent l'accompagner. Pour nous, une excursion scolaire est une leçon de choses où entrent des notions sur tout, notamment sur l'histoire, la géographie, le dessin, l'industrie, la mécanique, l'agriculture et l'histoire naturelle. Donc, ces voyages ont besoin d'être sérieusement préparés. A quel âge les enfants peuvent-ils les entreprendre utilement? A l'âge où ils pourront profiter, non sur une partie, mais sur l'ensemble. Faut-il aller loin pour que l'excursion atteigne son but? Nous ne le pensons pas : on peut apprendre beaucoup sans parcourir de grandes distances, si l'on ne laisse rien passer. Voilà pourquoi les excursions scolaires sont à la portée de beaucoup d'écoles et vont tendre à se multiplier de plus en plus.

On a vu, par ce que nous avons dit dans notre paragraphe touchant l'agriculture, que nous n'hésitons pas à conseiller de quitter les bancs, les tableaux et les cahiers pour recourir aux faits et à l'enseignement des choses animées. On a ainsi à sa disposition beaucoup mieux que des livres pour appeler l'attention des élèves, susciter leur curiosité et faire naître leur initiative, on a un tableau incomparable, celui du mouvement et des formes, de la variété et des couleurs. Combien nos démonstrations pourront être moins laborieuses que dans la salle de classe, combien elles en deviendront plus frappantes ! L'enfant est mis là en présence du fait, en présence du travail de l'homme comme des œuvres de la nature ; ce n'est plus à la mémoire seulement qu'on s'adresse, toutes les facultés sont mises en jeu et appelées à remplir chacune leur rôle ; l'impression reçue ne peut manquer de profondément pénétrer. Quelle leçon au tableau vaudra jamais l'aspect d'une machine qui fonctionne, l'examen de la plante qu'on touche et qu'on étudie, la ruche qu'on peut admirer et contempler ! Quel meilleur moyen de provoquer l'esprit de comparaison, de former le sens vrai, de développer la raison et le jugement ? Il n'y a pas devant les faits d'opinion d'emprunt, la certitude se forme promptement et l'enfant la saisit vite. Le maître ne s'impose plus par la confiance qu'il inspire et les dogmes théoriques de son enseignement ; il apporte les preuves à l'appui de sa parole ; il fait de la critique un de ses auxiliaires par les vérifications qu'il provoque : les élèves sont ainsi sûrs de tenir la vérité ; leur raisonnement progresse, le nombre de leurs idées justes s'augmente sans cesse ; le maître ne leur apparaît plus seulement comme un maître, mais comme un bienfaiteur.

Voilà en quelques mots les idées qui, selon nous, présideront à nos excursions scolaires. Nous n'aurons pas formé par cette dernière leçon des fonctionnaires et des magistrats (ils ne sortent guère de l'école primaire) et ce n'est point au reste le but de nos efforts, mais nous aurons mieux éclairé la conscience de nos élèves, et ils nous devront cette persuasion que, quand on a devant soi le titre d'électeur et de soldat, peut-être celui de juré et de conseiller municipal, il est interdit d'être ignorant.

De plus, nous les aurons mieux préparés à l'exercice de leurs métiers et à l'accès des études supérieures auxquelles peuvent prétendre dans notre société démocratique tous ceux dont les dispositions heureuses annoncent un mérite que la société a intérêt à utiliser.

CHAPITRE V

MODES ET MÉTHODES D'ENSEIGNEMENT

Nous avons, dans tout le cours de notre livre, envisagé la méthode d'enseignement dans son essence et dans ce qu'elle a de plus intime, sans nous préoccuper des formes extérieures qu'elle peut revêtir pour trouver son application dans l'école. Au fond, nous pensons que ceci pourrait, à la rigueur, parfaitement suffire, car les maîtres sont aptes à tirer de notre exposé les déductions pratiques qu'il comporte; toutefois, comme on ne peut clore un chapitre relatif à la discipline scolaire sans parler de ces formes ou modes d'enseignement ainsi qu'on est convenu de les appeler, nous allons aborder ce point.

Ce n'est pas, encore une fois, qu'à nos yeux cette question ait une grande importance : nous nous préoccupons infiniment moins du mode employé que des résultats obtenus ; s'ils sont bons, la méthode suivie ne saurait être mauvaise, c'est là notre sentiment. Mais en théorie, il n'est pas sans intérêt de présenter quelques considérations à cet égard. Parlons donc des modes d'enseignement.

Tout le monde sait qu'on entend par modes l'ensemble des moyens adoptés par un maître pour la direction de son école; mode et méthode ont, dans la circonstance, une même signification. Le procédé a son application dans la façon dont la méthode est suivie pour l'enseignement de telle ou telle branche du programme.

Théoriquement parlant, il y a quatre modes d'enseignement, le mode individuel, le mode simultané, le mode mutuel et le mode mixte.

Le mode individuel consiste dans l'application de ce principe que rien ne pouvant remplacer l'action directe du maître sur l'élève, l'instituteur prend individuellement chaque enfant pour lui enseigner chaque partie du programme.

Leçons, devoirs, corrections, tout est l'œuvre du maître, les progrès doivent être rapides, voilà l'avantage. Voyons les inconvénients : on peut dire qu'ils sont insurmontables. Supposons une classe de vingt élèves (je prends à dessein une des moins nombreuses), ces vingt enfants vont recevoir leur leçon de l'instituteur, combien durera chacune ? Neuf minutes, et comme il y a huit matières, c'est une minute environ pour chacune dans une séance, c'est-à-dire deux minutes par jour. Puis, que deviendront les autres pendant tout le reste de la classe? Il est inutile de pousser plus loin cette recherche des difficultés, ce mode est inapplicable. Quand un enfant se traine péniblement à la queue de sa division, quand on veut le préparer pour un examen, quand il faut à tout prix un résultat, on a recours à la leçon particulière, c'est-à-dire au mode individuel, et malgré les défauts que présente cette méthode, qui est celle des éducations privées, on n'a rien trouvé pour la remplacer ; mais, nous le répétons, on voit qu'elle est tout à fait impraticable dans une école. Tout au plus pourrait-on réussir en l'appliquant à obtenir quelques écoliers plus soignés qui illusionneraient sur les résultats si l'on ne s'en tenait qu'à ses privilégiés. Mais à l'école primaire, nous l'avons déjà dit, il faut se garder d'avoir une catégorie de préférés : une école n'a pas de valeur parce que trois ou quatre élèves répondent bien sur l'ensemble du programme, c'est la majorité qui doit se trouver dans ce cas ; l'école est créée pour tous, pour tous on fait les mêmes sacrifices ; tous ont les mêmes droits, tous les mêmes besoins.

C'est afin de satisfaire ces droits communs qu'on a été conduit à abandonner le mode individuel. On s'est dit que tous les enfants de même force pouvaient facilement participer aux mêmes leçons, que ce serait là un temps précieux de gagné pour leur instruction et une grande facilité donnée au maintien de la discipline. On a divisé les enfants en catégories ou cours. Si l'on suppose une école partagée en trois divisions, chaque division pourra recevoir directement l'enseignement du maître pendant une heure le matin et autant le soir, c'est-à-dire deux heures par jour. Voilà certes un grand progrès. C'est à cette organisation qu'on a donné le nom de mode simultané. Mais s'il est préférable au mode individuel, il est loin d'être parfait. Chaque division se trouve bien deux heures par jour plus spécialement placée sous l'action directe du maître, mais pendant quatre heures, elle est livrée à elle-même. Sans doute on aura préparé des devoirs et déterminé la tâche à faire ; ce sera alors l'enseignement écrit qui dominera, et c'est le moins efficace parce qu'il est le plus matériel. Puis il y a là une question de discipline à résoudre qui est grave. D'ailleurs, deux heures consacrées à chaque cours, cela ne donne que quarante minutes par jour et vingt seulement par séance pour l'enseignement de chaque matière. Qu'obtenir durant ces vingt minutes? c'est à peine le temps de s'installer et de se mettre au travail. Voilà donc encore de très sérieux inconvénients.

On comprendra qu'ils seraient grandement atténués, sinon évités, si l'on disposait d'un personnel plus nombreux, par exemple, si l'on avait un professeur pour chaque division. Mais on n'a pas cette ressource dans l'enseignement primaire et cet obstacle, venant du manque de personnel, paraissait insurmontable quand la nécessité et les circonstances ont donné d'une façon inattendue une quasi-solution à la question.

Voici comment:

L'abbé Gaultier (c'est un nom bien connu), qui s'était réfugié en Angleterre durant la Révolution, y avait, pour vivre, ouvert une école où il enseignait la grammaire, l'histoire et la géographie, et même un peu de latin. Il obtint promptement des succès qui mirent son nom en vogue et, de nombreux élèves lui arrivant, il dut s'adjoindre des professeurs; ceux-ci, jaloux, parait-il, des succès de l'abbé devenu instituteur, pensèrent que s'ils le quittaient subitement, ils le forceraient à abandonner une grande partie de ses élèves dont, naturellement, ils ne manqueraient pas d'hériter.

Ils choisirent, pour exécuter leur dessein, un jour où l'abbé Gaultier avait annoncé une séance publique; l'échec deviendrait éclatant et par suite irrémédiable; mais ils avaient compté sans les qualités pédagogiques du directeur de l'école. Son embarras d'abord fut grand en présence de cet abandon, mais il ne fut que momentané ; immédiatement il vint à l'esprit de ce célèbre instituteur de remplacer les professeurs absents par ses premiers élèves, et tout réussit si bien qu'on ne s'aperçut pas que les aides ordinaires manquaient. Depuis ce jour, l'abbé Gaultier se fit seconder par ses élèves les plus avancés. Le mode mutuel était trouvé.

Avec ce système, on peut réunir sous l'œil du même maître un très grand nombre d'élèves ; on peut également les fractionner en un nombre indéfini de groupes ou cercles, en variant la composition des groupes pour chaque matière d'enseignement ; la discipline est rendue facile dans une réunion fort considérable d'enfants ; mais tout cela, c'est le côté matériel ; voyons ce que sera le côté intellectuel.

La transformation des enfants en régents de leurs condisciples ne leur donne pas les qualités que doit avoir un maître : ce sont des enfants, il ne faut donc attendre de leur intervention que ce que l'on peut attendre des enfants ; il n'y a pas un instituteur qui puisse se faire une illusion à cet égard. Ainsi, nous admettons bien volontiers qu'en employant des moniteurs, le maître éveille en eux le sentiment de la responsabilité, l'idée d'initiative, et qu'il mette en relief certaines qualités et certains défauts de caractère ; mais en présence de ces avantages dont nous ne contestons ni le côté utile, ni le côté pratique, nous voyons de grands inconvénients. Ainsi, les moniteurs peuvent parfaitement être les premiers à éluder la règle : pour une pomme, une bille, une image, n'importe quel objet qui les tentera, ils se montreront coulants sur les infractions ; tel élève obtiendra un bon point, par exemple, pour un cadeau ou des promesses ; tel autre qui n'aura pas pu ou pas voulu acheter la complaisance du moniteur, sera oublié quand il méritait autant. Ceci arrivera, qu'on en soit persuadé malgré la plus active surveillance, de sorte que le directeur de l'école voit se briser les moyens d'action dont il dispose.

Quand on admettrait au surplus que les moniteurs seraient appliqués, amis du règlement, et qu'ils se montreraient, comme de vrais maîtres, ni trop exigeants, ni trop faciles, que peuvent-ils pour l'éducation intellectuelle de leurs camarades? Assurément rien. Est-ce qu'ils répondront à une question imprévue, résoudront une difficulté et feront vraiment une leçon? Non, certes. C'est une tâche de maître et non point la leur. D'ailleurs, serait-il désirable, quand cela serait possible, que le moniteur pût donner l'enseignement, que tirerait cet enfant de ses connaissances et de son fonds? Sûrement plus d'une erreur. Donc, voilà le moniteur réduit à un rôle essentiellement matériel, donc le système pêche par la base, et ce n'est pas celui que nous devons adopter.

Mais, tout en le proscrivant, on ne peut s'empêcher de reconnaître qu'il a eu son heure de succès et qu'il a rendu des services il y a quelque cinquante ans, sous la Restauration et durant les dix premières années de la monarchie de Juillet.

Dès que le pays avait pu respirer en paix après toutes les guerres du premier empire, une de ses premières occupations avait été de penser à l'instruction. C'est à cette préoccupation qu'on doit l'ordonnance de 1816. Nous avons lu dans un auteur qui s'est beaucoup occupé d'enseignement primaire, et qui a été un des inspecteurs généraux de cet ordre d'enseignement, qu'on n'a pas suffisamment rendu justice à la pensée qui a inspiré cette ordonnance, car on y découvre, assure-t-il, un profond sentiment des besoins du peuple, et beaucoup de dispositions empreintes de l'esprit le plus éclairé.

Nous ne partageons point du|tout cette appréciation ; nous reprochons, nous, à cette ordonnance, d'avoir mis l'école sous la dépendance la plus absolue de l'Église ; nous ne pouvons non plus, malgré tout notre désir, rendre hommage à la pensée qui a présidé à la rédaction de l'ordonnance. On désire trop peu voir s'établir les écoles dont on recommande la création. L'article 7 s'en remet, en effet, à des comités pour la multiplication des écoles. Supposons ces comités parfaitement disposés, que pouvaient-ils réellement faire ? Ils ne possédaient aucune ressource. L'État, de son côté, avait 50,000 francs (cinquante mille fr.) inscrits à son budget pour venir en aide aux comités sur toute l'étendue du royaume. Peut-on plus clairement dire qu'on ne veut rien faire ?

Nous consacrons aujourd'hui une somme de soixante-cinq millions à l'instruction primaire et c'est encore insuffisant. Les cinquante mille francs et l'ordonnance de 1816 étaient des concessions faites à ce qu'on appelait l'esprit nouveau, rien de plus, et on ne tenait pas à l'application des dispositions édictées, c'est trop évident. Cet esprit nouveau ne pouvait être indéfiniment entravé, on avait besoin d'écoles, on en créa, non pas partout, mais dans les villes d'abord.

Ce ne sont point les comités qui se mirent à l'œuvre, mais l'initiative privée. On manquait de tout, excepté d'élèves ; point de locaux, point de matériel, point de maîtres ; dès qu'on avait réuni ces trois choses essentielles, les enfants, les adultes même affluaient. En présence de ce grand nombre d'écoliers et de cette insuffisance de maîtres, on s'empressa d'adopter la méthode que nous avait apportée l'abbé Gaultier, et dans le Nord et l'Est, toute ville eut bientôt son école mutuelle.

Ces établissements portèrent vite ombrage à la

Congrégation toute-puissante alors; elle n'aimait pas cette passion manifestée par le peuple pour l'école. On leur fit la guerre partout comme à des opposants et à des ennemis; on les traitait déjà d'écoles impies, l'équivalent pour l'époque de l'école sans Dieu de notre temps. Il fallait qu'elles se suffisent à elles-mêmes : jamais, ou bien rarement, une obole des cinquante mille francs du budget ne leur était accordée; c'était pour les écoles bien pensantes.

Ceci constitue-t-il encore une preuve des dispositions de l'esprit le plus éclairé?

On peut donc l'affirmer, la Restauration ne fit rien pour l'enseignement primaire, et les écoles établies sous les auspices d'hommes éclairés, et dues bien plutôt à l'initiative privée, paraissaient suspectes au gouvernement.

Grâce au mode mutuel uniquement appliqué, elles reçurent un nombre considérable d'enfants. C'est pourquoi je pouvais dire un peu plus haut que cette méthode avait eu son heure de vogue, sa raison d'être, et que, si imparfaite qu'elle fût, il fallait reconnaître qu'elle avait rendu de remarquables services.

Mais nous n'en sommes plus là; nous pouvons faire beaucoup mieux; nous sommes plus heureux que ceux qui nous ont devancés. On n'en est plus réduit à confier cent ou cent cinquante enfants à un seul maitre; on sait qu'il est impuissant à leur inculquer les notions les plus rudimentaires. On est descendu, il y a dix ans, à quatre-vingts; aujourd'hui c'est soixante et ce nombre est encore trop élevé. Mais quand il serait moindre, quand il serait de moitié ou même du tiers, la différence d'âge et de connaissances acquises implique encore l'emploi d'aides dans une école primaire, seulement on n'est point contraint à appliquer le mode mutuel pur. On

peut allier, par exemple, l'emploi de cette méthode
avec le mode simultané, on aura ainsi l'avantage des
deux sans toute la somme d'inconvénients que chacun
comporte. C'est ce qui constitue ce qu'on a appelé le
mode mixte. C'est celui qui est dans la nature des choses
pour nos écoles, puisqu'à l'intervention du maître il
faut joindre l'emploi des moniteurs.

Comment, dira-t-on, concilier ainsi les deux méthodes? Fort simplement, selon nous. Toutes les fois
que les matières étudiées exigeront des développements
intellectuels et rationnels, c'est le maître que cet enseignement regardera; quand, au contraire, il s'agira de
récitation pure, d'émettre des sons pour les commençants en lecture, de calcul oral simple et même de pose
de chiffres, l'aide du moniteur peut parfaitement suffire.
Il est difficile de dire au juste: l'action du moniteur
commencera ici et s'arrêtera là; ce qu'on peut indiquer
c'est ceci : d'après la méthode mixte, l'enseignèment
doit devenir mutuel à de certains instants pour une
partie des élèves, et rester simultané toutes les fois que
la leçon ne peut être confiée qu'au maître. Qu'on applique et respecte ce principe, on devra obtenir les
résultats qu'on cherche. Nous recommanderons ins-
tamment aux maîtres de veiller sur les moniteurs. Les
punitions et les récompenses doivent venir uniquement
du directeur et jamais de l'aide. Évidemment, en cela,
l'instituteur n'aura qu'à sanctionner ce que demandera
le moniteur, ou il ruinerait l'autorité de l'aide; mais, à
notre avis, ce ne doit pas être sans examen qu'il accep-
tera et ratifiera les propositions lui venant des chefs de
groupe ; quand ils connaîtront les scrupules du maître
sur ce point, ils se garderont des compromis qu'il faudrait redouter sans cette sage précaution.

En retour du temps qu'ils sacrifient à la direction de

l'école, les moniteurs ont droit à des soins particuliers, à des leçons spéciales. Sous ce rapport, nous avons vu, dans plus d'une conférence d'instituteurs, les maîtres différer de sentiment : il y avait les partisans de la leçon spéciale aux moniteurs, mais il y avait aussi ceux qui n'en voulaient pas. L'argument mis en avant par ces derniers était celui-ci : c'est que le moniteur gagnait comme acquis dans son rôle d'aide : on ne sait jamais mieux une chose que quand on l'a enseignée, disaient-ils, si le moniteur n'enseigne pas dans toute l'acception du mot, au moins il est forcé à une revue des matières sur lesquelles il est appelé à faire réciter une leçon. On lui donne donc plus qu'on ne lui prend. L'argument est à peine spécieux. Quand l'aide apprend le nom des lettres aux commençants ou celui des chiffres, quand il leur fait poser les premiers nombres, quand il indique comment tenir le crayon ou la plume pour tracer le premier bâton, qu'est-ce que son acquis gagne à ces exercices? Ce qu'il fait est tout machinal, il y a long-temps qu'il est familiarisé avec ces rudiments si élé-mentaires; il les possède à ce point qu'il ne peut plus es oublier.

Néanmoins, pendant qu'il préside à ces exercices, on fait à ses condisciples une leçon à laquelle il n'assiste pas, il la perd et doit en souffrir. Est-il admissible qu'il en soit ainsi? Ne serait-ce pas abuser du moniteur si l'on ne comblait pas la lacune produite dans l'enchaînement des leçons auxquelles il aurait dû assister? La réponse ne saurait-être douteuse. Donc l'aide a droit à une compensation, et cette compensation c'est la leçon par-ticulière. Quand bien même il ne devrait ressentir aucun préjudice de son absence de la leçon, est-il honnête de demander un service à l'aide sans lui donner en retour, non seulement l'enseignement auquel il a droit comme élève, mais encore ce à quoi il a droit pour le service rendu? La leçon particulière s'impose. Quelle en sera la durée? Celle qui sera nécessaire pour maintenir le moniteur au niveau des élèves de sa division. Le maître est le meilleur appréciateur.

Plus d'une fois nous avons vu les familles se plaindre de voir le maître se servir des enfants : ce n'est point l'instituteur qui fait sa classe, disait-on, ce sont les élèves. Jamais, à ma connaissance, cette plainte ne s'est élevée quand le directeur de l'école a consacré des soins particuliers à ses aides; à ce point de vue, il est donc encore intéressé à donner la leçon dont nous parlons.

Mais alors nos classes vont durer plus de trois heures chaque séance, pourra-t-on dire? c'est possible; si les maîtres peuvent trouver un moyen qui leur permette de compenser la leçon perdue par le moniteur sans y employer beaucoup de temps, nous n'avons rien à dire; ce que pour nous il faut à tout prix, c'est ne pas perdre de vue que l'enfant ne soit pas dupe pour son rôle d'auxiliaire.

Il y a peut-être un moyen d'atténuer ces inconvénients — car il en subsiste toujours quelques-uns, quoi qu'on fasse — résultant de l'emploi des moniteurs et un bien préférable à tous ceux que nous venons d'indiquer, c'est de demander à la femme de l'instituteur son intervention dans la direction de l'école de son mari. Si elle a son brevet, ce sera le meilleur des adjoints, si elle ne l'a pas, ce sera encore le meilleur des moniteurs; elle rendra donc de précieux services. Près des plus petits enfants, ce sera promptement une maman. Près des commençants, rien ne saura la remplacer, pas même l'instituteur : avec son tact et sa délicatesse de femme, ses qualités de mère de famille, son amour naturel de l'enfance, elle saura, même sans être très instruite et sans être versée dans la connaisance des méthodes, faire d'excellentes leçons à ceux auxquels il faut tout apprendre; des leçons de choses particulièrement dont tous les enfants sont si avides, et qui les préparent si bien à l'enseignement des matières du programme.

Aussi chaque fois que nous avons trouvé la possibilité de faire intervenir la femme du maître dans l'école, nous avons insisté pour qu'on y eût recours et partout les meilleurs résultats en ont été la conséquence. On sent et l'on devine cette intervention quand elle s'exerce, par les effets qui se manifestent; comme éducation surtout, ils sont remarquables. Ceci se conçoit : la première, la vraie, la meilleure éducatrice, n'est-ce pas la mère? or, la femme de l'instituteur, nous l'avons dit, devient promptement une maman pour les enfants.

Nous engageons donc les maîtres à s'adjoindre leurs femmes, à défaut leurs sœurs ou leurs mères; elles ont déjà un rôle déterminé dans les écoles mixtes; qu'elles l'étendent, nos écoles y gagneront beaucoup, par suite les sentiments de confiance et de considération dont on entourera leur mari, ce qui ne saurait nuire à sa situation matérielle, point qu'il n'est pas défendu d'envisager.

CHAPITRE VI

L'INSTITUTEUR EN DÈHORS DE L'ÉCOLE

Pourquoi parler des obligations de l'instituteur en dehors de l'école? Est-ce qu'une fois ses devoirs de maître enseignant remplis, il ne rentre pas en pleine possession de lui-même? Ne recouvre-t-il pas son entière liberté et sa complète indépendance? Ne se trouve-t-il pas enfin dans la situation de tout fonctionnaire durant les heures où il n'est pas retenu par ses fonctions?

Oui et non.

Oui, s'il s'agit de disposer absolument de son temps, d'en user pour une récréation nécessaire, un repos indispensable et des distractions permises; non, s'il est question de son caractère d'instituteur.

Le titre d'éducateur est trop haut placé pour qu'on puisse jamais consentir à voir dans un maître de nos écoles un fonctionnaire seulement. Ce titre de fonctionnaire le caractériserait insuffisamment, et rendrait mal ce qu'on attend de lui : l'instituteur remplit une fonction, soit, mais aussi il se dévoue à une mission, il est tout à l'enfance, voilà pourquoi on a dit souvent que celui qui enseignait exerçait une sorte de sacerdoce et se livrait à un véritable apostolat. A notre avis, rien n'est plus vrai, c'est pourquoi aussi nous pensons que le seuil de la porte de l'école franchi, il reste à l'instituteur certains devoirs à remplir qui n'incombent pas de la même façon aux autres hommes.

Nous ne lui demanderons pas d'être parfait, mais seulement des efforts pour atteindre la perfection ; nous ne lui disons pas : Ayez l'attitude humble, le regard baissé, la démarche craintive, suites de la contrainte ou du manque de sincérité. Nous ne lui conseillons pas non plus le ton haut, la parole sentencieuse, des gestes de pontife et les prétentions d'un docteur, venant de l'habitude de régenter Nous dirons à nos maîtres : Soyez simples et naturels dans vos manières, polis sans affectation ; ressemblez enfin au reste des hommes par votre extérieur. Ne vous rappelez plus que vous avez été cloîtrés; aucune contrainte ne pèse plus sur vous, on vous a émancipés sous notre République. C'est un grand bienfait; vous en étiez dignes et personne ne pense plus que moi que la liberté et l'indépendance sont absolument indispensables à l'éducateur. Mais cette ère heureuse ouverte devant vous ne vous dispense pas de l'accomplissement de devoirs qui vous sont particuliers.

Ainsi, vous parlez dans l'école de morale et de devoirs civiques; si vous voulez que cet enseignement reçoive son complément et sa consécration, vous devez à vos leçons, en dehors de l'école, la sanction de l'exemple. La contradiction entre l'enseignement et la conduite formerait un contraste inacceptable; on ne comprendrait pas que les actes vinssent démentir les paroles, car en ces matières, on ne peut suspecter la conviction, et on est fondé à exiger que celle du maître soit absolue; l'équivoque et le doute paraîtraient un danger pour l'enfance.

Donc, votre conduite comme homme sera irréprochable, et j'ajoute que, dans votre intérêt, elle doit être exemplaire : l'instituteur a besoin de posséder la confiance de l'autorité et celle des familles. Cette confiance lui viendra naturellement s'il sait se l'attirer; pour cela il faut qu'il donne de bons exemples. Rien ne s'impose davantage : l'exemple tente et édifie; pratiquez vos devoirs d'honnête homme; soyez serviable; que les vôtres vous imitent et la considération, sœur et compagne de la confiance, viendra de soi.

Il est un sentiment qui vous rendra facile l'accomplissement de tous vos devoirs, c'est le sentiment du bien que vous faites. Vous êtes soumis, comme nous le sommes tous, aux vicissitudes et aux adversités dont la vie est semée; de plus, par la nature même de vos fonctions, vous êtes exposés à des épreuves qui n'atteignent pas d'ordinaire la plupart des autres hommes. Près de vos élèves vous n'aurez pas toujours les satisfactions légitimes que vos soins dévoués et consciencieux semblaient vous promettre. Près des familles, vous ne serez pas toujours compris : l'indifférence, l'ingratitude même seront parfois la récompense de vos efforts et de votre zèle; vous vous révolterez alors, le découragement viendra. Qui en vous combattra ces mouvements de juste indignation? qui vous fera lutter contre cet abattement moral? qui vous fera retrouver l'ardeur, la persévérance et la constance prêtes à vous abandonner? Sera-ce l'attrait d'une récompence, une certitude d'avancement, une faveur administrative? tout cela serait insuffisant, j'estime certes ces distinctions à leur valeur, mais que seraient-elles si vous ne puisiez pas dans votre conscience et la certitude du devoir accompli la force nécessaire pour lutter contre toutes les défaillances? et cette conviction intime, et cette force intérieure, d'où peuvent-elles venir, sinon du sentiment de l'efficacité de votre mission? Lui seul vous guidera sûrement, vous donnera de réelles consolations et entretiendra en vous cette ferveur qui vous ranimera sans cesse. Il vous fera entrevoir, à vous qui aurez aussi supporté le poids du jour, cette récompense du serviteur d'une belle cause, la seule digne de vos efforts et de votre labeur : « l'assurance que vous passez en faisant le bien. »

Vos obligations en dehors de l'école ne vous imposent pas seulement l'esprit de conduite que je viens essayer de caractériser, il en est d'une autre nature que vous créent vos rapports avec les autorités, vos collègues et les familles.

Abordons ces différents points.

Vous venez d'être nommé et vous allez entrer en fonctions. Si c'est comme adjoint, et j'avoue que ce début me paraît indispensable, votre situation est simple. Vos devoirs de maitre enseignant ne sont, dans cette position subordonnée, que ceux d'un professeur qui n'a que la responsabilité de ses leçons et nullement celle de la direction générale appartenant tout entière à l'instituteur titulaire. Apprenez de lui comment vous devez un jour assumer cette responsabilité, et voyez comment avec son expérience, sa maturité, ses connaissances et son activité, il sait imprimer à toute l'école la marche raisonnée qui convient pour obtenir les résultats auxquels vous devez coopérer. Donnez-lui tout votre concours et félicitez-vous de voir vos premiers pas dans la carrière guidés par un maitre habile et un éducateur méritant.

Après vos six heures de classe, vous ne devez plus rien, c'est incontestable, mais dans l'intérêt de la prospérité de l'école, quel est le jeune maitre qui marchanderait une heure de son temps et un peu de sa peine? Ce ne sera d'ailleurs qu'à titre exceptionnel qu'on pourra réclamer de votre obligeance un surcroit de travail en dehors des obligations du règlement.

Il serait préférable, au moins c'est mon sentiment, que le jeune adjoint vécùt à une table séparée et retrouvât au moment de ses repas cette indépendance qu'il doit naturellement désirer avec ardeur; mais son traitement modeste le contraindrait à se mêler à des sociétés sans charme ou même à faire des connaissances compromettantes; il est donc, dans l'état actuel, bien préférable qu'il soit reçu à titre de commensal par le directeur de l'école. Cette situation lui crée d'étroites obligations de retenue, de réserve et de discrétion. Cet intérieur dans lequel on lui fait l'honneur de l'admettre doit être pour lui un intérieur de famille, rien de ce qui s'y passe ne saurait susciter ses critiques; le rôle de censeur ne peut convenir à son inexpérience, et ses sentiments de délicatesse lui interdisent de se faire le détracteur de ceux qui lui témoignent autant de confiance.

Nos affections et nos sympathies nous appartiennent, c'est souvent le meilleur de nous-mêmes. Ce sont elles qui décident de nos relations et des affections qui en naissent. Nous pouvons obéir à ces sentiments qu'il serait inadmissible de vouloir contraindre, car c'est l'exercice de notre liberté dans son sens le plus intime, le plus délicat, le plus inviolable. Le jeune adjoint peut se créer des relations; s'il sait bien choisir, il éprouvera les saines et vraies satisfactions qu'il est désirable de lui voir rechercher; mais s'il allait se fourvoyer, il pourrait se créer d'amers regrets et compromettre son avenir. Avant de choisir ses amis, avant de se lier avec quelqu'un, qu'il prenne conseil du directeur de l'école; rarement le parti-pris aura dicté les avis donnés; c'est la voix de l'expérience qui se fait entendre dans l'intérêt de l'inexpérimenté, tout le bénéfice lui en reviendra.

Comme conseil important, nous engageons le jeune adjoint à ne pas perdre de vue ce que nous avons dit touchant la nécessité du travail pour l'instituteur au commencement de ce livre. Si nous avons été compris, nous pouvons être tranquilles sur les débuts de ceux qui vont commencer à diriger des enfants après avoir été constamment dirigés eux-mêmes. Le travail sera un préservatif et une garantie contre toutes les tentations malsaines. C'est ce contre quoi nous l'avons voulu prémunir.

Nous n'avons pas besoin d'ajouter que tous ces conseils s'appliquent aux adjointes d'une façon plus expresse encore qu'aux adjoints.

Si, au lieu de débuter comme adjoint, vous devez, par suite d'un changement ou par avancement, prendre la direction d'une nouvelle école, des obligations particu-

lières et qu'il est à peine besoin d'indiquer vous incombent. Votre premier soin doit être de vous mettre
en relation avec l'autorité locale. C'est élémentaire.
Donc votre première visite sera pour le maire qui doit
vous installer. Les égards entre personnes bien élevées
sont d'étroite convenance ; ils s'appuient sur les principes de la plus rudimentaire politesse ; ce n'est pas
l'homme chargé d'élever les enfants qui peut être porté
à les oublier. Il donnera donc dans cette première entrevue une excellente opinion de sa bonne éducation.
Il sera accueilli toujours avec sympathie et souvent
avec cordialité. Il faut qu'il se montre sensible à cet
accueil ; ce sera un point de départ excellent pour les
relations futures. Ceci ne veut pas dire qu'une sage
réserve ne doive pas présider à vos premiers rapports
avec l'autorité : ce ne doit pas être de la gêne, encore
moins de l'abandon. La discrétion la plus entière serait
surtout imposée s'il s'agissait du prédécesseur. Il peut
se faire que par suite de circonstances que vous n'avez
pas à juger et sur lesquelles il serait souverainement
téméraire de vous prononcer, l'administration ait dû
prendre une mesure qui a mécontenté le maire. Si ce
magistrat voulait initier le maître arrivant à des détails
qui ne sauraient le regarder, qu'il écoute, mais n'intervienne pas, on ne lui saura jamais mauvais gré d'une
semblable réserve.

Une fois en fonctions, qu'il garde pour lui les impressions que lui donne la situation dans laquelle il aura
trouvé son école ; si elle est bonne, c'est un très grand
avantage, si elle ne l'est pas, qu'il s'applique à réformer
progressivement afin d'obtenir qu'elle le devienne
promptement.

Ce n'est pas malheureusement ce qui arrive toujours,
qu'on me permette de le dire ici. J'ai été souvent affligé

des remarques qui m'ont été faites sur le maître remplacé, et j'ai vu plus d'une fois amèrement critiquer le prédécesseur : « Quelle école j'ai prise, me disait, à ma première visite, le maître nouvellement installé? le programme a été écourté; si j'obtiens des devoirs à peu près satisfaisants en calcul, je ne trouve rien en histoire et fort peu de chose en grammaire; puis quelles méthodes! quels procédés! quelles habitudes chez les enfants! Comment pourrai-je réformer tout cela? Il me faudra du temps, beaucoup de temps, et encore c'est à douter du succès. » Or, cette école sur la mauvaise tenue de laquelle on ne tarissait pas, je la connaissais depuis plusieurs années, elle n'était sûrement pas parfaite, mais elle ne se trouvait pas aussi mauvaise qu'on le prétendait.

Heureusement pour le maître parti, l'inspecteur était passé par là. Son successeur exagérait, de bonne foi sans doute, mais exagérait.

D'ailleurs, quand tout cela eût été vrai (les déplacements ne sont pas la preuve de l'excellence des situations) est-il généreux de charger ainsi le malheureux déplacé? Est-ce donner là les témoignages de ces sentiments de confraternité qui doivent unir étroitement les instituteurs entre eux? C'est, disons-le nettement, c'est là une action blâmable et de plus une maladresse : quelle idée donne-t-on de soi quand on se montre sans ménagement pour un collègue, un prédécesseur, un condisciple peut-être? une idée de défiance; et rien ne peut nuire autant à des débuts.

Ne tombez donc point dans ce travers — je ne veux pas dire cet excès — si ce n'est point par générosité, que ce soit par intérêt.

Mais revenons à nos rapports avec l'autorité; le sujet n'est pas épuisé. Si vous justifiez pleinement ce qu'on

est fondé à attendre de vous, vous acquerrez promptement
la bienveillance, et, avec la bienveillance, l'estime et la
confiance de ceux qui, comme le maire, par exemple, vous
voient de près à l'œuvre. Vous ne sauriez désirer une
meilleure garantie de la continuité de vos bons rapports.
Ces relations, pour peu qu'il y ait conformité de goût et
sympathie de caractère, se resserreront et deviendront
plus intimes. Je ne viens pas défendre à l'instituteur les
douces et délicates satisfactions que procure l'amitié,
non, certes! mais je crois pouvoir lui dire : Prenez garde,
il s'agit des relations de subordonné à supérieur, c'est
ce qui constitue le côté extrêmement délicat de la situation. Si vous l'oubliiez, il y aurait certainement là pour
vous un sérieux écueil. Vos rapports avec le maire sont
d'ailleurs le plus souvent, comme vos attributions, de
nature différentes : vous n'êtes pas seulement instituteurs, mais encore la plupart du temps, secrétaires
de mairie. Comme instituteurs, vous enseignez le
respect de l'autorité, vous ne sauriez être tentés
d'en manquer à l'égard de celui qui la représente et
en résume les principales attributions dans la commune; l'homme disparaît dans ce cas sous le titre dont
il est revêtu : c'est le maire. Comme secrétaire de mairie,
c'est plus périlleux. Vous êtes naturellement par ce fait
mêlé un peu plus un peu moins à l'administration muni-
cipale. C'est un danger; afin de vous y soustraire autant
que possible, ne prêtez jamais que le concours de votre
science grammaticale; permettez-moi l'expression, soyez
une plume, pas autre chose qu'une plume; cette réserve
sera comprise si vous savez faire valoir toutes les considérations qui vous l'imposent. L'instituteur est surtout
intéressé à se tenir dans ce rôle passif : les administra-
tions municipales se renouvellent, les minorités deviennent majorités, quelle serait la situation du directeur de

l'école, si l'on avait pu soupçonner chez lui des tendances pour tel ou tel parti ; il en sera promptement incriminé, et le secrétaire de mairie emportera le maître. Si, au contraire, par votre retenue et par votre tact, vous avez su rester complètement étranger à ces divisions locales, à ces luttes de partis qui malheureusement se produisent ; si vous êtes pénétrés de cette vérité que l'école et la politique c'est le feu et l'eau ; si vous vous êtes dit qu'au seuil de la classe, comme au seuil d'un temple, doivent expirer les bruits du dehors, vous n'aurez jamais rien de commun avec ces compétitions et ces débats qui s'élèvent entre ceux qui prétendent au pouvoir, à la direction et à l'autorité dans nos modestes communes rurales. Dans cette situation, ne craignez rien, remplissez vos fonctions de secrétaire de mairie ; on saura parfaitement vous tenir compte de cette intelligente neutralité.

Tout récemment encore, le maître n'avait pas uniquement à compter avec l'autorité civile, il avait d'étroites obligations à l'égard de l'autorité religieuse : il n'était pas seulement le subordonné du maire, ce qui a presque toujours été fort tolérable, il dépendait du curé, ce qui l'était moins. On vient de briser ce lien de sujétion ; le prêtre n'est plus le supérieur-né de l'instituteur. Au fond tous deux doivent gagner à cette situation dans leurs relations d'homme à homme. Ce n'est point, en effet, à notre avis, par ce que la loi a affranchi l'école du presbytère que l'instituteur et le curé ne doivent plus se voir : il n'y a pas dans ce monde que les rapports de subordonné à supérieur, il y a les obligations sociales. C'est pour obéir en homme bien élevé aux devoirs qu'elles imposent que le maître d'école doit, à son arrivée dans une commune, se présenter à la cure comme il se présente chez les autres fonctionnaires et les notables de la localité. Comme il peut s'y rendre aujourd'hui sans préoccupations, sans tristesse et sans crainte ! Ce que pensera de lui la servante, ou la sœur, ou la nièce, ou la mère de M. le curé lui est profondément indifférent; leur appréciation n'a désormais ni importance, ni conséquence : il vient en homme libre, ce n'est plus comme autrefois. Le curé l'accueillera poliment, pour peu qu'il soit adroit. Si, à cause de la lutte récente et des traces qu'elle a laissées, le prêtre n'avait point assez d'empire sur lui-même pour dissimuler ses regrets, et si sous ses regrets perçaient des rancunes, la ligne de conduite de l'instituteur est toute tracée; il laissera au temps, ce grand guérisseur, le soin de calmer le desservant, et il n'aura pas à se préoccuper davantage de la façon dont il a été accueilli : ce n'est pas lui qui aura à se reprocher d'avoir manqué aux convenances.

A côté de l'autorité locale, la loi a établi d'autres sur-veillants de l'école; aujourd'hui ce sont des délégués cantonaux, demain ce seront peut-être des membres de comités, le nom importe peu, le fait c'est qu'il existe en dehors de l'inspection des mandataires de l'autorité qui ont entrée dans le domaine du maître. Quoique supé-rieurs, ce ne sont pas des fonctionnaires scolaires, ils sont plutôt les représentants de la famille dans l'école. C'est donc par dévouement aux intérêts de l'enfant et du maître qu'ils ont accepté leur mission; par suite l'instituteur ne peut avoir que d'excellentes relations avec les délégués. Il pourra les entretenir de tout ce qui regarde l'enseignement et les mettre au courant des petites difficultés locales qui surgissent; les délégués habitant généralement dans la région, et vivant dans le milieu où ces difficultés se produisent, seront plus propres que qui que ce soit à les aplanir et à les éviter. Leur expérience des hommes et des choses leur sug-gèrera des conseils dont le maître se trouvera certainement bien ; l'instituteur désirera donc voir fréquemment les délégués, et on peut être sûr qu'il se louera de chacune de leurs visites.

L'instituteur, dans un intérêt pédagogique facile à comprendre, doit entretenir des relations avec les familles. Au moment de son arrivée dans une commune, c'est une visite de politesse qu'il est tenu de faire à tous. Dans son école, il n'y a ni riches ni pauvres pour lui, il n'y a que des élèves, donc point d'exceptions. Dans la suite, il donnera à ses rapports le motif sérieux qui doit les provoquer, l'intérêt des enfants ; il est indispensable que le maître apprenne ce qui se passe dans la famille relativement à l'école, les parents sont intéressés à connaître ce qui se passe en classe touchant l'enfant. Le malheur, en général, c'est que les pères et mères n'aident pas suffisamment le maître : l'école doit tout faire et si les choses ne vont pas vite et bien, l'instituteur est promptement suspecté. Vos visites aux familles auront donc pour but de les éclairer, et par des instances faites à propos, vous obtiendrez ainsi une intervention qui vous viendra puissamment en aide. Il n'est pas besoin de recommander dans ces rapports la nécessité d'une tenue digne, aussi éloignée de la raideur du vieux régent que d'une familiarité qui amènerait un jugement défavorable.

Nous avons vu l'instituteur en classe et hors de la classe dans ses rapports avec les autres hommes. Parmi ceux-ci, il en est avec lesquels ses relations seront nécessairement plus fréquentes ; je veux parler de ses collègues. Il est naturel que des fonctionnaires s'occupant des mêmes travaux, ayant les mêmes intérêts, poursuivant le même but, soient attachés par les liens d'une étroite confraternité. Je dirai plus : cette confraternité est nécessaire, et ces relations procurent de grands avantages. C'est par là seulement que les maîtres trouveront la satisfaction de ce besoin inhérent à notre nature de nous épancher au dehors, de parler de nos espérances et de nos déceptions, de nos revers et de nos succès, enfin, de tout ce qui effleure par quelque côté nos occupations et nos pensées de tous les jours. Les questions scolaires, si complexes et si intéressantes, qui remplissent durant toute leur vie l'esprit des instituteurs, ont un lien avec leurs autres idées et leurs autres préoccupations, car nulle carrière n'absorbe autant que celle de l'enseignement. Ces questions ne se peuvent traiter qu'entre confrères. Elles excitent leur intérêt alors qu'elles laisseraient indifférentes d'autres personnes.

Ainsi donc le premier bénéfice que l'on trouve dans ces rapports s'explique par le charme attaché à tout commerce amical et intelligent entre hommes voués au même labeur, au même culte d'idées, au même dévouement.

Mais ce n'est pas le seul. De cet épanchement cordial, de cette confiance réciproque, de cet échange d'idées, de ces discussions pacifiques, sortira le progrès dans les méthodes et dans les efforts des maîtres et par conséquent dans les résultats. Chacun profitera de l'expérience des autres. Les essais individuels seront utilisés par tous, on demandera et donnera des conseils ; on suivra les avis des plus sages ; on évitera ainsi des hésitations infructueuses, et ce ne sont pas seulement les instituteurs, mais encore les élèves qui par contre-coup profiteront de cette fraternelle entente.

De plus, dans les circonstances difficiles, dans les obstacles qui traversent trop souvent leur carrière, les maîtres trouveront des guides, des amis, des juges impartiaux et un précieux appui dans leurs confrères exposés aux mêmes inconvénients, aux prises avec les mêmes difficultés.

Quelle ressource pour un débutant que de pouvoir compter sur les autres membres du corps enseignant! La force de tous double les forces de chacun. C'est le fait ordinaire de l'union des hommes, des choses et des principes.

Enfin, un bienfait en découle, un bienfait qui vaut bien les autres et qui ressort des sentiments des populations pour ceux qu'elles voient dans l'union s'appuyer avec dignité les uns sur les autres. Malgré nous, nous concevons de l'estime, du respect et de la considération pour tout ce qui comporte le noble caractère d'une affection mutuelle, d'une entente cordiale. C'est là ce qui fera apprécier chaque instituteur en particulier et fortifier l'autorité de tout le corps en général.

Mais les hommes qui nous lisent ont déjà sûrement éprouvé le bénéfice de ces relations. Ces avantages multiples et d'un prix inestimable plaident assez d'eux-mêmes la cause de l'esprit de confraternité, vertu républicaine s'il en fût. Nous ne pouvons que répéter ces mots d'un grand philosophe : « Aimez-vous les uns les autres. »

Conclusion.

Nous voici arrivé au but que nous nous sommes proposé. Nous avons la conviction que le but est louable, utile et digne de tous les efforts que nous avons faits pour l'atteindre.

Maintenant, avons-nous réussi? Avons-nous développé avec toute la clarté désirable notre méthode si simple? Avons-nous persuadé ceux qu'une routine sans espoir

attache aux vieux procédés? Avons-nous indiqué avec
assez d'arguments les qualités nécessaires à l'instituteur? Assurément non, car nos essais de pédagogie
seraient parfaits, et la perfection n'est pour nous qu'un
idéal, un but, un modèle, mais jamais un fait acquis. Il
nous est impossible d'apprécier par nous-même de
quelle distance nous nous en éloignons. Mais comme
nos théories sont à la vérité les résultats d'une longue
pratique, que l'expérience accumulée doit porter ses
fruits, non pour un seul, mais pour tous; que, somme
toute, les essais nombreux tentés jusqu'ici pour l'application de la méthode que nous préconisons ont constamment réussi, nous avons été encouragé à publier
notre livre et à faire œuvre de bon citoyen à défaut de
production de bon auteur.

Dans tous les cas, c'est avec la satisfaction du devoir
accompli que nous écrivons ces dernières pages. Peut-
être la tâche achevée eût-elle été mieux appréciée si
quelque voix plus autorisée que la nôtre eût dicté nos
conseils et exposé notre méthode; mais le champ ouvert
à tous a été bien peu parcouru et nous ne connaissons
point d'ouvrage pédagogique pour l'enseignement primaire conçu d'après les plus récents programmes. Cette
absence d'ouvrages publiés par des hommes du métier,
écrivains de mérite et en faveur, a été un aiguillon pour
nous exciter au travail et nos efforts stimulés par l'utilité
en vue ont été doublés encore par les exhortations
venues de toutes parts.

Mais ce n'est pas combler une lacune que de la signa-
ler. Sans doute, les maîtres n'avaient pas jusqu'ici de
connaissances philosophiques sur l'enfant. Ceux qui
liront l'aperçu que nous avons donné auront au moins
les éléments indispensables et nous sauront bon gré
d'avoir eu la pensée de les exposer dans notre modeste

ouvrage. Quant aux leçons modèles sur toutes les matières du programme scolaire, elles sont l'application et la conséquence rigoureuse de nos principes. C'est à l'œuvre que l'instituteur appréciera. Nous avons joint un chapitre sur les rapports du maître en dehors de la classe avec les autorités, les parents et ses collègues. Les conseils que nous y développons sont trop de première utilité pour qu'il soit nécessaire d'insister à ce sujet. L'expérience acquise dans l'exercice de nos fonctions a dicté les avis que nous donnons : les débutants y trouveront les conseils d'un ancien, les anciens y verront confirmer leur ligne de conduite avec le seul recours aux lois morales, sociales et individuelles.

Ces diverses considérations jointes à l'accueil flatteur fait au livre de morale, à la récompense accordée par la société pour l'instruction élémentaire, aux articles vraiment trop bienveillants de la presse, tant en France qu'à l'étranger, nous ont été un trop précieux témoignage et un trop grand encouragement pour que nous ne persévérions point à répandre des méthodes si favorablement acceptés.

Donc, voici notre livre témoignant de nos bonnes intentions, de notre travail et de la manière dont nous comprenons nos devoirs. Comme toute œuvre, il aura ses partisans et ses détracteurs. Je remercie les uns et les autres : ils donnent des avis contradictoires dont le choc produit lui aussi une étincelle éclairant la vérité. Je suis surtout particulièrement reconnaissant pour l'indulgence des premiers. Aux autres, j'adresse en deux mots non pas un défi, mais une prière :

« Faites mieux ».

Évreux, 29 décembre 1881.

TABLE DES MATIÈRES

CHAPITRE IV

CHAPITRE V

CHAPITRE VI

FIN

Paris. — Typ. PILLET et DUMOULIN, 5, rue des Grands-Augustins.

www.ingramcontent.com/pod-product-compliance
Ingram Content Group UK Ltd.
Pitfield, Milton Keynes, MK11 3LW, UK
UKHW022102120726
13694UKWH00001B/303